Hippokrates

Der Autor:

Jörg Kastner,

geb. 1963, Medizinstudium in Münster und Bochum. Weiterbildung in Innerer Medizin, Sportmedizin und Naturheilkunde. Niedergelassen in einer Gemeinschaftspraxis in Weßling, Oberbayern mit den Schwerpunkten Naturheilkunde, Homöopathie, Sportmedizin, Schmerztherapie, Akupunktur, chinesische Medizin und Ernährung. Naturheilkundliche Betreuung von Profisportlern u.a. der Bundesliga Fußballmannschaft Schalke 04. Ausbildung in Akupunktur und Traditioneller Chinesischer Medizin an verschiedenen nationalen und internationalen renommierten Lehrinstituten. Wissenschaftlicher Leiter der Akupunktur-Ausbildung an der **Akademie für Ärztliche Fortbildung** *der Ärztekammer Westfalen-Lippe. Gastdozent bei der Ärztekammer Schleswig-Holstein. Gründer und wissenschaftlicher Leiter der* **academie für Akupunktur und TCM** *(afat). Wissenschaftliche Mitarbeit in der Arbeitsgemeinschaft Komplementärmedizin Anatomisches Institut der Universität Münster, zahlreiche Vorträge, Veröffentlichungen und Vorlesungen.*

Für Luisa und Max

Propädeutik der Chinesischen Diätetik

Jörg Kastner

Unter Mitarbeit von Ulrike Maria Bron-Kastner

2. Auflage

Hippokrates Verlag · Stuttgart

Bibliografische Information Der Deutschen Bibliothek
Die Deutsche Bibliothek verzeichnet diese Publikation in der Deutschen Nationalbibliographie: detaillierte bibliografische Daten sind im Internet über http://dnb.ddb.de abrufbar.

Anschrift des Verfassers:
Jörg Kastner, Arzt
Schulstr. 19E
82234 Weßling

1. Auflage 2001
2. Auflage 2003

Wichtiger Hinweis: Wie jede Wissenschaft ist die Medizin ständigen Entwicklungen unterworfen. Forschung und klinische Erfahrung erweitern unsere Erkenntnisse, insbesondere was Behandlung und medikamentöse Therapie anbelangt. Soweit in diesem Werk eine Dosierung oder Applikation erwähnt wird, darf der Leser zwar darauf vertrauen, dass Autoren, Herausgeber und Verlag große Sorgfalt darauf verwandt haben, dass diese Angabe **dem Wissensstand bei Fertigstellung des Werkes** entspricht. Für Angaben über Dosierungsanweisungen und Applikationsformen kann vom Verlag jedoch keine Gewähr übernommen werden.

Jede Dosierung oder Applikation erfolgt auf eigene Gefahr des Benutzers. Autoren und Verlag appellieren an jeden Benutzer, ihm etwa auffallende Ungenauigkeiten dem Verlag mitzuteilen.

Unsere Homepage: http://www.hippokrates.de

Printed in Germany

Abbildungen Buchumschlag, Vorder- und Rückseite mit freundlicher Genehmigung des Auktionshauses Nagel, Stuttgart: Auktionskatalog Der Schatz der Tek Sing
Satz: Fotosatz Sauter GmbH, Donzdorf
Druck: Grafisches Centrum Cuno, 39240 Calbe

ISBN 978-3-8304-5282-9 2 3 4 5 6

Inhaltsverzeichnis

Praxis der Chinesischen Diätetik 53

Für den eiligen Leser 247

»Lass Nahrung deine Medizin
und Medizin deine Nahrung sein«

Hippokrates ca. 460 – ca. 370 v. Chr.

Zu diesem Buch

Das Konzept der Chinesischen Diätetik über die Wirkung der Nahrung hat in China eine 3000-jährige Tradition. Bereits im dritten Jahrhundert v. Chr. belegen Aufzeichnungen, dass kein Unterschied zwischen der Anwendung von Nahrungsmitteln und Arzneimitteln bestand. Kochrezepturen glichen vielfach Arzneimittelrezepturen.

Den Stellenwert der Chinesischen Diätetik innerhalb der Traditionellen Chinesischen Medizin beschreibt das folgende Zitat eines berühmten Arztes aus dem 14. Jahrhundert: »Ärzte müssen zunächst die Ursache für eine Erkrankung feststellen und beurteilen, welche Disharmonie vorliegt. Um diese Disharmonie wieder auszugleichen, ist eine entsprechende Diät **die erste und wichtigste** Maßnahme. Erst wenn diese Maßnahme keinen Erfolg zeigt, soll man Arzneien verwenden.«

Die Grundlagen zur Anwendung der »Nahrungstherapie« sind eng verknüpft mit der Akupunktur und Heilpflanzenkunde und folgen den gleichen diagnostischen Prinzipien. Im Mittelpunkt der chinesischen Ernährungslehre steht die qualitative Wirkung, die Nahrung auf den Organismus entfaltet. Der Begriff »Qi«, der sich nur unzulänglich mit Lebenskraft oder Lebensenergie umschreiben lässt, ist dabei von elementarer Bedeutung. Gesundheit bedeutet ein ausgewogenes Verhältnis von Qi. Bei einem Ungleichgewicht von Qi entstehen Erkrankungen. Aus der Nahrung wird Qi aufgenommen und dem Körper gezielt zugeführt. Nahrungsmittel sind somit milde Therapeutika, mit deren Hilfe der Organismus im Gleichgewicht gehalten bzw. dorthin geführt werden kann. Die Klassifizierung der Nahrungsmittel erfolgt nach der gleichen Einteilung wie die der chinesischen Heilpflanzen: Temperaturverhalten, Geschmack, Funktionskreisbezug und Wirkrichtung.

Noch heute ist dieses Wissen um die Heilkraft der Nahrung in China als eine Art Volkswissen in den Alltag integriert. Nahrung und Gesundheit sind Lieblingsthemen und anstelle von »Guten Tag« begrüßt man sich mit »Hast du gut gegessen?« Was wir als kompliziert ansehen, wird in China sehr pragmatisch im Alltag umgesetzt. Zum Beispiel durch eine einfache »Heiß-kalt-Zuordnung«: Bei kalten Witterungsumständen setzt man der äußeren Kälte Nahrungsmittel, die ein wärmendes Temperaturverhalten auf den menschlichen Körper ausüben, entgegen (Ingwertee, Knoblauch, Fenchel, Hafer, Lammfleisch, Lachs, etc.).

Wissen über die Heilkraft der Nahrung wurde auch in unserem Kulturkreis angewandt und lange Zeit gepflegt, bis es in jüngerer Zeit unverständlicherweise in Vergessenheit geriet. Seit der Antike bestehen nachweislich ähnliche, wenngleich nicht ganz so kohärente Beziehungen zwischen Ernährung und Medizin. Bereits Hippokrates empfahl: »Lass Nahrung deine Medizin und Medizin deine Nahrung sein« und Hildegard von Bingen nutzte Nahrung zur Heilung, indem sie eine energe-

tische Klassifizierung erstellte, die überraschende Parallelen zur chinesischen Nahrungsklassifizierung aufweist. Auch die ursprüngliche Bedeutung des Wortes Diätetik, abgeleitet vom griechischen *»diaita«* zeigt ohnehin im wahrsten Sinne des Wortes die weitreichende Bedeutung der Ernährung als »Lebenspflege« bzw. »Lebenskunst«.
In der noch relativ jungen, westlichen Ernährungslehre wird Nahrung ausschließlich nach quantitativen Gesichtspunkten betrachtet und in Nährstoffe wie Kohlenhydrate, Eiweiß, Fett, Vitamine, Spurenelemente, Mineralstoffe aufgeteilt. So wird therapeutisch z. B. bei Diabetes eine quantitative Diät nach so genannten Broteinheiten verordnet. Allerdings zeigt sich auch im Westen zunehmend Interesse an den qualitativen Aspekten der Nahrung, teilweise bedingt durch die rasante Zunahme von nahrungsbedingten Erkrankungen und der Beobachtung, dass Menschen auf das gleiche Nahrungsmittel sehr unterschiedlich und sehr vehement reagieren können. Die chinesische Ernährungslehre mit ihrem großen Erfahrungsschatz könnte dabei ähnlich wie Akupunktur und Heilpflanzenkunde interessante Anregungen bieten.
Für das energetische Konzept der Chinesischen Diätetik können unsere derzeitigen, westlichen, wissenschaftlichen Methoden kein plausibles Erklärungsmodell liefern. Erste Schwierigkeiten treten bereits bei dem Begriff »Qi« auf, der rein intellektuell aus westlicher Sicht auf Skepsis stößt. Qi wird aber durch Üben des Qi Gong erfahrbar.
Mit diesem Buch möchte ich an jene Neugierde bei meinen Lesern appellieren, die schon immer der Auslöser für »Fort-Schritt« und »Ent-Wicklung« war. Die Chinesische Diätetik ist ein ausgezeichnetes und zudem noch sehr geschmackvolles Instrument, um nicht nur etwas genauer auf den Teller, sondern über den Tellerrand hinaus zu blicken. Sie fordert uns geradezu zu praktischen Versuchen heraus, denn nur wer die Theorie im Kochtopf umsetzt, wird profitieren – an Leib und Seele! Viel Vergnügen und guten Appetit!

Bochum, im Herbst 2000 *Jörg Kastner*

Danksagung

Herzlichen Dank meinen Eltern, die mir die Freiheit ließen, ungewöhnliche Wege zu beschreiten und meinen Lehrern, die mir diese Wege zeigten. Mein Dank gilt auch meinen Patienten, die mir immer wieder eindrucksvoll beweisen, wie eine konsequente Integration der Chinesischen Diätetik in den täglichen Speiseplan Krankheit überwinden hilft und Gesundheit entstehen lässt. Auch allen Seminarteilnehmern bin ich dankbar dafür, dass sie sich von diesem anfänglich doch so fremden Gedankengut inspirieren lassen und bereit sind, es sich selbst und ihren Patienten angedeihen zu lassen. Ganz besonders danke ich meiner Frau Ulrike, die mir auf allen Ebenen Schützenhilfe geleistet hat und immer wieder praktisch vorführt, was für ein kulinarisch-sinnlicher Genuss doch die Chinesische Diätetik sein kann. Großer Dank gilt auch Frau Seiz und Frau Horbatsch, die sich im wahrsten Sinne des Wortes in redaktioneller Geduld üben mussten. Ich hoffe, dass das vorliegende Buch sie dafür entschädigt. Besonders erwähnen möchte ich an dieser Stelle Dr. med. Raymund Pothmann. Mit ihm hatte ich ursprünglich die Idee zu diesem Diätetikbuch entwickelt, welches auch in seiner bewährten Reihe erscheinen sollte. Die Idee hat, wie so oft im Leben, Eigendynamik entwickelt, ebenso wie Umfang und Inhalt des vorliegenden Buches, doch danke ich Raymund ganz herzlich dafür, dass er seine langjährigen Erfahrungen mit mir geteilt und mir auf vielen Ebenen wichtige Impulse gegeben hat.

Aufbau und Anwendung

Der erste Teil des Buches »Grundlagen der Chinesischen Diätetik« führt Sie bereits mit praktischen Bezügen in die Ernährungslehre ein. Danach werden in der »Praxis der Chinesischen Diätetik« die wichtigsten pathologischen Muster mit Hilfe der Ernährungstherapie behandelt. Symptome und Diagnostik können im Rahmen dieses Buches allerdings nur orientierend dargestellt werden.

Die »Klassifizierung der Nahrungsmittel« im mittleren Teil basiert auf verschiedenen Quellentexten und wurde für die gebräuchlichsten europäischen Nahrungsmittel vorgenommen. Bei Widersprüchen unter den Autoren hinsichtlich der Klassifizierung wurde versucht, aus eigener Praxiserfahrung zu ordnen.

Mit den klinischen Beispielen im Kapitel »Analogie der westlichen Erkrankungen« soll eine Brücke zur chinesischen Syndromdiagnostik gebaut werden. Diese Bemühungen müssen naturgemäß unzulänglich bleiben, sollen aber als Anregung für den westlichen Therapeuten dienen, westliches mit östlichem Denken zu verbinden. Für Laien gilt, dass bei Erkrankungen wie z.B. Hypertonie, Asthma, Morbus Crohn etc. das therapeutische Vorgehen immer mit dem behandelnden Arzt besprochen und mit westlichen Behandlungsmethoden in Einklang gebracht werden sollte. Die Praxis bestätigt mir jedoch immer wieder, dass die Chinesische Diätetik eine ausgezeichnete Ergänzung zu westlichen Therapien bietet und sich auch vortrefflich mit weiteren Verfahren der Naturheilkunde verbinden lässt.

Bewusst habe ich in diesem Buch auf die Anwendung der chinesischen Heilpflanzen in diätetischen Rezepturen verzichtet. Dieses in China durchaus übliche Verfahren bedarf einer langjährigen Erfahrung und hohen Ausbildungsqualifikation seitens des Therapeuten und einer sicheren Qualitätsgüte der angewandten Drogen.

Die Tabellen am Ende des Buches ermöglichen dem Leser eine schnelle Orientierung zu den wichtigsten Charakteristika eines Nahrungsmittels.

Theorie

A Einführung in die Grundlagen der Traditionellen Chinesischen Medizin und der Chinesischen Diätetik

Yin und Yang

Die Grundlagen der Traditionellen Chinesischen Medizin (TCM) haben ihren Ursprung in der taoistischen Philosophie von Yin und Yang. Diese zwei polaren Gegensätze ordnen und beschreiben den immerwährenden Prozess natürlicher Veränderungen und Verwandlungen im Universum.

Nach den alten Überlieferungen bezeichnet Yang die Sonnenseite und Yin die Schattenseite eines Hügels. Der Theorie von Yin und Yang zufolge, enthalten sämtliche Dinge und Phänomene des Kosmos diese beiden komplementären Aspekte. Das traditionelle taoistische Symbol als Zeichen für Vollkommenheit und Einklang, ist die ineinander fließende Monade von Yin und Yang.

Das Grundlagenwerk der Traditionellen Chinesischen Medizin, das »Huang Di Nei Jing«, »Innerer Klassiker des Gelben Kaisers«, entstand bereits 500 bis 300 v.Chr. Dieses 18-bändige klassische Werk besteht aus den beiden Teilen »Ling Shu« und »Su Wen«. Im »Su Wen« werden die theoretischen Grundlagen der TCM als Dialog zwischen dem legendären Gelben Kaiser Huan Di und seinem Leibarzt Shi Po erörtert.

Monade

Im praktischen Teil »Ling Shu« des »Nei Jing« wird über die therapeutischen Verfahren und deren Anwendung in der TCM berichtet: Akupunktur, Moxibustion, Ernährungstherapie und Kräuterheilkunde.

Die Traditionelle Chinesische Medizin ist in der taoistischen Weltanschauung verankert, mit der Ärzte und Philosophen über Jahrhunderte bemüht waren, Naturphänomene zu betrachten und zu interpretieren.

Tao bedeutet Harmonie – Ziel – Weg, das »Alleine« der Ursprung der Welt. Die Lehre des Taoismus basiert auf dem Werk »Tao te King«, »Das Buch vom Weg und von der Tugend«, des berühmten chinesischen Weisen Lao Tse (600 v.Chr.).

Aus den Erkenntnissen dieser Naturbeobachtungen leiteten die damaligen »Naturwissenschaftler« unter dem Blickwinkel des Taoismus Gesetzmäßigkeiten ab, und übertrugen diese Phänomene auf den Menschen. So verstanden sie den Menschen als ein Naturwesen, eingebunden in die Natur und von ihren Prozessen beeinflussbar und abhängig.

Das Grundprinzip des Tao bilden die beiden Polaritäten Yin und Yang, worin sich nach taoistischer Auffassung letztendlich sämtliche Phänome des Universums widerspiegeln.

in der Natur

Yin	Yang
Mond	Sonne
Schatten/Nacht	Licht/Tag
dunkel	hell
passiv	aktiv
Wasser	Feuer
unten	oben
Struktur	Funktion
rechts	links
kalt	heiß
Pflanzennahrung	Fleischnahrung

beim Menschen

Yin	Yang
Frau	Mann
rechts	links
empfangend	schöpferisch
Bauch, Vorderseite	Rücken, Hinterseite
Taille abwärts	Taille aufwärts
Körperinneres	Oberfläche
Speicherorgane Zang (Herz)	Hohlorgane Fu (Magen)
Organstruktur	Organfunktion
Blut, Körperflüssigkeiten	Qi, Lebensenergie
Knochen/Organe	Haut/Muskulatur
Nahrungs-Qi (Gu Qi)	Abwehr-Qi (Wei Qi)
Ren Mai	Du Mai

in der Diagnostik

Yin	Yang
leise Stimme	laute Stimme
redet wenig	redet viel
blasses Gesicht	gerötetes Gesicht
Frösteln, Kältegefühl	warm, Hitzegefühl
mag Wärme	mag Kälte
langsame, verhaltene Bewegungen	schnelle, kräftige Bewegungen
passiv schleichender Krankheitsbeginn	aktiv akuter Krankheitsbeginn
chronische Krankheit	akute Krankheit
Urin: klar, häufig	dunkel, konzentriert
Zunge: blass, weißer Belag	rot, gelber Belag
Puls: langsam, schwach	schnell, kräftig

in der Diagnostik und Therapie

Yin	Yang
Kältesymptome	Hitzesymptome
Mangeldurchblutung	Blut-Fülle
Unterfunktion	Überfunktion
schlaffe Muskulatur	gespannte Muskulatur
depressive Störung	Erregungszustände
Hypotonie	Hypertonie
dumpfe Schmerzen	stechende Schmerzen
kühlen	wärmen
Betablocker	Coffein
Cool-Packs	Fango

in der Chinesischen Diätetik

Yin	Yang
Südfrüchte	Fleisch
Milchprodukte	scharfe Gewürze
Algen	Shrimps
Orangensaft	Kaffee
Pfefferminztee	Fencheltee
Weizen	Hafer
Sojasoße	Tabasco
Weizenbier	Anisschnaps
dünsten	grillen

Symbol Qi

Das chinesische Symbol für Qi wird aus zwei Teilen gebildet. Ein Teil bedeutet »Luft«, »Atem«, »Dampf«, der andere Teil bedeutet »Reis«, »Getreide«. Dieses Schriftzeichen verdeutlicht, wie etwas immateriell, und auf der anderen Seite auch materiell sein kann, entsprechend dem taoistischen Urprinzip von Yin und Yang.
Aus dem Spannungsfeld zwischen den Polen von Yin und Yang entsteht die universelle Urkraft Qi. Die Vitalkraft Qi ist nach alter chinesischer Vorstellung die Urquelle aller Lebensprozesse im Kosmos.
Qi ist im westlichen Sprachgebrauch nur unzureichend zu übersetzen. Ähnliche Vorstellungen über eine alles durchdringende Lebensenergie finden sich bei den Hindus und Yogis unter dem Begriff »prana«, in der griechischen Antike ist »pneuma« mit dieser Vorstellung vergleichbar. Die strömende Lebenskraft Qi, als energetische Größe, wird in der TCM von den entsprechenden Therapieverfahren (Akupunktur, Moxibustion, Diätetik, Kräutertherapie, Qi Gong) als maßgeblicher Bestandteil behandelt.
So wird der Akupunkturarzt durch »Nadeln« das fließende Qi in den Leitbahnen in seiner Stärke, Geschwindigkeit sowie bei Stauungen versuchen zu modulieren. Einen Mangel an Qi vermag der Arzt durch »Qi-reiche« Nahrungsmittel oder mit Hilfe von chinesischen Kräutern auszugleichen, um dadurch einen geschwächten Organismus gezielt zu stärken.

Die therapeutischen Grundlagen der TCM

Die vier grundsätzlichen Aspekte der Wechselbeziehungen von Yin und Yang ermöglichen dem Therapeuten die Einsicht in die wesentlichen Prozesse für die Entstehung und Behandlung von Krankheiten. Dieses Grundverständnis der TCM ist die Voraussetzung für eine sichere Diagnose und effiziente Therapie.

Die vier grundsätzlichen Wechselbeziehungen zwischen Yin und Yang

1. Der Gegensatz von Yin und Yang
2. Die gegenseitige Abhängigkeit von Yin und Yang
3. Der wechselseitige Verbrauch von Yin und Yang
4. Die gegenseitige Umwandlung von Yin und Yang

Sämtliche Therapieprinzipien in der TCM beabsichtigen, den harmonischen Grundzustand von Yin und Yang zu bewahren bzw. wieder herzustellen.
Vollkommenes Gleichgewicht zwischen Yin und Yang bedeutet absolute Gesundheit; Ungleichgewicht, Disharmonie zwischen den beiden Polen bedeutet Krankheit.

Der Gegensatz von Yin und Yang

Yin und Yang bezeichnen die grundlegenden Eigenschaften zweier Gegensätze, aus denen jedes Objekt oder Phänomen im Universum besteht.
Dabei erscheinen die beiden Gegensätze keineswegs absolut oder statisch, z. B. hell – dunkel, langsam – schnell, Himmel – Erde.

Die gegenseitige Abhängigkeit von Yin und Yang

Entscheidend für das Verständnis von Yin und Yang ist die gegenseitige Abhängigkeit der beiden Zustandsformen. Kein Yang kann ohne Yin und umgekehrt existieren.
Im Nei Jing heißt es dazu:

»Yin ist die Wurzel von Yang, und Yang ist die Wurzel von Yin, ohne Yang kann kein Yin sein, und ohne Yin kein Yang.«

Yin und Yang sind stets miteinander verbunden, bedürfen einander und stehen in einem fortwährenden Wechselspiel miteinander. Keine der Polaritäten ist jemals statisch. Nur in der ausgewogenen Ergänzung von beiden Polen findet sich eine harmonische Einheit. Dabei existieren sie als ein dynamisches, ineinander fließendes Wechselspiel, ähnlich wie Tag und Nacht ineinander übergreifen, z. B. Aktivität – Ruhe, oben – unten, Energie – Materie, Mann – Frau.

Der wechselseitige Verbrauch von Yin und Yang

Yin und Yang sind ihrer Natur nach bestrebt, ein dauerndes dynamisches Gleichgewicht zu erhalten. Gerät eines der beiden Gegensatzpaare ins Ungleichgewicht, so wird der andere Pol unweigerlich mit beeinflusst, wodurch sich notwendigerweise das Verhältnis zueinander verändert.
So wird bei einem Yang-Überschuss das Yin reduziert bzw. verbraucht, z. B. hohes Fieber (Yang-Fülle) bewirkt über starkes Schwitzen eine Schwächung des Körpers (Yin reduziert).
Es entstehen daraus vier Grundformen des Ungleichgewichtes, die im Konzept der TCM wesentliche physiologische und pathophysiologische Vorgänge erklären.

Yin-Fülle mit relativem Yang-Mangel
→ Füllezustand

Yang-Fülle mit relativem Yin-Mangel
→ Füllezustand

Yin-Mangel mit relativer Yang-Fülle
→ Mangel/»Leere«zustand

Yang-Mangel mit relativer Yin-Fülle
→ Mangel/»Leere«zustand

Die gegenseitige Umwandlung von Yin und Yang

Auch in ihrer scheinbar stabilsten Form sind Yin und Yang in fortwährender Veränderung und wandeln sich ineinander um. Dieser Umwandlungsprozess vollzieht sich ab einem bestimmten Entwicklungsstadium und führt die quantitativen Veränderungen zu einem qualitativen Wechsel.
Im Nei Jing heißt es dazu:

»Es muss Ruhe sein, nach ausgeprägter Bewegung, extremes Yang wird zu Yin«,

z. B. Leben – Tod, hohes Fieber – plötzlicher Temperaturabfall (Schock, Zentralisation, kalte Extremitäten).
Aus diesen elementaren Wechselbeziehungen zwischen Yin und Yang lassen sich die vier grundsätzlichen Therapiestrategien der TCM ableiten:

Stärkung des Yang
Stärkung des Yin
Beseitigung der Yang-Fülle
Beseitigung der Yin-Fülle

Die fünf Wandlungsphasen (Wu Xing)

Die Theorie der fünf Wandlungsphasen entstand im 4. Jahrh. v. Chr. Tsu Yen (350 bis 270 v. Chr.) und seine Schüler bemühten sich mit ihrer Hilfe die Naturanschauungen zu entmystifizieren und ein intellektuelles, rationales, in sich geschlossenes Theoriesystem zu schaffen.
Eine westliche Analogie dieser Denkweise findet sich im antiken Weltbild unter den von Aristoteles geprägten Theorien.
Das taoistische Denkmodell der fünf Wandlungsphasen (Elemente) ist eine Erweiterung des zuvor entwickelten Yin-Yang-Konzeptes, und basiert auf einem Entsprechungsdenken, mit dem die gesamten geistigen, emotionalen, materiellen und energetischen Phänomene des Universums letztendlich auf fünf Grundelemente (Erde, Metall, Wasser, Holz und Feuer) zurückgeführt werden.
Die fünf Elemente repräsentieren Naturphänomene, die von der konfuzianischen Schule auf den Menschen übertragen wurden:

Die fünf Wandlungsphasen

Erde	Fruchtbarkeit, Reifen, Ernten, Innere Mitte, Stabilität (geerdet sein), süßer Geschmack
Metall	Reflexion, Wandel, Tod, scharfer Geschmack
Wasser	Fließen, Klarheit, Kälte, Geburt, salziger Geschmack
Holz	Wachstum, Biegen, Kindheit, Expandieren, saurer Geschmack
Feuer	Hitze, Auflodern, Emporsteigen, bitterer Geschmack

Die Wandlungsphasen existieren nicht isoliert voneinander, sondern beeinflussen sich gegenseitig in einer ständigen, dynamischen Wechselbeziehung.

Über den **Sheng-Zyklus** (Fütterungs-Zyklus, »Mutter-Kind-Regel«) können sich die Elemente gegenseitig fördern, z. B. Wasser »füttert« das Holz und lässt es wachsen. Holz nährt das Feuer und wird zu Asche (Erde).
Neben dem Sheng-Zyklus übt der **Ko-Zyklus** (Kontroll-Zyklus) einen kontrollierenden Einfluss auf die Elemente aus, wenn eines der Elemente zu mächtig wird, z. B. Feuer kontrolliert das Metall, d. h. schmilzt es.
Sheng- und Ko-Zyklus entsprechen den harmonischen Abläufen, während der **Cheng-Zyklus** (Überlagerungs-Zyklus) und **Wu-Zyklus** (Vernichtungs-Zyklus) disharmonische Vorgänge beschreiben.
Für den Arzt der TCM bieten die fünf Wandlungsphasen, in Verbindung mit den Beeinflussungs-Zyklen, eine interessante Methode, Tendenzen von klinischen Prozessen und Beziehungen zu erklären, um darüber die richtige Behandlung zu finden.
In der Klassifizierung der Nahrungsmittel und chinesischen Heilkräuter findet das Konzept der Wandlungsphasen eine wichtige Anwendung.

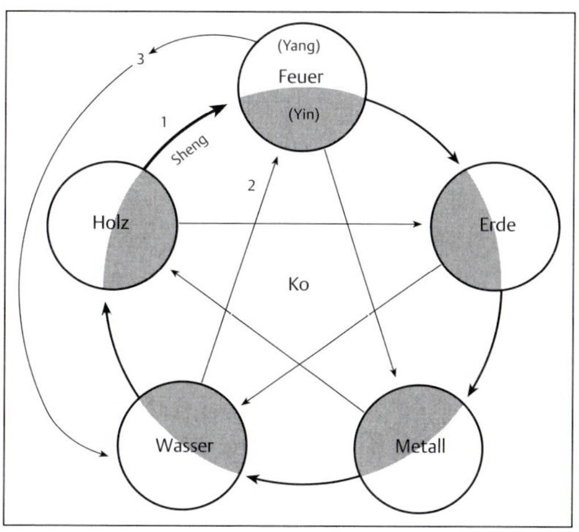

Die fünf Wandlungsphasen
1 = Sheng-Zyklus
2 = Ko-Zyklus
3 = Wu-Zyklus

Die fünf Grundsubstanzen

Der Begriff »Substanz« ist in der TCM relativ zu sehen und beinhaltet keine Festlegung hinsichtlich Materie oder Energie. Das Verständnis von Yin und Yang bildet dazu die Grundlage. Die Basis der Substanzen ist das Qi, welches sich in unterschiedlichen Manifestationen ausdrücken kann. Diese Abstufungen des Qi reichen von einer völligen Substanzlosigkeit – z.B. des Shen (Geist/Bewusstsein) – bis hin zu materiellen Formen – z.B. den Körperflüssigkeiten (Blut, Körpersäfte).

Die fünf Grundsubstanzen

- Qi (Lebensenergie)
- Jing (Essenz)
- Xue (Blut)
- Shen (Geist/Bewusstsein)
- Jin-Ye (Körperflüssigkeiten)

Für den Therapeuten der TCM ist die Kenntnis und die Entstehung der fünf Grundsubstanzen von außerordentlicher Bedeutung. Sie bilden die entscheidenden Parameter, die durch seine Therapie beeinflusst werden.
Insbesondere mit der Diätetik und Kräutertherapie ist es möglich, einen gezielten Einfluss auf die Bildung, Regulation und den Verbrauch dieser Grundsubstanzen auszuüben. Ein Aufbau dieser Substanzen, bei einer Mangelstörung, wäre durch eine alleinige Akupunkturbehandlung sicher ein langwieriger Prozess und mitunter ein unzureichendes erfolgloses Therapiekonzept.
Um effizient zu therapieren, sollte die Akupunkturbehandlung beispielsweise bei einer Blut-Schwäche (Symptom: Schlaflosigkeit) unbedingt durch diätetische Maßnahmen und ggf. Kräutertherapie ergänzt werden, um so eine rasche Genesung des Patienten zu fördern (z.B. blutaufbauende Nahrungsmittel wie Hühner- und Rindfleisch).

Der permanente Aufbau und die Regeneration von Qi, Blut und den Körpersäften ist eine der wichtigsten Aufgaben der Chinesischen Diätetik.

Qi (Lebensenergie)

Der Begriff Qi ist für den westlichen Sprachgebrauch mit »Energie« oder »Lebenskraft« nur annäherungsweise und unzureichend zu übersetzen.
In der Vorstellung der Traditionellen Chinesischen Medizin entspringt Qi aus dem strömenden Spannungsspiel zwischen den Polaritäten von Yin und Yang. Daraus bildet sich die Vitalkraft Qi, Quelle aller Lebensvorgänge des Universums.

Die vier Grundformen von Qi

- Ursprungs-Qi (Yuan Qi)
- Nahrungs-Qi (Gu Qi)
- Atmungs-Qi (Zong Qi)
- Wahres Qi (Zheng Qi)

Funktion

Qi hat vielfältige Aufgaben, Qi ist die Quelle aller Bewegung im Kosmos. Im medizinischen Sinne ist Qi die grundlegende Substanz aller Funktionsabläufe des menschlichen Körpers, und es ist die bewegende Kraft für alle Lebensvorgänge. Qi wärmt und schützt den Körper (Wei Qi = Abwehrkraft), ist für Wachstum, Entwicklung, körperliche und geistige Aktivität verantwortlich. Qi (Zheng Qi) durchströmt die Leitbahnen des Körpers. Jedes Organ hat sein eigenes Qi, das die Organfunktion steuert.

Dysfunktion

Qi-Mangel (Qi Xu)

Symptome: allgemeine körperliche Schwäche, blasses Gesicht, chronische Müdigkeit, Appetitlosigkeit, leichtes Schwitzen, Abwehrschwäche, Kurzatmigkeit, leise Stimme.

Zunge: aufgedunsen, blass.

Puls: schwach.

Ernährungstherapie: Qi stärken: Hafer, Nüsse, Samen, wärmende Fleisch- und Fischsorten (Rind, Lamm, Lachs, Forelle).

Qi-Stagnation (Qi Zhi)

Blockierung der Qi-Zirkulation in den Organen (Zang Fu), den Leitbahnen oder des gesamten Organismus.

Symptome: Druck-, Spannungs- und Beklemmungsgefühl, starker Schmerz mit dumpfem, drückendem Charakter, Schmerzen im Bereich der Zirkulationsstörung des Qi (z. B. Qi-Blockade im Leitbahnenverlauf), häufig Schmerzverstärkung durch Druck, ggf. wechselnde Schmerzlokalisation und Intensität, z. B. Spannungskopfschmerzen, Flankenschmerzen = Leber-Qi-Stagnation.

Zunge: bläuliche Verfärbung, prominente Zungenvenen.

Puls: gespannt.

Ernährungstherapie: Stagnation auflösen: scharfer Geschmack, Pfeffer, Chili, hochprozentiger Alkohol.
Chinesischer Lauch, Fenchel, Knoblauch, Essig, Koriander, Chili.

Rebellierendes Qi (Qi Ni)

Rebellierendes oder gegenläufiges Qi ist eine pathologische Richtungsänderung des normalen Qi-Flusses.

Symptome: Übelkeit und Erbrechen, Schluckauf, Husten, Asthma.

Ernährungstherapie: Qi absenken: Mandeln, Salz, Staudensellerie, grüner Tee.

Jing (Essenz)

Das chinesische Schriftzeichen für Essenz bedeutet »Samen«.

Im Klassiker »Su Wen« heißt es dazu:

»Das Jing ist der Ursprung des Körpers«.

Aus Sicht der TCM bildet diese überaus kostbare Substanz die Grundlage aller körperlichen und geistigen Entwicklungen. In der westlichen Medizin gibt es dafür kein entsprechendes Korrelat.

Die zwei Quellen des Jing:

- Vorgeburtliches, ererbtes Jing (Xian Tian Zhi Jing):
  Es entsteht bei der Befruchtung aus dem Jing der Eltern (Erbenergie, Ursprungsenergie), ist damit unwiderruflich festgelegt und nicht ersetzbar bzw. nicht regenerierbar. Dieses Jing entspricht nach der westlichen Auffassung der vererbten Konstitution.
- Nachgeburtliches, erworbenes Jing (Hou Tian Zhi Jing):
  Dieses Jing entsteht durch die Funktion von Magen und Milz post partum aus den extrahierten und reinen Anteilen der aufgenommenen Nahrung und Getränke. Das nachgeburtliche Jing ergänzt das erworbene Jing.
  Jing wird in den Nieren gespeichert.

Funktion

Nach Auffassung der traditionellen chinesischen Ärzte bestimmt die Menge des Jing die Lebensqualität und Lebenserwartung eines Menschen. Da Jing, wie bereits angesprochen, nicht zu regenerieren ist, bildet diese Substanz eine Art »innere Energie-Uhr«, die unsere individuelle Lebenszeitspanne bestimmt. Ist diese »innere Energie-Uhr« abgelaufen, stirbt der Mensch.
Verständlicherweise wird aus Sicht der TCM größter Wert auf den Erhalt und schonenden Umgang des Jing gelegt.
Insbesondere in der chinesischen Ernährungstherapie, aber auch in vielen anderen Bereichen der fernöstlichen Philosophie, wird dieser wichtige Aspekt berücksichtigt, wie z. B. beim Qi Gong oder Tantra.
Die Qualität des Jing ist die Basis für die pränatale Entwicklung des Organismus. Post partum beeinflusst es das körperliche und geistige Wachstum und ist für die Reproduktionskraft des Organismus verantwortlich.

Dysfunktion

Schlechte Konstitution, vorzeitiges Altern, Missbildungen, sexuelle Störungen wie Sterilität und Infertilität.

Ernährungstherapie: gute und regelmäßige Ernährung mit hochwertigen Nahrungsmitteln, ausgewogene Lebensweise, um das Jing zu schützen. Ein direkter Aufbau von Jing ist diätetisch nicht möglich.

Xue (Blut)

Blut ist nach traditionellen Vorstellungen eine dichte und materielle Form von Qi. Es entsteht aus der Essenz von Nahrungsflüssigkeiten, die von Magen und Milz extrahiert werden. Die Nieren tragen ebenso zur Bildung des Blutes bei. Das aus der Nahrung neu gewonnene Nahrungs-Qi (Gu Qi) wird über die Lunge transformiert und dabei mit dem Atmungs-Qi (Zong Qi) verbunden. Durch das Zang-Organ Herz wird es dann über den ganzen Körper weitergeleitet.
Blut und Qi stehen in einer engen Verbindung. Der Su Wen sagt dazu:

»Das Qi reitet auf dem Blut« und weiter
»Blut ist die Mutter des Qi«.

An anderer Stelle heißt es:

»Wenn Qi und Blut in Disharmonie geraten, können einhundert Krankheiten entstehen.«

Funktion

Die wichtigste Aufgabe des Blutes ist die Ernährung und Befeuchtung des Körpers; insbesondere von Augen, Haut und Haaren, Muskeln und Sehnen.
In der chinesischen Medizin besteht zwischen dem materiellen Aspekt Blut und dem immateriellen Bewusstsein eine wichtige Beziehung: »Das Blut bildet das Ruhebett für den Shen.«
Somit ist das Blut mit seinem Yin-Aspekt als materielle Basis verantwortlich, um den Yang-Aspekt (Geist [Shen]) darin zu verankern.
Eine Blut-Schwäche zeigt daher häufig neben einer körperlichen Schwächung auch mentale Symptome wie Unruhe, Vergesslichkeit und Schlaflosigkeit.

Dysfunktion

Blut-Mangel (Xue Xu)

Symptome: stumpfes, blasses Gesicht, blasse Lippen, Anämie, Müdigkeit, Sehstörungen, Gedächtnisstörungen, Unruhe, Schlaflosigkeit, psychische Labilität.
Zunge: blass, dünn.
Puls: fein, rau

Ernährungstherapie: Blut stärken: Barsch, Aal, Tintenfisch, Huhn, Rind, Leber, Hühnerei.

Blut-Stagnation (Xue Yu)

Symptome: heller, stechender, fest lokalisierter Schmerz, Schwellung, ggf. Verfärbung der betroffenen Region, violette Lippen.
Zunge: dunkelrot, blaurot.
Puls: gespannt.

Ernährungstherapie: Blut-Stagnation lösen: chinesischer Lauch, Hirschfleisch, Essig, Alkohol.

Blut-Hitze (Xue Re)

Symptome: Hitzegefühl, Unruhe, Mundtrockenheit, Hauterkrankungen mit roten Effloreszenzen, Hautjucken, hellrote Blutungen, Hypermenorrhö.
Zunge: rote, erhabene Pünktchen.
Puls: rasch.

Ernährungstherapie: Blut-Hitze kühlen: Mungbohnen, Tomaten, Weizen, Staudensellerie, Löwenzahn, Spinat.

Shen (Geist/Bewusstsein)

Shen umfasst in der TCM die geistigen, seelischen, emotionalen und spirituellen Aspekte eines Menschen und findet Ausdruck in seinem Bewusstsein und seiner Persönlichkeit. Shen hat einen engen Bezug zum Herzen, zu Jing, Blut und Qi. An diesen materiellen Verbindungen wird deutlich, dass in der TCM Geist und Körper eine Einheit sind. Ein guter Shen zeigt sich in den Augen, indem er dem Gesicht Ausstrahlung und einen wachen, klaren Blick verleiht.

Funktion

Shen beherbergt: Bewusstsein, Denken, Gedächtnis, Schlaf, Emotionalität, Spiritualität und Psyche.

Jedes Zang-Organ wird von einem psychisch-mentalen Aspekt begleitet:

- Shen (Geist – Seele): Herz, Bewusstsein, Denken.
- Hun (Wander-Seele): Leber, Schaffenskraft, Kreativität.
- Po (Körper – Seele): Lunge, Instinkt, Intuition.
- Zhi (Willen): Niere, Willenskraft, Charakter.
- Yi (Denken): Milz/Pankreas, analytisches Denken, Gedächtnis.

Dysfunktion

Psychische und mentale Störungen, Schlaflosigkeit.

Ernährungstherapie: Shen beruhigen: Weizen stabilisiert den Shen; bei Unruhe den scharfen Geschmack meiden.

Jin-Ye (Körperflüssigkeiten)

Jin-Ye umfasst sämtliche Körperflüssigkeiten. Sie werden aus der Nahrung und den Getränken von Magen und Milz/Pankreas extrahiert, z. B. Tränen, Gelenkflüssigkeiten, Schweiß, Verdauungssäfte, Urin etc.

Funktion

Zwei Arten von Körperflüssigkeiten werden in Bedeutung und Funktion unterschieden:

Flüssigkeiten (Jin)

Klarer, leichter, dünnerer Anteil, mehr Yang, zirkuliert an der Oberfläche, nährt Haut und Muskeln.

Säfte (Ye)

Trüber, schwerer, dichterer Anteil, mehr Yin, befeuchtet und nährt Gehirn, Knochenmark,

sowie Körperöffnungen (Augen, Nase, Genitalien) und ölt die Gelenke.
Beide Teile sind für die Blutqualität und -quantität mitverantwortlich.

Dysfunktion

Mangel an Körpersäften

Körperflüssigkeiten sind Yin und treten bei einem Mangel immer mit Trockenheit in Erscheinung (im späten Stadium = Exsikkose).

Symptome: trockene Haut, Lippen, Nase, Zunge, Schleimhäute, trockener Husten, Mund, Obstipation.

Ernährungstherapie: Körperflüssigkeiten aufbauen: Birne, Apfel, Mandarine, Sojamilch, Tofu, Milch, Weizen, Tomate, Kokosmilch, Weintrauben, Erdnuss, Pinienkerne.

Ansammlung von Körperflüssigkeiten

Ursache hierfür ist ein Mangelzustand von Milz-Qi, Lungen-Qi oder Nieren-Qi oder von allen drei Organen.

Ernährungstherapie: primär Milzfunktionskreis aufbauen: Hirse, Reis, Fenchel, Karotten, Honig

Organ	Symptom
Lunge	Ödeme im oberen Körperbereich, Gesicht, Hände
Milz	Ödeme im mittleren Körperbereich, Abdomen, Aszites
Niere	Ödeme im unteren Körperbereich, Beine, Knöchel

Ernährungstherapie: Feuchtigkeit ausleiten: Amarant, Gerste, Maishaartee, Ingwer, Löwenzahn, Sojamilch.

Ursachen für Krankheiten

Gesundheit ist im Verständnis der TCM die dynamische Ausgewogenheit von Yin und Yang. Ist dieses Gleichgewicht gestört, entstehen Erkrankungen. Die TCM unterteilt dabei allgemein in »äußere« und »innere« pathogene Faktoren, die eine Disharmonie von Yin und Yang hervorrufen können.

Weitere Ursachen für Erkrankungen sind:

- Konstitution: Beschaffenheit der elterlichen Erbenergie (Jing),Verfassung der Mutter während der Schwangerschaft, Geburtsereignisse und Fehlgeburten.
- Ernährung: Mangelernährung oder Übermaß, qualitativ schlechte Ernährung, einseitige Ernährung, schlechte Essgewohnheiten.
- Unausgewogene Lebensweise: Überarbeitung, Stress, körperliche, geistige oder emotionale Überlastung, Bewegungsmangel, sexuelle Probleme.
- Traumata.
- Parasiten.
- Falsche Behandlung.

Äußere bioklimatische Faktoren, »Die fünf widrigen Witterungseinflüsse«

- Wind
- Kälte
- Feuchtigkeit/Nässe
- Hitze
- Trockenheit

Diese Faktoren treten häufig kombiniert auf und attackieren den Körper, indem sie in die Leitbahnen eindringen und so genannte »äußere Erkrankungen« hervorrufen, z. B. führt Wind-Kälte zu grippalem Infekt.

Wind-Kälte zählt in unseren Breitengraden neben Feuchtigkeit zu den häufigsten äußeren pathogenen Faktoren. Die Diätetik bietet ausgezeichnete Möglichkeiten, einen Angriff der äußeren bioklimatischen Faktoren zu kompensieren, wenn sie frühzeitig angewandt wird.

Wind

Winderkrankungen (Zugluft) mit ihrer Yang-Energie treten plötzlich auf und dienen vielfach gewissermaßen als »Träger«, um Kälte oder Hitze in die äußere Schicht des Körpers zu transportieren. Dadurch werden die äußeren Schichten, insbesondere die Yang-Leitbahnen der oberen Körperhälfte, verletzt.

Symptome: Niesen, Frösteln, Schnupfen, Fieber, Gliederschmerzen, Kopfschmerzen, Abneigung gegen Wind und Kälte, plötzlicher Wechsel der Beschwerden.

Ernährungstherapie: vertreiben von Wind bzw. Wind-Kälte; Wind-Kälte: pikante Gewürze, besonders Ingwer, Frühlingszwiebeln, Knoblauch, Koriander. Wind-Hitze: Staudensellerie, Aubergine, Wasserkastanie, grüner Tee, Wassermelone.

Kälte

Kälte, ein weiterer wichtiger pathogener Faktor mit Yin-Qualität, wird in äußere und innere Kälte differenziert.

Äußere Kälte, die durch äußere Kälteexposition (Winter, Klimaanlage) verursacht wird, bewirkt eine Stagnation von Qi und Blut und äußert sich z. B. in fixierten, kälteabhängigen Schmerzen.

Symptome: Frieren, kalte Extremitäten und bei tief eingedrungener Kälte: Gelenkschmerzen, Rheuma, sowie gastrointestinale Beschwerden, Diarrhö, Erbrechen und abdominelle Schmerzen, die sich auf Wärme bessern.

Ernährungstherapie: Kälte vertreiben; pikante Gewürze: Ingwer, Frühlingszwiebeln, Knoblauch, Koriander, Chili, Pfeffer, Fenchel, Huhn, Lamm, Alkohol.

Feuchtigkeit/Nässe

Feuchtigkeit/Nässe haben als äußere pathogene Faktoren ihren Ursprung in feuchten Witterungseinflüssen, nasser Umgebung oder Kleidung. Innerlich bildet sich bei einer Dysfunktion des Milz/Pankreas-Funktionskreises Nässe und bei Chronifizierung später eine Schleimsymptomatik aus.
Nässe-Erkrankungen haben ausgeprägten Yin-Charakter, mit Eigenschaften wie Schwere, Klebrigkeit, Schwellungen, Verlangsamung des normalen Qi-Flusses und der Tendenz zu langwierigen Erkrankungen.

Symptome: chronische Müdigkeit, Schweregefühl im Kopf oder den Extremitäten, Schwindel, Ödeme, Dyspnoe, Engegefühl in der Brust, abdominelle Beschwerden wie Appetitlosigkeit, Übelkeit, Erbrechen, Diarrhö.

Eine Verschlechterung der Symptome ist vielfach mit feuchtem Wetter assoziiert.

Ernährungstherapie: Nässe beseitigen und trocknen; Feuchtigkeit/Hitze: Mungbohnen, Sojamilch, Löwenzahn, Maisbarttee, Algen. Feuchtigkeit: Gerste, Hirse, Ingwer, Karpfen, grüner Tee.

Hitze

Hitze ist ein pathogener Faktor mit Yang-Charakter. Durch ihre Tendenz aufzusteigen beeinträchtigt sie vornehmlich die oberen Körperteile. Hitze trocknet aus und verletzt das Yin. Sie schädigt darüber das Blut und die Körperflüssigkeiten und beeinflusst die Bewusstseinslage (Shen).

Symptome: Ruhelosigkeit, Nervosität, Schlafstörungen, Überaktivität, Delirium, Juckreiz, Hautausschläge. Fieber, Durst, trockener Mund und Lippen, geröteter, rauer Hals, rote Hautausschläge, Schlaflosigkeit und Reizbarkeit.

Ernährungstherapie: Hitze ausleiten und kühlen, befeuchten, die Körperflüssigkeiten nähren: Tomaten, Löwenzahn, Gurken, Wassermelone, Weizen, Tofu, Mungbohnen, Sprossen, Orangen, Zitrone, Banane, Kiwi, Krebse, Kaninchenfleisch, Salz, grüner Tee, Joghurt.

Trockenheit

Trockenheit ist ein Yang-Faktor und tritt häufig gemeinsam mit Hitze in Erscheinung. Dabei wird der Hitze allerdings eine bedeutendere Funktion zugeteilt. Trockenheit verletzt die Lunge, schädigt das Yin und die Körperflüssigkeiten.

Symptome: trockene, schuppige Haut, rissige Lippen, trockener Husten, wenig Sputum, Durst, Obstipation und Exsikkose.

Ernährungstherapie: befeuchten und die Körpersäfte nähren: Birne, Banane, Wassermelone, Mandarine, Sojamilch, Tofu, Weizen, Erdnuss, Honig, Kuhmilch, Butter, Joghurt.

Innere Einflüsse, »Die fünf Emotionen«

Eine Schädigung der Gesundheit tritt bei einem Übermass oder einem Mangel an Emotionen auf. Sie lösen dabei spezifische Reaktionen in den Körperorganen (Zang Fu) aus. Ein länger bestehendes Ungleichgewicht der Emotionen kann allerdings zu tiefen Organfunktionsstörungen führen.
Auch hier kann über diätetische Maßnahmen Einfluss genommen werden, indem die entsprechenden Funktionskreise der Emotion (Trauer – Lungenfunktionskreis) gekühlt oder gewärmt werden.

- Trauer verletzt die Lunge
- Angst verletzt die Nieren
- Wut und Zorn verletzen die Leber
- Übermäßige Freude und Stress verletzen das Herz
- Sorgen und Grübeln verletzen die Milz

Die traditionelle chinesische Ernährungslehre

Die Anfänge der Chinesischen Diätetik finden sich bereits in der Zhou-Dynastie (11.–7. Jahrhundert v. Chr.) Zu dieser Zeit waren vier Gruppen von Heilkundigen für die medizinische Versorgung bekannt:

- Behandler für Ernährungsfragen (Diätärzte) Shi Yi
- Behandler für innere Erkrankungen (»Internisten«) Ji Yi
- Behandler für äußere Erkrankungen und Verletzungen (»Chirurgen«) Yang Yi
- Behandler für kranke Tiere (Tierärzte) Shou Yi.

Den Diätärzten kam dabei die weitaus größte Bedeutung zu. Ihre Aufgabe lag insbesondere in der Vorbeugung von Erkrankungen der ihnen anvertrauten Personen, neben dem therapeutischen Einsatz der Ernährung bei akuten und chronischen Erkrankungen.

Die Übersetzung des Begriffes »Diät« zeigt eine interessante Beziehung zwischen der ursprünglich westlichen Auffassung und dem asiatischen Konzept.

Diät, aus dem griechischen diaita = Lebenspflege, bzw. Lebensart, Lebensweise, hebt einen weiterreichenden Aspekt hervor, der eine Ähnlichkeit zum »Tao« bietet, Mensch und Natur zu verbinden.

Der betont präventive Ansatz der diätetischen Therapie in der TCM erlaubte es den Diätärzten bei angesehenen Herrschern allein mit der Ernährung für die Gesundheit der gesamten Familie zu sorgen.

Das Vermeiden von Erkrankungen, die Prävention, hat einen entscheidenden Stellenwert bei allen Therapieformen der TCM. Anschaulich dargestellt wird diese Einstellung durch ein interessantes, altchinesisches Entlohnungssystem der Ärzte (möglicherweise eine Anekdote!).

So richtete sich die Höhe des jährlichen ärztlichen Gehaltes nach dem unbescholtenen Gesundheitszustand der ihm zugewiesenen Personen. Je weniger seine Patienten innerhalb eines Jahres erkrankten, desto höher fiel sein Gehalt aus.

Akupunktur, Moxibustion, Phytotherapie, Diätetik und Bewegungslehre (Qi Gong, Tai Chi) bilden die Säulen der Therapie in der TCM.

Der Chinesischen Diätetik kommt schon in den Ursprüngen große Bedeutung bei der Behandlung von Krankheiten zu. Su Wen:

»Wenn der Körper zu schwach ist, sollte der Therapeut Speisen nehmen um den Mangel aufzufüllen.«

Der berühmte Arzt Sun Si Miao hebt in der Tang-Dynastie (618–907 n. Chr.) den Stellenwert der Ernährungstherapie weiter hervor:

»Wenn man eine Krankheit behandelt, sollte zuerst eine Ernährungstherapie erfolgen. Erst wenn diese nicht hilft, muss man es mit Drogen versuchen.«

In einem anderen Zitat bekräftigt er den präventiven Charakter der Chinesischen Diätetik:

»Ohne das Wissen um eine richtige Ernährung ist es kaum möglich, sich einer guten Gesundheit zu erfreuen.«

Somit ergeben sich für die Diätetik die folgenden Therapiemöglichkeiten:

- »Lebenspflege« Tao
- Prävention von Erkrankungen
- Therapie akuter Erkrankungen
- Therapie chronischer Erkrankungen

Das »Qi«-Energie-Konzept der TCM

Qi, die Lebenskraft oder Lebensenergie, ist in der Traditionellen Chinesischen Medizin von zentraler Bedeutung.
Ausdruck von ausreichendem und frei fließendem Qi ist Vitalität, Gesundheit und Leistungsfähigkeit des Organismus. Ein Mangel an Qi mindert die Lebensqualität und begünstigt das Entstehen von Krankheiten.
Der Körper gewinnt seine tägliche Energie aus drei Quellen.

Die drei Energiequellen

- Ursprungsenergie (Jing)
- Nahrungsenergie (Gu Qi)
- Atmungsenergie (Zong Qi)

Ursprungsenergie/Erbenergie (Jing)

Die Erbenergie der Eltern, gespeichert in den Nieren, liefert die Basis aller Lebensvorgänge und Wachstumsprozesse im Organismus. Zum Zeitpunkt der Geburt wird Quantität und Qualität des Jing festgelegt. Da diese Energiereserve nicht mehr zu ergänzen ist, empfiehlt sich aus Sicht der chinesischen Ärzte ein behutsamer Umgang mit diesem Potenzial, das nur einen minimalen Anteil in der täglichen Energiebereitstellung ausmachen sollte. Zur Deckung des täglichen Energiebedarfs sollte möglichst wenig Jing benutzt werden. Cave: ausschweifender, exzessiver Lebenswandel, sexuelle Überaktivität, harte Drogen, extreme Belastungssituationen aber auch Fasten zehren und schwächen das Jing.

Nahrungsenergie (Gu Qi)

Nahrungsenergie entsteht als erste Transformationsstufe aus der zugeführten Nahrung durch Umwandlungsprozesse von Magen und Milz. Die Qualität des neu gebildeten Gu Qi ist abhängig von der Reinheit der Nahrungsmittel (möglichst frisch und nicht denaturiert) und dem Funktionszustand der Verdauungsorgane Magen und Milz. Sind diese Organe in einem chronischen oder akuten Schwächezustand, reduziert sich die Menge und Qualität des nachproduzierten Gu Qi. Der Organismus gerät dadurch allmählich in einen generalisierten Schwächezustand mit der Neigung zu chronischen Mangelsymptomen.
Als regenerierbare Energiequelle kommt der Nahrungsenergie eine Schlüsselfunktion in der chinesischen Medizin zu. Sie bildet den Hauptanteil der wiederherstellbaren Energien. Diese Bedeutung unterstreicht die traditionelle »Schule der Mitte«, die in der Ernährungstherapie einen entscheidenden Ansatz zur Behandlung von Krankheiten sah:

»Ohne das Wissen um eine richtige Ernährung ist es kaum möglich, sich einer guten Gesundheit zu erfreuen.«

Atmungsenergie (Zong Qi)

Die Atmungsenergie ergänzt mit jedem Atemzug die Gesamtenergie des Körpers und entspricht dabei in etwa $1/3$ der wiederherstellbaren Gesamtenergie. Gute Atmung, gute Luft verbessern ihre energetische Qualität. Auch hier tragen viele altchinesische Techniken durch spezielle Atemübungen z. B. Qi Gong, Tai Chi oder Übungen aus den asiatischen Kampfkünsten zur qualitativen Steigerung bei.

Die drei Energiequellen, das Jing, das Gu Qi und das Zong Qi vereinigen sich zum Wahren Qi (Zheng Qi), welches in Form von Leitbahn-Qi (Ying Qi) und Abwehr-Qi (Wei Qi) in den Leitbahnen durch den Körper fließt.

Diese Grundlagen verdeutlichen, dass bei einer Behandlung in der TCM mehrere Therapieprinzipien ergänzend ineinander übergreifen sollten.

Durch die Akupunktur wird insbesondere das Zheng Qi beeinflusst und aktiviert. Sie vermag allerdings, abgesehen von der Moxibustion, das vorhandene Qi des Patienten nur wenig aufzubauen, sondern bewegt das Qi, gleicht aus, löst Blockaden.

Tipp **Bei einem Qi- oder Yang-Mangelzustand ist eine Erweiterung des Behandlungskonzeptes durch diätetische Maßnahmen und der Einsatz chinesischer Kräuter notwendig, um somit gezielt Qi-Yang, Körpersäfte und Blut aufzubauen. Zum Aufbau von Substanz bei einem Yin-Mangel ist die Nahrungs- und Kräutertherapie für einen guten Behandlungserfolg unumgänglich. Hierüber wird erst die Basis für eine effiziente Akupunkturbehandlung geschaffen.**

Konzept der Qi-Produktion

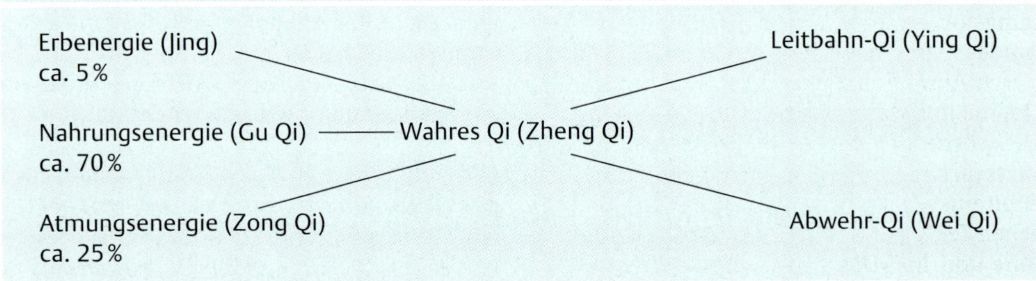

Möglichkeiten der Therapieansätze

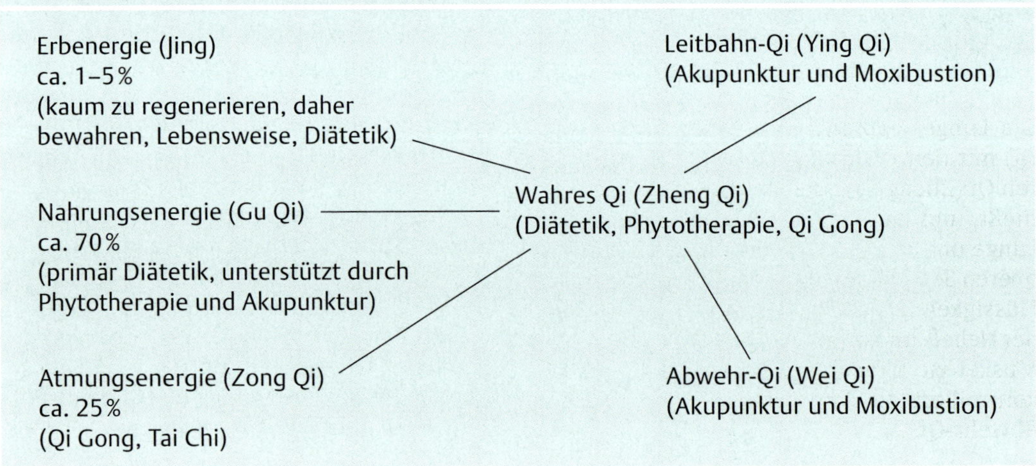

Zur Funktion des 3fachen Erwärmers (»San Jiao«, 3E)

Der San Jiao ist in der TCM Entsprechung des Feudalstaates »Beamter für die Bewässerung und Kontrolle der Wasserwege«.
Das »Nei Jing« beschreibt seine Hauptaufgabe in der Bildung, Umwandlung und Bewegung der Körperflüssigkeiten (Jin-Ye), die Ausscheidung und Verdauung stehen dabei im Vordergrund.
Der San Jiao koordiniert die Verteilung und Bewegungsrichtung der unterschiedlichen Qi-Arten, damit die Organfunktionskreise reibungslos versorgt werden und das Qi ungehindert passieren kann. Störungen zeigen sich durch Ansammlungen von Flüssigkeiten, wie Ödeme und Harnretention.
Die westliche Vorstellung des 3fachen Erwärmers orientiert sich an einer anatomischen Dreiteilung des Körpers, der bereits in historischen Texten wie »Klassiker der Schwierigkeiten« und im »Das Zentrum des Wirkvermögens« beschrieben wird.

Der obere San Jiao/Oberer Erwärmer: Herz, Lunge, Perikard vom Zwerchfell aufwärts.

Die Lunge verbindet das Atmungs-Qi (Zong Qi) mit dem Nahrungs-Qi (Gu Qi) zum Wahren Qi (Zheng Qi), welches in den Leitbahnen fließt, und verteilt es weiter im Organismus. Lunge und Herz »beseelen« das Blut (Xue) im oberen San Jiao mit Qi.
Flüssigkeiten werden von der Lunge als »feiner Nebel« im Körper verdampft, um Haut und Muskel zu befeuchten. Der Obere Erwärmer kontrolliert die Aufwärtsbewegung und das Abwehr-Qi.

Der mittlere San Jiao/Mittlerer Erwärmer: Milz, Pankreas, Magen, zwischen Zwerchfell und Nabel.

Er wird in den klassischen Texten häufig mit einem brodelnden Kessel oder einer Gärkammer verglichen, in der die Nahrung als »Schaum« aufgenommen und weiterverarbeitet wird. Magen und Milz sind für die regelrechte Umwandlung und den Weitertransport der Nahrung verantwortlich. »Reines« wird hier von »Unreinem« getrennt, die Milz leitet das reine Qi weiter in den oberen San-Jiao. Das unreine Qi wird über den Magen nach unten gesandt. Nach der Verarbeitung der Nahrung ist die Bewegungsrichtung des reinen Nähr-Qi (Ying Qi) nach oben zur Lunge und zum Herzen gerichtet.
Diese Einheit liefert dem Organismus den Hauptanteil des regenerierbaren Qi, weiterhin Blut (Xue) und Körperflüssigkeiten (Jin-Ye), die von dort aus weitergeleitet werden. Der Mittlere Erwärmer steht im Mittelpunkt der chinesischen Ernährungslehre, durch gute und ausreichende Ernährung wird das Milz-Qi täglich gestärkt, um die Energiereserven des Nierenfunktionskreises zu schonen.
Weiterhin bestimmt die Qualität der dem mittleren San Jiao zugeführten Nahrungsmittel entscheidend den gesamtenergetischen Haushalt des Organismus, und die Qualität und Quantität von Blut (Xue) und den Körperflüssigkeiten (Jin-Ye).

Der untere San Jiao/Unterer Erwärmer: Leber, Niere, Harnblase und Darm befindet sich unterhalb des Nabels.

Er wird klassisch als »Sumpf« oder »Abwassergraben« beschrieben, seine Hauptfunktion ist die Transformation und Ausscheidung von Flüssigkeiten und Abfallstoffen. Die Bewegungsrichtung des Qi ist nach unten gerichtet.

B Methodik der Ernährungstherapie

Die Energetik der Nahrung

In der westlichen Ernährungslehre steht die analytische und quantitative Beschreibung der Nahrung im Vordergrund und orientiert sich an stofflichen Bestandteilen wie Kohlenhydrate, Fette, Eiweiß, Vitamine, Mineralien und Spurenelemente.

Hingegen folgt die östliche Anschauung dem qualitativen, ganzheitlichen Konzept von Yin und Yang und beschreibt die energetische Wirkung, die Nahrungsmittel und Heilpflanzen über ihr energetisches Temperaturverhalten und den Geschmack auf den Organismus ausüben.

Ähnliche qualitative, mehr energetisch orientierte Ansätze finden sich bei Hippokrates und Hildegard von Bingen, die für die Gesundheit und zur Heilung von Krankheiten die tägliche Ernährung als eine wichtige und preiswerte Therapiequelle in der Medizin einsetzten.

In der Traditionellen Chinesischen Medizin besteht grundsätzlich eine enge Verbindung zwischen dem therapeutischen Gebrauch von Nahrung und Heilkräutern, da sie nach den gleichen Kriterien klassifiziert werden und sich in ihrer Wirkung auf den Organismus gegenseitig fördern, aber auch behindern können. So wäre es unnütz einem Patienten Schleim eliminierende Kräuter zu verordnen und entsprechend zu akupunktieren, ohne ihn über die Schleim erzeugenden Nahrungmittel wie stark ölige Speisen, »Junk-Food«, Übermaß an Milchprodukten, Alkohol etc. aufzuklären. Für eine effiziente »ganzheitliche« Therapie sind diätetische Maßnahmen mit Schleim lösenden Nahrungsmitteln wie Birnen unbedingt mit einzubeziehen.

Im Klassiker »Rezepturen, die tausend Goldstücke wert sind« schildert der berühmte chinesische Arzt Sun Si Miao »Damit der Körper seine Ausgewogenheit und Harmonie beibehält, ist es einzig erforderlich sich um seine angemessene Ernährung zu kümmern. Keinesfalls sollte man dazu unkontrolliert Arzneimittel einnehmen. Die Kraft der Arzneimittel ist einseitig und es gibt Fälle, in denen sie hilfreich sind.«

Die energetische Klassifizierung erfolgt im Wesentlichen über vier Bereiche und richtet sich nach Paradigmen, die in den empirischen Grundlagen der TCM wurzeln.

Die vier wesentlichen Kriterien der energetischen Klassifizierung der Nahrungsmittel

- Energetisches Temperaturverhalten: heiß, warm, neutral, kühl, kalt
- Geschmack: süß, scharf, sauer, bitter, salzig
- Funktionskreisbezug: Milz, Magen, Lunge, Dickdarm, Niere, Blase, Leber, Gallenblase, Herz, Dünndarm
- Wirkrichtung: steigend, schwebend, sinkend, fallend

Hinweis/Tipp **Das energetische Temperaturverhalten und der Geschmack sind in der Therapie der Chinesischen Diätetik von primärer Bedeutung.**

Im Rahmen allgemeiner diätetischer Empfehlungen (Präventivdiätetik) ist eine separate Anwendung der Kriterien: energetisches Temperaturverhalten und Geschmack möglich. Eine heildiätetische Behandlung ist nur nach der sicheren Diagnose eines TCM-Kundigen unter Berücksichtigung aller vier Kriterien durchführbar.

Energetisches Temperaturverhalten

Die Einordnung der Nahrung erfolgt in fünf energetische Temperaturbereiche:
heiß, warm = Yang
kalt, kühl = Yin
neutral

Nahrungsmittel nach energetischem Temperaturverhalten

heiß	warm	neutral	kalt	kühl
Pfeffer, Chili, Ingwer, Zimt, Knoblauch, Curry, Paprika, Lamm, hochprozentiger Alkohol, Yogitee	Anis, Fenchel, Rosmarin, Basilikum, Rind, Huhn, Lachs, Aal, Hafer, Zwiebel, Porree, Ziegenkäse, Butter, Kirsche, Pfirsich, Kaffee, Rotwein, Kakao, Walnuss	Gans, Schwein, Ente, Karpfen, Hirse, Mais, Dinkel, Reis, Kartoffel, Möhren, Blumenkohl, Kuhmilchkäse, Honig, Hühnerei, Weintraube, Feige, Pflaume, Linsen, Erbsen, Haselnuss	Salz, Sojasoße, Krabben, Krebs, Tomate, Spargel, Wassermelone, Banane, Orange, Wasser, Löwenzahn, gelber Enzian, Algen, Rhabarber	Estragon, Kaninchen, Weizen, Gerste, Spinat, Gurke, Sellerie, Zucchini, Sojasprossen, Joghurt, Dickmilch, Pfefferminztee, Fruchtsäfte, Sojamilch, Schwarztee, Weizenbier, Tofu

Diese Einteilung findet sich ebenso bei den chinesischen Heilkräutern und wurzelt in einer 3000-jährigen Tradition der chinesischen Medizin aus Anwendung, Beobachtung, Erfahrung und Intuition.
Unabhängig von der weiteren Aufbereitung besitzt jedes Nahrungsmittel »naturgemäß« ein energetisches, thermisches Grundmuster, womit es einen entsprechenden Effekt auf den Organismus ausübt.

Beispiel
So haben energetisch »heiße« Nahrungsmittel wie Pfeffer, Chili, Knoblauch einen erhitzenden, wärmenden Effekt auf den Körper, »kalte« Nahrungsmittel wie Tomaten und Bananen hingegen kühlen ihn ab. Eine mildere Wirkung üben warme und kühle Nahrungsmittel auf den Körper aus, während neutrale Nahrung das energetische Niveau des Körpers nicht verändert.
Dabei übt die thermische Qualität zunächst einen allgemeinen Effekt auf den Organismus aus, wirkt wärmend oder kühlend auf den Organismus. Durch den Geschmack und über den Bezug zum Wandlungselement wird der Einfluss auf das entsprechende Organ oder den Funktionskreis spezifiziert.

Beispiel
Süßer Geschmack ist dem Funktionskreis Erde zugeordnet und wirkt vornehmlich auf die dazugehörigen Organe Magen und Milz, dabei entsprechend des energetischen Temperaturverhaltens wärmend oder abkühlend auf den Magen/Milz, Fencheltee wärmt energetisch den Magen, während Bananen ihn abkühlen.

Heiß

Heiße Nahrung steigert das Yang, dynamisiert das Qi, aktiviert, wärmt, zerstreut, bewegt nach oben und außen, wärmt die Körperorgane (Zang Fu), vertreibt äußere und innere Kälte, mobilisiert die Abwehrenergie.
Beispiel: »Behandlung von Kälte-Symptomen«:
▷ Ingwer, Zimt, Lamm, Chili.

Übermaß erzeugt Hitze (Yang-Fülle), schädigt das Yin und trocknet die Körpersäfte aus.

Warm

Warme Nahrung: stärkt das Yang und Qi, wärmt den Körper und die Körperorgane (Zang Fu), wärmt und stärkt den »mittleren San Jiao«.
Beispiel: »Behandlung von Kälte-Symptomen«:
▷ Fenchel, Huhn, Rind, Hafer.

Übermaß erzeugt Yang-Fülle.

Neutral

Neutrale Nahrung: baut das Qi und die Körpersäfte auf, stabilisiert und harmonisiert den Organismus.
Beispiel: »Behandlung von Qi-Mangel«:
▷ Honig, Reis, Kartoffel.

Kalt

Kalte Nahrung: erzeugt Kälte, kühlt innere Hitze, wirkt beruhigend auf den Geist (Shen).
Beispiel: »Behandlung von Hitze-Symptomen«:
▷ Wassermelone, Löwenzahn, Orange.

Übermaß verletzt Qi und Yang, kühlt den Organismus stark ab.

Die therapeutischen Ziele ergeben sich aus dem Yin-Yang-Prinzip.
Im Nei Jing heißt es dazu:

»Wenn etwas kalt ist, so erhitze es. Wenn etwas heiß ist, so kühle es ab.« Durch Ergänzen der entgegengesetzten Polarität wird das ursprüngliche Gleichgewicht wiederhergestellt.

Kühl

Kühle Nahrung: baut Körpersäfte (Jin-Ye) und Blut (Xue) auf, verlangsamt Qi, kühlt Hitze.
Beispiel: »Behandlung von Hitze-Symptomen«:
▷ Joghurt, Sojamilch, Weizen.

Kälte erfordert Wärme
= Yang (heiß und warm)
Hitze erfordert Kälte
= Yin (kalt und kühl).

Beispiel »Yang-Nahrung«

»Yang-Nahrung« ist heiße bzw. warme Nahrung, sie hat eine wärmende, belebende Wirkung auf den Organismus.

Scharfe Gewürze (Pfeffer, Knoblauch, Zimt)
Fleisch (Rind, Lamm, Wild, Huhn)
Kaffee
Alkohol, Hafer, Kirsche, Pfirsich.

Yang-Nahrung ist zu empfehlen bei Störungen von kühler bzw. kalter Natur, z. B.:

Qi-Mangel

Symptome: Müdigkeit, blasses Gesicht, Frösteln, Appetitlosigkeit, Infektanfälligkeit.

Yang-Mangel

Symptome: hier dominiert die Kälte, chronisch kalte Hände und Füße, Erschöpfung, Antriebslosigkeit, breiiger Stuhlgang, häufiger Harndrang mit blassem Urin.

Beispiel »Yin-Nahrung«

»Yin-Nahrung« ist kühle bzw. kalte Nahrung, sie hat einen abkühlenden, beruhigenden Effekt auf den Organismus.

Milchprodukte
Obst (Banane, Zitrusfrüchte)
Mineralwasser
Tomate, Weizen.

Yin-Nahrung ist bei Hitze-Erkrankungen von therapeutischer Bedeutung, z. B.

Yin-Mangel

Symptome: trockene Schleimhäute, trockene Zunge, Nachtschweiß, heiße Hände und Füße, Hitzegefühl am Nachmittag.

Yang-Fülle

Symptome: laute Stimme, rotes Gesicht, Unruhe, Hektik, Überaktivität, Schlafstörungen, Hitzegefühl.

Beispiel

Praktische Anwendung

- **Antriebsschwacher, blasser, müder, fröstelnder Patient.**

Diagnose: Yang-Mangel.
Therapie: Yang-Defizit auffüllen, erfordert Yang-Nahrung, d. h. energetisch heiße, warme Nahrung (Lammfleisch, Rindfleisch, Pfeffer, Fencheltee).

- **Erregter, gereizter Patient mit rotem Teint und plötzlichen Kopfschmerzen.**

Diagnose: Yang-Fülle.
Therapie: Yang-Fülle reduzieren, Hitze kühlen, erfordert Yin-Nahrung, d. h. energetisch kühle, kalte Nahrung (Obst, Salate, Pfefferminztee, Tomate).

Die fünf Geschmacksrichtungen

süß – scharf – salzig – sauer – bitter

Zuordnung der Geschmacksrichtung zu Yin, Yang und Organbezug

Yang-Qualität	**Element**	**Funktionskreis**
süß scharf	Erde Metall	Milz/Magen Lunge/Dickdarm
Yin-Qualität	**Element**	**Funktionskreis**
salzig sauer bitter	Wasser Holz Feuer	Niere/Blase Leber/Gallenblase Herz/Dünndarm

Nahrungsmitteltabelle nach Geschmacksrichtung

süß	**scharf**	**salzig**	**sauer**	**bitter**
Anis, Fenchel, Reis, Hirse, Gerste, Hafer, Weizen, Mais, Rind, Huhn, Ente, Schwein, Hase, Möhre, Kartoffel, Aubergine, Spinat, Kürbis, Birne, Apfel, Banane, Feige, Butter, Käse, Milch, Mandel	Zwiebel, Zimt, Pfeffer, Ingwer, Knoblauch, Paprika, Chili, Thymian, Sellerie, Radieschen, Kohlrabi, Fenchel, Brunnenkresse, Anis	Salz, Sojasoße, Auster, Ente, Schwein, Tintenfisch, Krebs, Taube, Schinken	Apfel, Aprikose, Zitrone, Essig, Tomate, Orange, Dickmilch, Quark, Azukibohnen, Pflaume, Ananas, Weintraube, Kiwi, Mango	Basilikum, Löwenzahn, Petersilie, Kaffee, Tee, Tabak, Essig, Chicorée, Sellerie, Salat

Die fünf Geschmacksrichtungen sind das älteste Einteilungsprinzip der Nahrungsmittel und werden bereits im Nei Jing beschrieben. Der Geschmack kann zunächst wieder einer Yin- oder Yang-Qualität zugeordnet werden.

Yang-Qualität: süß, scharf
Yin-Qualität: salzig, sauer, bitter

Neben der entsprechenden Yin/Yang-Wirkung sind die fünf Geschmacksrichtungen einer bestimmten Wandlungsphase zugeordnet. Somit besteht für den jeweiligen Geschmack eine feste Verbindung zu dem mit der Wandlungsphase gekoppelten Organsystem, worauf er seinen spezifischen Einfluss nehmen kann.

Wandlungsphase:

- **süß**, Funktionskreis: Milz/Magen
- **scharf**, Funktionskreis: Lunge/Dickdarm
- **salzig**, Funktionskreis: Niere/Blase
- **sauer**, Funktionskreis: Leber/Gallenblase
- **bitter**, Funktionskreis: Herz/Dünndarm

Darüber hinaus besitzt jeder Geschmack noch weitere wichtige Eigenschaften, die er auf den Organismus ausübt:

Süßer Geschmack

Wandlungsphase: Erde
Funktionskreis: Milz/Magen
Wirkung: erwärmend, kräftigend, harmonisierend, entspannend und befeuchtend, hat die stärkste tonisierende Wirkung auf den Organismus (Verlangen nach »Süßem« bei starker körperlicher und seelischer Beanspruchung).
Allgemeine Anwendung: der süße Geschmack tonisiert bevorzugt das Milz-Qi, worüber er Energien aufbaut, er hilft bei akuten Schwächezuständen (Heißhunger), durch seine befeuchtende Wirkung nährt er die Körpersäfte, er löst innere Anspannungen (Frustessen, Kummerspeck) und stabilisiert die »innere Mitte« (Erdelement).

! Übermaß! Schädigt das Milz-Qi und erzeugt pathogene Feuchtigkeit und Nässe, die bei längerem Fortbestehen zu Schleimerkrankungen führen kann, z. B. rezidivierende Bronchitis, Sinusitis, chronische Müdigkeit, dumpfes Gefühl im Kopf. Im Nei Jing heißt es: *»der süße Geschmack geht zum Fleisch«* mit den Folgen von Übergewicht, Adipositas, Bindegewebsschwäche, über den Kontroll-Zyklus kann ein Übermaß die Nieren schwächen. Folgen: Knochen- und Zahnerkrankungen.

Scharfer Geschmack

Wandlungsphase: Metallelement
Funktionskreis: Lunge/Dickdarm
Wirkung: bewegt das Qi, belebt die Energiezirkulation und löst Stagnationen, zerstreut, öffnet die Poren, befreit die Oberfläche von exogenen Krankheitsfaktoren und wirkt schweißtreibend.
Allgemeine Anwendung: der scharfe Geschmack stärkt die Lunge, er vertreibt exogene pathogene Faktoren insbesondere Wind-Kälte. Seine schweißtreibende Wirkung und seine Fähigkeit die Hautporen zu öffnen sind hilfreich im akuten Stadium einer Erkältungskrankheit (Ingwer). Mäßig scharfe Nahrungsmittel während der Wintermonate sind eine hervorragende Erkältungsprophylaxe. Durch die anregende Wirkung auf das Qi löst der scharfe Geschmack seelische Blockaden und damit verbundene Atemstörungen (Beklemmungsgefühl in der Brust). Durch seine Tendenz, das Qi nach oben zu bewegen, ist der scharfe Geschmack vorteilhaft bei emotionalen Belastungen wie Traurigkeit, Melancholie und Niedergeschlagenheit (Emotion des Lungenfunktionskreises).

! Menschen mit Hitzesymptomatik sollten den scharfen Geschmack unbedingt meiden! Übermaß erzeugt Hitzesymptome und kann die Haut beeinträchtigen (Trockenheit, Allergien, Hautjucken, Sonnenallergie). Über den Kontroll-Zyklus wirkt sich dieser schädigende Einfluss vornehmlich auf Leber und Gallenblase aus (aufsteigendes Leber-Yang, z. B. Gereiztheit, Schlafstörungen und innere Unruhe). Weiterhin zerstreuende Wirkung auf den Geist/Bewusstsein (Shen) (innere Unruhe, Überaktivität, Schlafstörungen). Über den Fütterungs-Zyklus kann die Nierenenergie überhitzt werden (übersteigerte sexuelle Begierde, Triebhaftigkeit). Die Muskulatur kann erschlaffen und Trockenheit im Dickdarm entstehen (Obstipation).

Salziger Geschmack

Wandlungsphase: Wasserelement
Funktionskreis: Niere/Blase
Wirkung: kühlt, befeuchtet, wirkt absenkend, erweichend und lösend.
Allgemeine Anwendung: salzig in Maßen unterstützt die Nierenfunktion, regt die Harn- und Stuhlausscheidung an (Glaubersalz), löst Stauungen und Verhärtungen (z. B. subkutane Knötchen, Akkumulation von Schleim).

Mehr Salzrestriktion, da häufig Übermaß! Trocknet den Körper, verletzt die Säfte, Blut und das Gefäßsystem (Bluthochdruck), verhärtet die Muskeln und schädigt die Knochen. Über den Ko-Zyklus werden das Herz und der Shen beeinträchtigt, geistige Fähigkeiten nehmen ab, das Denken wird rigide.

Saurer Geschmack

Wandlungsphase: Holz
Funktionskreis: Leber/Gallenblase
Wirkung: adstringierend, sammelnd und Säfte erhalten.
Allgemeine Anwendung: sauer-kühle Nahrungsmittel erfrischen den Organismus, lindern übermäßiges Schwitzen, fördern den Säfte-Aufbau und beruhigen »erhitzte« Gemüter, indem sie emotionale »Hitze« in der Leber/Gallenblase kühlen und das Yin tonisieren.
»Sauer macht lustig«, bei seelischem Stress und Ärger ist diese Geschmacksrichtung zu bevorzugen, da sie das Leber-Yin nährt, und die tonisierende Wirkung des sauren Geschmacks auf das Herzelement (über den Fütterungs-Zyklus) weitergeleitet wird.
Sauer zieht nach innen und ist somit förderlich bei einem zerstreuten, unkonzentrierten Geist oder bei einer rastlosen Lebensweise.

Der saure Geschmack ist kontraindiziert bei akuten exogenen Witterungsattacken (Wind-Kälte) auf den Körper. Solange die pathogenen Einflüsse sich noch in den äußeren Körperschichten befinden, zieht der saure Geschmack die Krankheitsfaktoren in tiefere Körperschichten und verschlechtert den Krankheitsverlauf und den Behandlungserfolg (keine »heiße Zitrone« bei einer akuten Erkältung!). Therapie der Wahl ist hierbei der scharfe Geschmack, der die Poren öffnet, das Schwitzen anregt und die Oberfläche von den pathogenen Faktoren befreit.
Ein Übermaß an »Sauer« schädigt die Muskulatur (pH-Abfall > Muskelkater, Muskelkontraktionen), verletzt die Sehnen und ist bei Weichteilrheumatismus und Arthritiden zu vermeiden.

Bitterer Geschmack

Wandlungsphase: Feuer
Funktionskreis: Herz/Dünndarm
Wirkung: trocknend, verhärtend, leitet nach unten aus.
Allgemeine Anwendung: bitter-kühl, leitet nach unten und unterstützt die Verdauungs- und Ausscheidungsfunktionen des Organismus (Verdauungstee mit Bitterstoffen z. B. Gallentee, Wermuttee). Er nährt das Herz-Yin und wirkt dadurch beruhigend, besonders nach Stress und geistiger Anspannung (Bier, insbesondere Weizenbier). Der bitter-warme Geschmack in Form von Aperitifs oder Bitterlikören genossen, entfaltet über den Alkohol, besonders aber in Kombination mit der bitteren Geschmacksrichtung eine anregende Wirkung auf die Verdauungsorgane.
Fütterungs-Zyklus: bitter (Feuer) tonisiert Milz/Pankreas und Magen (Erde). Seine trocknende Eigenschaft verhütet die Ausbildung von Feuchtigkeit im Körper und stärkt, in angemessener Dosierung konsumiert, das Milz-Qi, vorzugsweise bei feucht-kühler Witterung (Kaffee, Rotwein).

Zuviel bitter-kühl wirkt stark abführend und verursacht Diarrhö (Glaubersalz). Ein Übermaß an bitter-warm (Kaffee!) trocknet aus (Hauttrockenheit), zerstört die Säfte (insbesondere Blut-Schwäche, Durchblutungsmangel), schädigt die Substanz (Nei Jing: *»bitter geht zu den Knochen«*. In der westlichen Medizin gilt Kaffee als »Kalzium-Räuber« und fördert die Osteoporose), erhitzt das Herz und beeinträchtigt den Shen.

Ein Überschuss an Hitze im Feuerelement wird über den Fütterungs-Zyklus weiter in das Erdelement geleitet und kann dort die Organe Milz/Magen schädigen.

Ein in der Praxis häufig auftretendes Syndrom ist die »Magen-Hitze« (TCM), in der westlichen Medizin als Gastritis bzw. Ulkus bekannt, verursacht durch übermäßigen Kaffeekonsum, Nikotin oder Stress (TCM: Stress = Hitze).

Tipp **Schwarzer und grüner Tee sind energetisch »kühl«.**

Funktionskreisbezug

Neben der allgemeinen Wirkung sind die fünf Geschmacksrichtungen einer Wandlungsphase zugeordnet. Dadurch wird die Wirkung des Geschmacks auf die spezifischen Organe (Zang Fu) der entsprechenden Wandlungsphase begründet.

Im Nei Jing heißt es dazu: »Sauer reist zur Leber, bitter reist ins Herz, süß reist in die Milz, scharf reist in die Lunge, salzig reist in die Nieren« und weiterhin: »Sauer reist in die Sehnen, bitter reist ins Blut, scharf reist zum Qi, süß reist zum Fleisch, salzig reist in die Knochen.«

- Wandlungsphase Erde
süß, Organ: Milz/Magen

- Wandlungsphase Metall
scharf, Organ: Lunge/Dickdarm

- Wandlungsphase Wasser
salzig, Organ: Niere/Blase

- Wandlungsphase Holz
sauer, Organ: Leber/Gallenblase

- Wandlungsphase Feuer
bitter, Organ: Herz/Dünndarm

Nahrungsmitteltabelle nach Funktionskreisbezug

Zang-Organe	**Milz**	**Lunge**	**Niere**	**Leber**	**Herz**
	Reis, Hafer, Hirse, Rind, Huhn, Schwein, Lachs, Karotten, Feige, Honig, Anis, Kümmel	Ente, Radieschen, Brunnenkresse, Knoblauch, Pfeffer, Mandel, Pfefferminztee	Weizen, Hirse, Hafer, Auster, Lamm, Hirsch, Weintrauben, Pflaume, Himbeere, Walnüsse, Esskastanien	Weizen, Roggen, Leber, Aal, Staudensellerie, Zitrone, Knoblauch, Alkohol, Pfefferminztee	Weizen, Löwenzahn, Enzian, Chili, Kaffee, Alkohol, Schwarztee
Fu-Organe	**Magen**	**Dickdarm**	**Blase**	**Gallenblase**	**Dünndarm**
	Reis, Mais, Hirse, Rind, Huhn, Schwein, Forelle, Karotten, Feige, Honig, Fenchel, Kamillentee, Kümmel	Weizenkleie, Mais, Kaninchen, Banane, Spinat, Tofu, Pfeffer	Tintenfisch, Petersilie, Kümmel, Fenchel	Roggen, Chicorée, Mungbohnen, Pfirsich	Schnecken, Spinat, Pilze, grüner Salat

Beachte: für jeden Funktionskreis gibt es Nahrungsmittel, die über den Geschmack in fünf thermischen Richtungen auf die Zang-Fu-Organe wirken können.

Beispiel
Süß-kalt, Banane: kühlt Magen-Hitze.
Süß-warm, Karotte: wärmt den Magen.
Süß-heiß, Anisschnaps: wärmt, erhitzt den Magen.

Beispiel Karotte

Geschmacksrichtung: süß.
Wandlungsphase: Erde.
Temperaturverhalten: warm.
Funktionskreis: Magen und Milz/Pankreas.
Wirkung: wärmt und kräftigt besonders die Verdauungsorgane Magen und Milz/Pankreas, daher vorteilhaft bei Appetitlosigkeit, Übelkeit, Verdauungsblockaden, Obstipation, Diarrhö.

Wirkrichtung der Nahrung

Diese Qualität beschreibt die Bewegungsrichtungen des Qi, die Nahrungsmittel im Organismus verursachen.

Aufsteigende Wirkrichtung

Nahrungsmittel, die das Yang nach oben bewegen, meistens von süß-scharfem Geschmack und mäßigem Temperaturverhalten (warm, neutral), vorteilhaft im Frühjahr einzusetzen.

Beispiel
Frühlingszwiebel, Knoblauch, Alkohol.

Schwebende Wirkrichtung

Bewegt das Qi nach oben und außen (schwitzen), vertreibt äußere pathogene Faktoren, zerstreut Kälte und Wind, starkes Temperaturverhalten, süßer und scharfer Geschmack.

Beispiel
Zimt, Pfeffer, hochprozentiger Alkohol.

Absteigende/sinkende Wirkrichtung

Führt das Qi herab und nach innen, hält das Qi und Körperflüssigkeiten im Innern, kühles bis neutrales Temperaturverhalten, überwiegend saurer Geschmack, z.T. bitter und salzig, z.B. aufsteigendes Leber-Yang. Schwindel, Kopfschmerzen.

Beispiel
Joghurt, Zitrone.

Fallende Wirkrichtung

Bewegt nach unten, wirkt laxierend oder diuretisch, kühles meist kaltes Temperaturverhalten, mit kräftigem salzigem oder bitterem Geschmack.

Beispiel
Krebse, Glaubersalz.

Beeinflussung des energetischen Temperaturverhaltens

Die chinesische Ernährungslehre kennt weit über fünfzig verschiedene Zubereitungsformen der Nahrung. Jede dieser Kochmethoden hat durch ihre spezielle thermische Wirkung einen unterschiedlichen Effekt auf die Nahrungsmittel. In der Art und Weise, wie die Nahrungsmittel erhitzt und zubereitet werden, wird das Qi der Nahrung am deutlichsten beeinflusst und verändert. Grundsätzlich lassen sich die Zubereitungsformen in zwei Kategorien unterteilen.

Zubereitung mit abkühlender Wirkung

Bei dieser Zubereitungsform wird der thermische Effekt der Nahrungsmittel hinsichtlich einer ausgleichenden oder abkühlenden Wirkung verstärkt. Ursprünglich warme bzw. heiße Nahrungsmittel können dadurch abgekühlt werden. Hierfür werden erfrischende oder kalte Zutaten verwendet.

Abkühlenden Einfluss haben folgende Methoden:
Blanchieren, Dünsten, Pökeln, Kochen mit viel Wasser, Kochen unter Verwendung erfrischender Zutaten wie Obst, Südfrüchte, Sprossen.

Zubereitung mit wärmender Wirkung

Bei dieser Zubereitungsform wird die wärmende Wirkung der Nahrungsmittel unterstützt und die erfrischende Wirkung eines Nahrungsmittels reduziert. Wärmende Kochmethoden steigern somit das Yang-Potenzial der Speisen.

Zu diesen Kochmethoden zählen z. B.:
Grillen, Braten und Rösten, Räuchern, scharfes Anbraten, Backen, langes Kochen in Flüssigkeit, Kochen mit Alkohol, Zubereiten der Nahrungsmittel unter Verwendung heißer bzw. wärmender Gewürze.

Die Kochmethoden im Einzelnen

Backen △△▽

Durch diese Zubereitungsform wird der Nahrung sanft Yang-Energie zugeführt. Mit dieser Methode kann besonders bei erfrischenden oder stark abkühlenden Speisen (Yin-Speisen, z.B. Gemüse) die abkühlende Wirkung vermieden werden. Durch das Backen oder Überbacken von Speisen können beispielsweise Vegetarier ihrem Körper Yang-Energie zuführen, sodass die abkühlende Wirkung der häufig von ihnen benutzten Yin-Nahrungsmittel ausgeglichen wird. Diese Kochmethode eignet sich gut in der kalten Jahreszeit, um dem Körper genügend Yang-Energie zuzuführen.

Gemüse oder Rohkost, die durch ihren Yin-Charakter eine stark abkühlende Wirkung auf den Organismus haben, können durch Backen eine wärmende Wirkung auf den Organismus ausüben, z.B. überbackene Tomaten oder Bratäpfel.

Blanchieren △▽

Bei dieser Zubereitungsform wird das Energieniveau des Nahrungsmittels nicht verändert, die Speisen werden durch das Erhitzen besser verdaulich.

Braten und Rösten △△▽

Durch scharfes Anbraten und Rösten wird der Nahrung Yang-Energie zugeführt. Eine gute Variante dieser Zubereitungsform zeigt die chinesische Küche unter Verwendung einer Pfanne (Wok), wobei wenig bis gar kein Öl zugegeben wird. Die Nahrungsmittel kommen kurze Zeit mit extremer Hitze in Kontakt und erhalten somit von außen eine knusprige Umhüllung und bleiben von innen saftig und frisch. Somit wird dem Nahrungsmittel von außen eine starke Yang-Energie zugeführt. Innen enthält es eine ausgleichende Yin-Komponente.

Diese Zubereitungsform ist bei inneren Hitzesyndromen zu vermeiden. Ebenso ist zu beachten, dass durch die Verwendung von zu viel Öl oder anderen Fetten sehr leicht feuchte Hitze entstehen kann, die den Funktionskreis Leber/Gallenblase belastet.

Dünsten △▽

Bei dieser Zubereitungsform wird das Energieniveau der Nahrungsmittel wenig verändert, sodass diese Methode als neutral einzuordnen ist.

Grillen △△△△

Entfaltet eine starke Yang-Wirkung. Durch den direkten Kontakt der Speisen mit dem Feuer wird der Nahrung große Hitze zugeführt. Somit entwickelt sich bei den gegrillten Nahrungsmitteln, insbesondere bei Fleisch, eine stark wärmende Wirkung. Da durch das Grillen auch toxische Substanzen in der Nahrung entstehen können, sollte diese Zubereitungsform nur in Ausnahmefällen angewandt werden.

Bei Hitze-Symptomen ist diese Zubereitungsform zu meiden.

Kochen △▽ → △△▽

Kurzes Kochen der Speisen führt der Nahrung nur wenig Yang-Energie zu. Ausschlaggebend für den wärmenden Effekt beim Kochvorgang sind die Zeitdauer und die zugeführte Hitze. Langes Kochen über mehrere Stunden (bis zu 36 Stunden wie bei der Meistersuppe) entwickelt in der Nahrung ein enormes Yang-Potenzial. Die dabei verkochten Vitamine sind aus Sicht der TCM eher von nebensächlicher Bedeutung, ausschlaggebend bei dieser Zubereitungsmethode ist das erhöhte Energiepotenzial der Nahrung. Lang gekochte Eintöpfe mit wärmenden Fleischsorten und warmen Gewürzen liefern somit eine ausgezeichnete Grundlage, das Yang-Potenzial bei einem Menschen mit Qi- oder Yang-Mangel aufzubauen. Ebenso eignet sich diese Zubereitungsform für die kalten Wintermonate (Fleisch, Brühen und Gemüsesuppen). Diese für uns heute sehr ungewöhnliche Zubereitungsform wird in der chinesischen Medizin zu Heilzwecken außerordentlich effektiv angewandt. Geläufig war diese Kochmethode über Generationen auch in Europa, insbesondere Nordeuropa, wo über Tage ein Topf über einer offenen Feuerstelle ständig vor sich hinsimmerte und mit immer neuen Nahrungsmitteln aufgefüllt wurde. Diese energetisch sehr wärmenden Speisen erzeugten den notwendigen Ausgleich zu den oftmals kühlen Witterungsbedingungen.

Tipp »Die Meistersuppe« △△△▽▽

Nach Vorstellung der Chinesischen Diätetik wird die Energetik eines Gerichtes durch die Zeit des Kochvorganges und die Stärke des Hitzeeinflusses entscheidend beeinflusst. Besonders hervorzuheben ist hierbei die Wirkung der so genannten »Meistersuppen«, die zwischen sechs und sechsunddreißig Stunden auf kleiner Flamme vor sich hinsimmern und nach Vorstellung der traditionellen Ärzte dadurch größte Heilkraft entwickeln. In der TCM wird die Meistersuppe bei einem allgemeinen Qi-Mangel bzw. chronischem Yang-Mangel angewandt und empfiehlt sich insbesondere nach längerfristigen kräftezehrenden Krankheiten, in der Rekonvaleszenz sowie nach Geburt eines Kindes zum Kräfteaufbau der jungen Mutter. Durch langes Kochen wird die wärmende und aufbauende Wirkung von Fleisch und Knochen verstärkt. Rein vegetarische Eintöpfe erfahren durch zu lange Kochzeiten eher eine energetische Abwertung. Hierbei ist die Verwendung von wärmenden Gewürzen vorzuziehen, um so eine energetische Steigerung der Speisen zu bewirken.

Beispiel
Mit der Auswahl der Zutaten können Sie die Wirkung auf den Funktionskreis bestimmen:
- Linseneintopf mit Schweinefleisch tonisiert als Meistersuppe den Funktionskreis Niere.
- Möhreneintopf mit Rindfleisch tonisiert den Funktionskreis Milz/Magen.

Kochen mit Alkohol △△

Neben der geschmacklichen Bereicherung der Nahrungsmittel hat Alkohol einen wärmenden Effekt auf die Speisen. Seine Wirkrichtung ist nach oben gerichtet, sodass mit Alkohol das Yang nach oben gezogen wird. Ebenso löst er Stagnationen, fördert die Qi- und Blutzirkulation und zerstreut Kälte. Dadurch kann ein Qi-Mangel im Oberen Erwärmer ausgeglichen werden. Kochen mit Alkohol wärmt den Mittleren Erwärmer (Magen und Milz) und den Oberen Erwärmer (Herz und Lunge). Bei seelischen Belastungen, in denen das Qi nach unten sinkt, wie beispielsweise Niedergeschlagenheit, Resignation oder Trauer, vermögen mit Alkohol gekochte Speisen das Qi nach oben zu bringen und die Stimmung zu verbessern. Kochen mit Alkohol wärmt die Speisen, vermehrt die Körperenergie und regt die Qi-Zirkulation im Organismus an, wodurch auch seelische Blockaden und Verspannungen gelöst werden können.

Kochen mit viel Wasser ▽▽

Diese Methode reduziert die Yang-Energie der Nahrungsmittel, v.a. bei Gemüse, sodass von dieser Zubereitungsform insgesamt abzuraten ist.

Kochen mit kühlenden Zutaten ▽ (z. B. Obst, Sprossen)

Unter Verwendung der kühlenden Zutaten beim Kochen können übermäßige Yang-Anteile (z. B. Fleischzubereitung) ausgeglichen werden, sodass die Speise insgesamt harmonisiert wird.

Langsames, sanftes Anbraten △

Unter Verwendung hochwertiger pflanzlicher Öle kommt durch die mäßige Hitzeeinwirkung nur ein milder wärmender Effekt bei der Zubereitung der Nahrung zum Tragen.

Pökeln ▽

Salz lässt das Qi der Nahrung absinken und ist thermisch kalt einzustufen. Es reduziert die Yang-Energie der Nahrungsmittel, sodass durch Salzen der Speisen die Yin-Energie erhöht wird.

Räuchern △△

Hierdurch wird der Nahrung, milder als beim Grillen, Yang-Energie zugeführt. Geräucherter Fisch empfiehlt sich als Nierentonikum in den Wintermonaten. Geräucherte Nahrungsmittel sollten insgesamt vor allem im Zusammenhang mit Salzübermaß eher zurückhaltend eingesetzt werden.

Würzen △△

Die meisten Gewürze sind in ihrem Temperaturverhalten warm oder heiß. Somit haben sie beim Kochen neben der geschmacklichen Beeinflussung eine starke energetische Wirkung auf die Nahrung. Sie tonisieren und wärmen Magen und Milz, wodurch die verdauungsfördernde Wirkung vieler Gewürze aus chinesischer Sicht zu erklären ist. Unter Verwendung von wärmenden Gewürzen wie z. B. Lorbeer, Kümmel oder Nelken werden viele Yin-Gemüse wie Rotkohl, Weißkohl oder Sauerkraut für den Verdauungstrakt und Organismus in eine besser verdauliche Stufe transformiert, wozu auch lange Kochzeiten beitragen. Starkes Würzen der Speisen beeinflusst das Energieniveau nachhaltig und sollte bei Füllezuständen oder innerer Hitze reduziert bzw. vermieden werden. So wirkt sich bei Schlafstörungen als Ausdruck eines inneren Hitzesyndroms der Genuss von energetisch heißem Kaffee ungünstig aus. Ebenso können Schlafstörungen durch den Genuss von scharfen Gewürzen wie beispielsweise Knoblauch, Zwiebel, Pfeffer etc. provoziert werden.

Tipp **Warme bzw. heiße Gewürze werden bei einer vegetarischen Küche empfohlen, um einen zu stark kühlenden Effekt der Nahrungsmittel mit Yang-Gewürzen auszugleichen. Generell sollten die Speisen in den kalten Monaten stärker gewürzt werden als im Sommer, um einem Yang-Defizit vorzubeugen.**

Zubereiten der Speisen im Zyklus der fünf Wandlungsphasen

Diese Zubereitungsform bietet eine besondere Möglichkeit, das energetische Niveau einer Speise harmonisch zu steigern. Grundlage hierfür ist das Kochen nach den fünf Wandlungsphasen im Sinne des Fütterungs-Zyklus (Sheng-Zyklus). Dabei werden die einzelnen Nahrungsmittel entsprechend ihrer zugehörigen Wandlungsphase platziert und hintereinander angeordnet. Durch die Verknüpfung im Sinne des Fütterungs-Zyklus unterstützt sich die energetische Wirkung der einzelnen Wandlungsphasen gegenseitig und potenziert somit beim Durchlaufen der einzelnen Wandlungsphasen den energetischen Aspekt des Gerichtes.

Praktische Durchführung:

- Zunächst einmal wird auf einer Wärmequelle ein Topf erhitzt (Feuerelement). Durch die Zugabe von Öl (Erdelement) ist der Kochprozess im Sheng-Zyklus um einen Platz weitergewandert.
- Dem Erdelement folgend, müssen nun Zutaten aus dem Metallelement, z. B. Zwiebeln, dazugefügt werden, danach aus dem Wasserelement, z. B. Wasser mit etwas Salz, um dem Fütterungs-Zyklus weiterhin zu folgen. Im nächsten Schritt schließen sich das Holzelement, z. B. Tomate, und wiederum Feuerelement, z. B. Thymian, an. Eine erste Wanderung durch den Fütterungs-Zyklus wäre somit vollzogen.
- Ein weiterer Umlauf mit dem Erdelement, beispielsweise Karotten, dann wiederum Metallelement, beispielsweise Lauch, kann nun folgen. Die Anzahl der Umläufe ist beliebig, jede Wandlungsphase sollte jedoch mindestens eine halbe Minute für sich auf das Gericht einwirken können, ehe eine neue Wandlungsphase bzw. Zutat folgt.
- Innerhalb des Kreislaufs darf keine Wandlungsphase übersprungen werden.
- Die einzelnen Zutaten dürfen sich beliebig oft wiederholen. Je öfter die Wandlungsphasen durchlaufen sind, desto größer ist die energetische Wirkung der Speise.
- Mit welcher Wandlungsphase der taoistische Kochkreis beendet wird, ist beliebig, wobei die zuletzt angewandte Wandlungsphase einen besonderen Effekt auf den Organismus erzielt. Wird beispielsweise als letzte Zutat eine Prise Salz zugegeben, wird der gesamtenergetische Aspekt der entstandenen Speise auf das Wasserelement, folglich auf die Nieren potenziert. Bei einem Beenden des Kochvorganges im Holzelement, beispielsweise mit Essig, würde eine besondere Betonung auf das Holzelement und auf Leber oder Gallenblase liegen.

Es kann passieren, dass sich seltsam und kurios anmutende Zutaten, die eine Fortführung des Fütterungs-Zyklus ermöglichen, in der geschmacklichen Gesamtkomposition der entstandenen Gerichte überraschend positiv auswirken.

Praxis der chinesischen Ernährungslehre

Die grundsätzlichen Empfehlungen der Chinesischen Diätetik

Der Weg zu einem guten Essverhalten

Auf dem Hintergrund ihrer jahrhundertelangen Beobachtung und Erfahrung eröffnet die Chinesische Diätetik ein breites Feld wertvoller praktischer Empfehlungen für eine gesunde, ganzheitliche Ernährung.
Neben der richtigen Auswahl von Nahrungsmitteln und Zubereitungsmethoden betont sie ein gesundes Essverhalten. Dabei ist es von großer Bedeutung, dauerhaft eine gute Esskultur zu entwickeln.

Die innere Einstellung

»Essen mit einem guten Gefühl«

Die **innere Einstellung,** mit Lust und Freude zu essen, in entspannter Atmosphäre mit genügend Zeit und ohne äußere Ablenkungen schaffen ausgezeichnete Voraussetzungen für eine gute Regeneration des Qi aus der Nahrung. Positive Gefühle und Stimmungen gewährleisten allgemein einen guten Qi-Fluss, aber sie fördern während der Mahlzeiten den freien Fluss des Magen- und Milz-Qi und begünstigen so die reibungslose Weiterverarbeitung und effektive Integration des Nahrungs-Qi im Organismus.
Anstrengende Gespräche, Diskussionen und Ablenkungen belasten leicht Magen und Milz, da sie besonders empfindlich auf emotionale Anspannungen wie Grübeln, Sorgen, Ärger und Angst reagieren. Bereits kurzfristig wird durch negative Emotionen das Qi der Verdauungsorgane blockiert und geschwächt, Symptome wie Appetitlosigkeit, Völlegefühl, Aufstoßen und Magenschmerzen sind die Folge.

»Es ist mir auf den Magen geschlagen. Das hat mir den Appetit verdorben. Der Bissen ist ihm im Hals stecken geblieben.«
Wird der Funktionskreis Magen/Milz dauerhaft emotionalen Belastungen ausgesetzt, führt dies zu gravierenden Ess- und Verdauungsstörungen (z.B. Adipositas [Kummerspeck]), Anorexie, Ulcus ventriculi).

Die klassischen Texte empfehlen:
»Bei Ärger ist es leicht, das Essen zu schlucken, aber schwer es zu verdauen, während bei Kummer das Essen schwer zu schlucken und auch zu verdauen ist, deshalb ist es ratsam, bei starken Gemütsbewegungen mit dem Essen zu warten, bis sie abgeklungen sind. Speisen sollten immer zur richtigen Zeit eingenommen werden, dann kann man sie leichter verdauen. Spät zu essen und das Essen zu verdauen, ist besser als früh zu essen und nicht verdauen zu können. Verdauungsprobleme bringen Ärger mit sich, während eine gute Verdauung den Menschen frei von Sorgen macht. Es ist nicht ratsam, Nahrung aufzunehmen, wenn sich starke Emotionen entwickeln.«

Gut gekautes Essen entlastet das Milz-Qi, sättigt schneller und beugt Übergewicht vor.

Tipp **Die chinesischen Ärzte raten dazu, jeden Bissen bis zu 10–15-mal zu kauen, ehe man ihn herunterschluckt. Das beugt Gewichtsproblemen vor.**

»Aufhören, wenn es am besten schmeckt« ist sicherlich ein guter Leitsatz, um die richtige Menge einer Mahlzeit zu finden. Es darf sich nach dem Essen kein belastendes Gefühl oder eine Schläfrigkeit einstellen. Bei zu üppigen Mahlzeiten wird das gesamte Qi und Blut des Körpers in den Mittleren Erwärmer abgezogen, um die Fülle zu bewältigen. Völlegefühl und Müdigkeit sind zunächst die Folgen, bei dauerhafter Überlastung werden die Verdauungsorgane geschwächt und bewirken Nässe- und Schleimerkrankungen.

Allgemeine Empfehlungen

Zubereitung

Die chinesische Ernährungslehre empfiehlt **grundsätzlich** alle Nahrungsmittel mit einer geeigneten Kochmethode »aufzuschließen«, um sie dem Organismus leichter zugänglich und verträglicher zu machen. Darüber wird das Qi des Mittleren Erwärmer geschont und das Nahrungs-Qi kann effektiver transformiert werden.

> **Tipp** **Getreide, möglichst frisch aus vollem Korn gemahlen, bedarf immer einer Aufbereitung durch Kochen oder Garen.**

Rohkost, Früchte und insbesondere Südfrüchte sollten entgegen einiger westlicher Anschauungen im alltäglichen Ernährungskonzept der TCM zurückhaltend angewandt werden. Außer für bestimmte Heildiäten und in der Yang-Zeit des Sommers sind sie für unsere Breitengrade energetisch zu kühl und schwächen bei übermäßigem Genuss nachhaltig den Mittleren Erwärmer.

Häufige Syndrome in der Praxis: Milz/Pankreas-Qi-, bzw. Milz/Pankreas-Yang-Mangel und Schleimerkrankungen.

Quantität der Nahrung

50% bis 80%: den Hauptanteil einer ausgewogenen Ernährung aus Sicht der Chinesischen Diätetik bildet Getreide: Weizen, Gerste, Hirse, Reis, Mais, Hafer.

30% bis 40%: gekochtes Gemüse: Karotten, Kartoffeln, Fenchel, Bohnen, Kohl, Hülsenfrüchte.

5%: Fleisch: Rind, Schaf, Wild, ferner Huhn oder noch besser Fisch, da leichter verdaulich, er bildet weniger Feuchtigkeit aus.

5%: Rohkost, Salate, Obst sind eher sparsam in den Gesamternährungsplan einzufügen; im Sommer mehr.

Die TCM rät, während der Mahlzeit nur wenig Flüssigkeit (Yin) zu sich zu nehmen. Ein Übermaß an Flüssigkeiten ertränkt das Verdauungsfeuer des Magens.

Qualität der Nahrung

Frische, unbelastete, natürlich gewachsene und erzeugte Nahrungsmittel sind in der chinesischen Ernährungslehre von höchster Güte. Oberste Priorität hat dabei die Frische, da frische Nahrungsmittel das meiste Qi enthalten und optimal ihre spezifische thermische Wirkung entfalten.

Durch industrielle Verarbeitungsprozesse sowie durch die meisten Konservierungsverfahren denaturiert das Qi, und die Nahrungsmittel verlieren an Qualität. In der Chinesischen Diätetik werden sie als Qi-schwach oder Qi-los und damit energetisch als minderwertig eingestuft.

Zu vermeiden:

- belastete Lebensmittel
- Innereien
- hochgradig verarbeitete und denaturierte Nahrungsmittel
- Lebensmittelzusatzstoffe
- Zucker und Süßstoffe
- Tiefkühlkost
- Mikrowelle

> **Tipp** **Raffinade-Zucker sollte durch natürliche Süße wie Honig, Ahornsirup, Birnendicksaft, Zuckerrohrmelasse, Apfelkraut ersetzt werden.**

Geschmack

Die »innere Stimme« des Körpers zeigt oftmals instinktiv, welche Geschmacksrichtung von besonderer Bedeutung ist. Dieser Neigung darf bei einem ausgewogenen Lebensrahmen auch unbehelligt nachgegangen werden.

Beispiel
Das Verlangen nach Süßem ist bei einer anstrengenden geistigen Betätigung oder einer stärkeren körperlichen Belastung sinnvoll, da der süße Geschmack die stärkste tonisierende Wirkung hat und das Qi am schnellsten regeneriert. Bei einer auffällig einseitigen Bevorzugung einer Geschmacksrichtung über längere Zeit sollte dies jedoch im Sinne einer Fehlfunktion zu diagnostischen Zwecken herangezogen werden. Bevorzugt ein Patient beispielsweise seit Monaten oder gar Jahren den süßen Geschmack, so sollte diese Information im Sinne einer Disharmonie in der Wandlungsphase Erde verwertet werden. Hierbei zeigt das ständige Verlangen nach dem süßen Geschmack eine tiefer bestehende Störung im Funktionkreis Magen, Milz/Pankreas an, die bisher nicht kompensiert werden konnte.

Energetisch thermische Qualität

Für die tägliche Ernährung sind Nahrungsmittel mit ausgewogenem Temperaturverhalten zu bevorzugen: neutral, warm oder kühl, den Tages- und Jahreszeiten, den Bioklimafaktoren und der Konstitution angepasst.

Um den Funktionskreis Magen, Milz/Pankreas in seiner Verdauungsarbeit zu unterstützen, dürfen pikante, wärmende Gewürze und Kräuter reichlich Anwendung finden. Bei energetisch kalten und kühlen Nahrungsmitteln ist die Kombination mit wärmenden Nahrungsmitteln äußerst vorteilhaft, z.B. Tomatensalat mit Schafskäse, Peperoni und Knoblauch.
Heiße und kalte Nahrungsmittel sind thermisch extreme Pole und werden eher zurückhaltend eingesetzt, es sei denn, dass mit ihnen gezielt auf beginnende oder bestehende Disharmoniemuster reagiert wird.

Beispiel
Plötzlicher Wetterumschwung, pathogener Faktor Wind-Kälte

Symptome: beginnende Erkältung mit Frösteln am Körper, Kälteabneigung, Niesen, kalte Extremitäten erfordern den Einsatz heißer Yang-Energie, um die äußere pathogene Kälte abzuwehren und das Abwehr-Qi an die Oberfläche zu bringen.

Ernährungstherapie: scharfe Gewürze wie Ingwer, Knoblauch, Chili, Zimt, Pfeffer, scharfer Gewürztee oder Glühwein und scharf gewürzte Suppen sind zu diesem Zeitpunkt sinnvoll.

Von einem übermäßigen Gebrauch der beiden energetischen Extreme Heiß und Kalt ist abzuraten, da sie leicht ein pathologisches Yang- bzw. Yin-Disharmoniemuster hervorrufen können.

Die besondere Bedeutung der Wandlungsphase Erde

»Die Stärkung der inneren Mitte«

Die Wandlungsphase Erde und der Funktionskreis Magen und Milz/Pankreas (Mittlerer Erwärmer) sind in der Chinesischen Diätetik von herausragender Bedeutung.
Erde ist Yin, das Zentrum nähren, inneres Gleichgewicht, Stabilität und innere Mitte. Der Mittlere Erwärmer bildet den Ursprung des nährenden Yin, mit dessen Hilfe das postnatale Qi und Yang entstehen, verantwortlich für die Aufnahme und Weiterverarbeitung der Nahrungsmittel sowie der Verdauung. Nach Ansicht der TCM wird ein Großteil, ca. 70%, des nachgeburtlichen, regenerierbaren Qi, aus dem Nahrungs-Qi, dem Gu Qi gewonnen.
Li Gao, der berühmte chinesische Gelehrte der Song-Dynastie (960–1280 n. Chr.), unterstrich diesen Stellenwert durch die Gründung einer Schule eigens zur »Stärkung der Mitte«, die in besonderer Weise die Prävention, Diagnostik und Therapie des Mittleren Erwärmers pflegte.

Zur Zeit der Ming-Dynastie (1368–1644 n. Chr.) entstand das Zitat: »Wer sich auf die Behandlung der Mitte versteht, vermag alle Funktionskreise einzustimmen.«

Basis jeglicher Therapie war zunächst die »Stärkung der inneren Mitte«, der konsequente Aufbau und Schutz des Organsystems von Magen und Milz/Pankreas, hauptsächlich durch die Ernährungstherapie.
Viele Ärzte vertraten die Ansicht, erst wenn sich der Mittlere Erwärmer im Gleichgewicht befindet, bilden sich für den Organismus genügend Qi, Blut und Körperflüssigkeit, um darauf mit weiteren Therapien, etwa der Akupunktur, aufzubauen.

Der Arzt Sun Si Miao dazu in den klassischen Schriften: »Wenn man eine Krankheit behandelt, sollte zuerst eine Ernährungstherapie erfolgen. Erst wenn diese nicht hilft, muss man es mit Drogen versuchen.«, und weiter »Ohne das Wissen um eine richtige Ernährung ist es kaum möglich, sich einer guten Gesundheit zu erfreuen.«

Dies verdeutlicht noch einmal wie wichtig es ist, mit einer guten Ernährung täglich die Funktion des Mittleren Erwärmers zu kräftigen, um genügend Nahrungs-Qi aufzubauen und damit das gesamte postnatale Qi für den Organismus optimal zu regenerieren.
Bei einer Schwäche dieses Funktionskreises (Magen-Qi-Mangel oder Milz/Pankreas-Qi- bzw. -Yang-Mangel) gerät der Körper unweigerlich in ein akutes und später chronisches Qi- bzw. Yang-Defizit.
Um das Qi und Yang von Magen und Milz täglich zu stärken, eignen sich allgemein besonders energetisch warme und neutrale Nahrungsmittel aus dem Funktionskreis Erde mit süßem Geschmack und emporhebender Wirkrichtung.

Nahrungsmittel zur Stärkung des Mittleren Erwärmers

Getreide
Hirse, Reis, Mais, Hafer
Gemüse
Karotten, Fenchel, Kartoffeln, alle Kohlsorten, Erbsen, Sojabohnen, Kürbis
Fleisch
Rind, Kalb, Huhn, Ente, Gans, Hirsch, Schaf, Ziege
Fisch
Hering, Karpfen, Makrele, Sardine, Barsch
Rohkost
süßer Apfel, Feige, Datteln, Papaya, Trauben
Getränke
Fencheltee (besonders für Säuglinge und Kinder), Malzbier, Traubensaft, Liköre

Tipp **Aufbauende »Medizin« für den Funktionskreis Magen, Milz/Pankreas sind sicherlich auch ein Aperitif oder Kräuterliköre, vor oder nach den Mahlzeiten, mit der energetisch wärmenden Wirkung des hochprozentigen Alkohols und der wärmenden Kräuter, z. B. Anis.**

Während die Milz maßgeblich für die Qi-Produktion verantwortlich ist, übernimmt der Magen die Produktion der Körpersäfte. Daher sollte der Magen mit befeuchtenden, energetisch leicht kühlenden Nahrungsmitteln und sinkender Wirkrichtung unterstützt werden.

Zu vermeiden:

- thermisch kühle und kalte Nahrungsmittel, Übermaß an Rohkost, Zitrusfrüchte, Salat, Obst; kühlen energetisch sehr stark ab und schwächen Qi und Yang im Körper, insbesondere das Qi von Magen und Milz.
- Übermaß an Milchprodukten; sind energetisch kühl, verursachen Feuchtigkeit und Schleim.
- Übermaß an Süße, ebenso »schwere« und fette Nahrungsmittel; schwächen das Milz-Qi, und bilden Feuchtigkeit und Schleim.

! Energetisch zu kalte Nahrung, aber auch kühlschranktemperierte Speisen kühlen das Verdauungsfeuer des Magens empfindlich ab. Kälte blockiert den Qi-Fluss und verursacht Nahrungsmittel-Stagnationen mit der Folge eines rebellierenden Magen-Qi, Symptome: Übelkeit, Erbrechen, Völlegefühl und Blähungen. Sowohl bei akuten, besonders aber bei dauerhafter Verwendung von zu »kalter Nahrung« wird das Magen- und Milz-Qi und -Yang nachhaltig geschwächt mit Beschwerden wie: Appetitlosigkeit, chronische Müdigkeit, breiiger Stuhlgang, leichtes Frösteln, kalte Hände und Füße.

Bei einer »chronischen Abkühlung« (Übermaß an Milchprodukten, Rohkost) des Mittleren Erwärmers ist der Untere Erwärmer gezwungen, vermehrt Wärme zu produzieren. Dies kann bei dauerhafter Beanspruchung zu einer

Schwächung des Nieren-Feuers führen, mit dem Syndrom eines Nieren-Yang-Mangels.

Aufbau des Milz-Yang:	**Aufbau des Magen-Yin:**
Mais, Hafer, Karotten, Fenchel, Kartoffeln, alle Kohlsorten, Sojabohnen, Barsch, Languste, Huhn, Rind, Hirsch	Weizen, Reis, Tofu, alle Kohlarten, Kartoffeln, Auberginen, Tomaten, Milch, Käse, Ente, Gans, Schwein

Ernährung nach den Tageszeiten

Die Klassiker empfehlen »Speisen sollten immer zur richtigen Zeit eingenommen werden, dann kann man sie leichter verdauen« und weiter, »Das Yang-Qi nimmt gegen Mittag zu und ist schwach bei Sonnenuntergang. Deshalb sollte genügend zum Frühstück gegessen werden, wenig zum Mittag und sparsam zum Abend und zur Nacht«.

Regelmäßig sollen diese drei Hauptmahlzeiten zu festen Uhrzeiten eingenommen werden, wenn möglich ergänzt durch zwei kleinere Zwischenmahlzeiten z.B. gegen 11.00 und 16.00 Uhr.

Frühstück

Entsprechend der »Maximalzeit des Magens« 7.00 bis 9.00 Uhr, mit seiner besten Verdauungskapazität, nutzt man den Morgen für eine reichhaltige, kraftspendende Mahlzeit. Durch ein gutes Frühstück wird das Qi und Yang des Magens und der Milz für den Tag gestärkt. Warm zubereitete, energetisch leicht wärmende Speisen, die den Organismus anregen und wenig mit Feuchtigkeit belasten, sind wünschenswert.

Zu empfehlen: ein idealer Start beginnt mit einem warm zubereiteten Getreidebrei, besonders Hirse, Mais, oder mit dem sehr wärmenden Hafer, im Sommer eher den kühleren Weizen mit Nüssen, Samen und etwas Obst entsprechend der Jahreszeit, ggf. mit etwas Süße zum Tonisieren, Honig oder Marmelade. Als Getränke eignen sich gut schwarzer Tee oder in Maßen Kaffee, um das Yang zu unterstützen.

Zu vermeiden: energetisch kalte und stark feuchtigkeitsbildende Nahrungsmittel, die das aufkeimende Yang des Morgens unterdrücken und das Verdauungsfeuer schwächen: Früchte, Fruchtsäfte, Rohkost, Übermaß an Milchprodukten.

Hinweis: Milchprodukte empfehlen sich in geringen Maßen bei einem guten Milz-Qi, da sie energetisch sonst zu kalt sind und leicht Feuchtigkeit bzw. Schleim verursachen.

Mittag

Wünschenswert ist hier eine ausgiebige, warme Mahlzeit, die den Mittleren Erwärmer kräftigt. Wärmende Getreide und Gemüse stehen im Vordergrund, daneben Fisch, Geflügel, etwas mageres Fleisch und Salat.

Tipp **Die Mahlzeit ist gut, wenn sie den Körper nicht belastet oder zu Ermüdung führt. Meiden Sie fette, ölige, energetisch zu kalte oder zu üppige Speisen. Sie produzieren Feuchtigkeit im Körper, verlangsamen den Qi-Fluss und verursachen Müdigkeit und Trägheit.**

Abend

Das Yang nimmt ab und das wachsende Yin sollte durch die Abendmahlzeit unterstützt werden, z.B. mit warmen Getreide- und Gemüsegerichten, ggf. etwas Fleisch, mäßige Mengen an Milch-Sojaprodukten, und etwas Bier.

Zu vermeiden: energetisch heiße, belebende Nahrungsmittel, wie scharf gewürzte Speisen.

Tipp **Üppige Mahlzeiten zu späten Abendstunden belasten zusätzlich das ohnehin schwache Magen- und Milz-Qi. Häufig sind sie Ursache für Gewichtszunahme, Übelkeit, Völlegefühl und Schlafstörungen. Zur Schwächezeit der Verdauungsorgane ab 18.00 Uhr sollte bei Gewichtsproblemen generell nicht mehr gegessen werden.**

Ernährung nach den Jahreszeiten

Eine Vielzahl innerer Prozesse des Organismus folgen den natürlichen äußeren Veränderungen der Jahreszeiten. Mit einem den Jahreszeiten angemessenen Essverhalten und einer entsprechenden Auswahl von Nahrungsmitteln kann der Mensch sich auf natürliche Weise in diesen Rhythmus integrieren. Aus Sicht der chinesischen Ernährungslehre ist dies äußerst vorteilhaft, um den natürlichen Qi-Fluss zu fördern, Witterungseinflüsse zu kompensieren und evtl. entstehenden Krankheiten vorzubeugen.

Tipp **Ein guter und einfacher Ratschlag ist es, dabei Nahrungsmittel auszuwählen, die im jeweiligen Lebensraum in der entsprechenden Jahreszeit zu Verfügung stehen.**

Frühling

In der Jahreszeit des beginnenden kleinen Yang stehen Wachstum, Bewegung und Expansion im Vordergrund. Das Qi im Organismus fließt wieder stärker und will sich frei entfalten. Die Nahrung sollte das Qi aufbauen, seinen freien Fluss gewährleisten und die Funktion von Milz und Leber unterstützen.

Zu empfehlen: leicht wärmende Nahrung mit steigender Wirkrichtung: Fenchel, Reis, Buchweizen, ggf. bei Feuchtigkeitsansammlung aus den Wintermonaten in Kombination mit dem pikanten Geschmack (Knoblauch, Paprika, Ingwer).

Zu bevorzugen sind weiterhin der saure Geschmack; stabilisiert das Leber-Yin und kann aufsteigendes Leber-Yang regulieren, sowie Speisen aus dem Holzelement von grüner Farbe mit neutraler, kühler oder warmer Energie: grüner Tee, Spinat, Stangensellerie, etwas mehr Rohkost und Sprossen.

Wind ist der im Frühling dominierende Witterungseinfluss und verursacht häufig auftretende äußere Winderkrankungen (Erkältungen, grippale Infekte), die mit dem leicht scharfen Geschmack der Frühlingszwiebel und Ingwer gut ausgeglichen werden können. Zu meiden: energetisch heiße und fette Nahrung, sie blockiert das Leber-Qi, Übermaß an saurem Geschmack.

Sommer

Die Jahreszeit des großen Yang steht im Zeichen des Feuerelementes und der Sommer-Hitze. Die Hitze zehrt die Körperflüssigkeiten auf und verletzt das Yin. Günstig ist es, in den heißen Monaten überwiegend kühlende, Feuchtigkeit spendende Nahrung (Yin-Nahrung) zu sich zu nehmen, um die Hitze zu zerstreuen und Körperflüssigkeiten aufzubauen. Der bittere Geschmack entspricht dem Feuerelement, und es sollten bevorzugt bitterkühle und in Maßen bitter-kalte Nahrungsmittel verzehrt werden.

Sommernahrung: *Früchte oder Fruchtsäfte, Apfel, Birne, Ananas, Mandarine, Melone, Orange, Zitrone, Kiwi, kühlende Gemüsesorten: Tomate, Gurke, Chicorée, Spinat, weiterhin vermehrt Rohkost, Salate, Joghurt, Weizen, Gerste, schwarzer, besser grüner Tee, Mineralwasser, Weizenbier, Muscheln, Kaninchenfleisch.*

Tipp **Grünen Tee empfehlen die Chinesen seit Jahrhunderten als ein ideales Getränk gegen Sommer-Hitze. »Er zerstreut die Sommer-Hitze, kann Giftstoffe austreiben, das Herz-Feuer kühlen und den Geist beruhigen, Hitze von Leber und Gallenblase entfernen und Magen und Lunge befreien.«**

Zu vermeiden: trocknende und energetisch heiße Nahrung: Kaffee!, scharfe Gewürze, aber auch eiskalte Getränke und Speisen (Eiscreme), sie blockieren abrupt die Verdauungsenergie des Magens.

Bei Kindern besteht aus Sicht der chinesischen Medizin bis ca. zum 8. Lebensjahr physiologisch eine Schwäche des Mittleren Erwärmers. Sie reagieren besonders empfindlich auf kalte Getränke und Speisen. Symptome: plötzliche Durchfälle und Erbrechen, häufig im Sommer nach ausgiebigen Badeaufenthalten (äußere Kälte) in Verbindung mit Eiscreme und kalten Getränken. Ernährungstherapie: Fencheltee, Gewürztee.

Herbst

Vorherrschend sind der äußere Zerfall der Natur, Trockenheit und Kühle. Die natürliche Bewegungsrichtung des Herbst ist nach innen gerichtet. Die Yang-Energie nimmt ab, das kleine Yin kommt zum Vorschein, und die körperlichen Energien sammeln sich im Inneren. Die Nahrung unterstützt mit sinkender Wirkrichtung und dem sauren Geschmack (Äpfel) die »innere« Sammlung, Melancholie im Körper.

Insgesamt sollten die Speisen im Herbst leicht pikant und energetisch wärmend die einsetzende äußere Kälte kompensieren: Hafer, Hirse, Mais, Reis, Karotten, Lauch, Radieschen, Blumenkohl, Rindfleisch, Lammfleisch. Bei innerer Kälte, Frösteln und beginnender Erkältung regt der scharfe Geschmack von Knoblauch, Zimt, Chili, Ingwer, Zwiebeln die Qi-Zirkulation an und bringt schnell die Abwehrenergie an die Oberfläche.

Bei äußerer Feuchtigkeit ist mit warmen, trocknenden Nahrungsmitteln der Mittlere Erwärmer (Hirse, Reis) und die Lunge (scharfe Gewürze) zu unterstützen, um Feuchtigkeits- und Schleimerkrankungen abzuwenden. Bei Überwiegen von Trockenheit sind befeuchtende Nahrungsmittel (Birne, Tofu, Erdnuss) einzusetzen.

Zu vermeiden: fettige, ölige Nahrungsmittel sowie kühle und kalte Milchprodukte belasten die Milz und verursachen besonders leicht bei feuchter Witterung Feuchtigkeits- und Schleimerkrankungen (Bronchitis, Sinusitis) (s. S. 67, Feuchtigkeits- und Schleimerkrankung).

Winter

Die Zeit des großen Yin sammelt und verbirgt das Qi in tieferen Schichten und macht den Körper anfälliger für Kälteerkrankungen. Wichtig für die Wintermonate ist eine energetisch warme, tonisierende Nahrung mit pikantem und süßem Geschmack, die das Qi aufbaut, bewegt und vor Kälte-Stagnationen schützt.

Winternahrung: *warme Fleischsorten, die Qi, Yang und Blut tonisieren: Lamm, Hirsch, Wild, Rind, Huhn, Ente, Eintöpfe mit Hülsenfrüchten und Fleisch, Weintrauben, Rotwein.*
Die Ernährung sollte in der kalten Jahreszeit besonderes das Yang der Nieren und der Milz kräftigen: Lamm, Hirsch, Garnelen, hochprozentiger Alkohol, Glühwein, Grog, Kochen mit Alkohol, scharfe Gewürze, Sternanis, Gewürznelken, Gewürztee, Fenchel, Lauch, Walnüsse, Esskastanien, schwarzer Sesam, Austern.

Zum Winterende ist der beste Zeitpunkt gekommen, um mit süßer tonisierender Nahrung Qi und Blut aufzubauen.

Li Shi Chin empfiehlt zur Zeit der Ming-Dynastie einen mäßigen, aber regelmäßigen Genuss von Alkohol. »Alkoholische Getränke sind bitter und scharf im Geschmack und heiß in ihrem Temperaturverhalten. Wenn man sie regelmäßig in der richtigen Menge trinkt, wird nicht nur der Blutfluss reguliert und die Qi-Zirkulation gefördert, sondern auch der Geist belebt und der Körper erwärmt.«

Cave: »allein die Dosis macht's . . .«

Zu vermeiden: Übermaß energetisch heißer, warmer und scharfer Nahrung, sie trocknet die Körpersäfte, schwächt das Yin und begünstigt Yang-Fülle-Störungen.

Ernährung nach den pathogenen Faktoren

Die pathogenen Faktoren Hitze, Kälte, Feuchtigkeit, Trockenheit und Wind haben einen großen Einfluss auf den Organismus. Sowohl bei äußerer klimatischer Einwirkung als auch bei inneren pathologischen Zuständen ist die Ernährungstherapie sehr gut geeignet, die schädigenden Einflüsse zu beseitigen. Bei einem plötzlichen Wetterumschwung ist häufig eine rasche und flexible Ernährungsumstellung erforderlich.

Kälte

Bei Kälte sollte dem Organismus durch energetisch heiße und warme Nahrung genügend Yang-Energie nachgeliefert werden. Der pikant-scharfe und süße Geschmack und deftige Speisen sind zu bevorzugen.

Ernährungstherapie: scharfe Gewürze wie Chili, Ingwer, Zimt, Knoblauch, Sternanis, Gewürznelken, Zwiebeln, chinesischer Lauch, Koriander.
Ferner: hochprozentiger Alkohol, Glühwein, Grog, Kochen mit Alkohol, Gewürztee, Hafer, Fenchel, Lamm, Hirsch.

Hitze

Bei Hitze sind energetisch kühlende und kalte Nahrungsmittel sowie der bittere und saure Geschmack anzuwenden. Bei Säfte-Mangel und Trockenheit sollten die Nahrungsmittel zusätzlich befeuchten.

Ernährungstherapie: Ananas, Mandarine, Melone, Orange, Zitrone, Kiwi, kühlende Gemüsesorte: Löwenzahn, Tomate, Gurke, Chicorée, Spinat.
Ferner: Salate, Mungbohnensprossen, Joghurt, Weizen, Gerste, schwarzer, besser grüner Tee, Mineralwasser, Weizenbier.

Feuchtigkeit und Nässe

Bei Feuchtigkeit und Nässe sind wärmende, trocknende und Feuchtigkeit umwandelnde Nahrungsmittel zu bevorzugen, die Milz ist zu tonisieren. Dem bitter-warmen Geschmack, dem warm-süßen Geschmack wie dem warm-scharfen Geschmack ist der Vorzug zu geben.

Ernährungstherapie: Hirse, Reis, Amarant, Birne, Kirschen, Weintrauben, wärmende Gewürze: Ingwer (in Maßen).

Zu vermeiden: ölige, fettige Speisen, übermäßig süße Nahrungsmittel, fettes Fleisch, Schweinefleisch, Bananen, Zucker, Übermaß an Milchprodukten.

Hinweis: bei längerem Fortbestehen von Nässe und Feuchtigkeit kann sich daraus Schleim entwickeln. Hier gilt es, trocknende Nahrungsmittel wie z. B. Hirse oder Chicorée zu bevorzugen, bitter-warm, süß-neutral oder süß-warm sind empfehlenswerte Geschmacksrichtungen. Bei Stagnation von Schleim kann der mäßig scharfe Geschmack diese Stagnation auflösen. Bei Schleimerkrankungen sind neben fettig-öligen Speisen ebenso zu heiße Nahrungsmittel zu vermeiden, und weiterhin sollten unbedingt stark Schleim produzierende Nahrungsmittel reduziert werden, wie Milchprodukte, Banane.

Trockenheit

Bei **Trockenheit** sind Säfte aufbauende, befeuchtende Nahrungsmittel zu bevorzugen, erfrischende Gemüse, Frucht- und Gemüsesäfte sowie Salate.

Ernährungstherapie: Birne, Melone, Tomate, Banane, Trauben, Weizen, Erdnuss, Pinienkerne, Sojaprodukte, Milchprodukte, Schwein.

Äußerer Wind

Äußerer Wind dient häufig als Träger der beiden Witterungsfaktoren Kälte und Hitze.

Wind-Kälte

Ernährungstherapie: scharfe Gewürze wie Chili, Ingwer, Zimt, Knoblauch, Frühlingszwiebeln.

Wind-Hitze

Ernährungstherapie: Aubergine, grüner Tee, Wassermelone, Kamillentee.

Innerer Wind

Innerer Wind hat einen ausgeprägten Yang-Charakter: Schwindel, Tremor, Spasmen, Sehstörungen.

Ernährungstherapie: sämtliche Qi bewegenden Nahrungsmittel meiden.
Bevorzugen: Aubergine, Stangensellerie, Wasserkastanie, Sonnenblumenkerne, Barsch, Zander, Kaninchen.

Ernährung nach den Lebensphasen

Kinder

Kinder sollten prinzipiell an gute Ernährungsgewohnheiten herangeführt werden. Für sie ist eine gesunde Ernährung zum Aufbau der Physis und Psyche von entscheidender Bedeutung für die spätere Gesundheit. Die Stärkung des Mittleren Erwärmers ist vorrangig, da er bei Kindern physiologisch noch schwach ausgebildet ist. Zu bevorzugen sind energetisch neutrale bis leicht wärmende Nahrungsmittel von süßem Geschmack.

Ernährungstherapie: Hirse, Reis, Gerste, Karotten, Fenchel, Apfel, Honig, Rosinen, Huhn, Rind, Kartoffeln, Malzbier, Traubensaft, Fencheltee.
Kinder haben ein natürliches Verlangen nach Süßem und brauchen »Süßes« aus Sicht der TCM. Es ist der beste Geschmack, um den Mittleren Erwärmer aufzubauen.

> **Tipp** **Zucker sollte ersetzt werden durch natürliche Süße wie Honig, Ahornsirup, Birnendicksaft, Zuckerrohrmelasse, Apfelkraut und süße wärmende Früchte. Beliebt und ideal für Kinder sind Rosinen und Datteln, optisch möglichst reizvoll dargeboten.**

Zu vermeiden: energetisch kalte, kühle Nahrung, scharfe Gewürze, Zucker, Übermaß an Milchprodukten, fetten Speisen.
Die Heildiätetik ist für Kinder bei bereits manifesten Störungen (z.B. Hyperaktivität, Allergien, Kopfschmerzen) hervorragend zur Behandlung geeignet und wird gut toleriert. Vielfach genügt eine Nahrungskarenz von bestimmten Substanzen und eine Ernährungsumstellung, um das Krankheitsbild dauerhaft günstig zu beeinflussen. Auch in Kombination mit anderen Heilverfahren ist die Diätetik bei Kindern eine entscheidende Therapiesäule.

Mittlere Lebensphase

In der mittleren Lebensphase eignen sich grundsätzlich alle Nahrungsmittel. Die Ernährung sollte abwechslungsreich und der Konstitution sowie den Jahreszeiten und Witterungsfaktoren angemessen sein. Die allgemeinen Ernährungsprinzipien sollten berücksichtigt werden.

Zu vermeiden: einseitige Ernährung, Übermaß an Fleisch, Rohkost, Fett, Milchprodukten und Kaffee.

Ältere Menschen

Für **ältere Menschen** empfehlen sich häufige kleinere Mahlzeiten, da ihr Verdauungs-Feuer schwächer ist und sie so leichter verdauen können. Die Nahrung sollte einem Qi- und Blut-Mangel vorbeugen. Der Mittlere Erwärmer und die Nieren-Energie sind zu unterstützen. Zu bevorzugen sind: gut gekochte Nahrungsmittel, Getreidebrei, Eier, Fisch, Eintöpfe, Meistersuppen.

Zu vermeiden: Rohkost, fettige, ölige geröstete Speisen, Übermaß an Salz.

Praxis der Chinesischen Diätetik

Praktische Hinweise für ein erfolgreiches Procedere der diätetischen Beratung

Stellenwert der Chinesischen Diätetik in der TCM

Die Diätetik nahm und nimmt einen großen Platz im klassischen Medizinsystem Chinas ein. Schon immer betrachteten chinesische Ärzte Nahrungsmittel als Heilmittel. Die tägliche Ernährung war der Schlüssel dazu, den Organismus in einem harmonischen Gleichgewicht zu halten und durch entsprechende Veränderung der Ernährungsgewohnheiten im Laufe des Jahres den veränderten Witterungsbedingungen Rechnung zu tragen.

Im Bereich der Lebenspflege ist die Ernährung in China auch heute noch als allgemeines Volkswissen verankert. Es ist eine Präventivdiätetik, die praktisch so eingesetzt wird, dass man die tägliche Nahrung in Abhängigkeit von äußeren klimatischen Faktoren zusammenstellt. So werden bei starker Kälte dem Körper vermehrt Speisen mit pikanten Gewürzen zugeführt, im Winter generell mehr wärmende und heiße Speisen genossen, während bei starker äußerer Hitze dem Körper mit kühlenden Speisen Entspannung verschafft wird. Präventivdiätetik kann auch in unseren Breitengraden ohne Probleme von Laien durchgeführt werden. Der Bereich der Heildiätetik bedarf jedoch einer klaren Diagnostik und der Entwicklung einer Therapiestrategie eines ausgebildeten TCM-Therapeuten.

Allgemeine Indikationen der Chinesischen Diätetik

- Tägliche Regeneration und Regulation der Grundsubstanzen Qi, Blut (Xue), Körperflüssigkeiten (Jin-Ye) und Geist (Shen).
- Gezielter Aufbau von Qi, Yang, Substanz (Yin), besonders Blut (Xue) und Körperflüssigkeiten (Jin-Ye).
- Stabilisieren, anregen oder beruhigen des Geistes (Shen).
- Bewahren der Essenz (Jing) durch qualitativ hochwertige Nahrung und regelmäßiges Essen.
- Aufbau und Regulation der Funktionskreise und der Zang-Fu-Organe.
- Aufbau, Regeneration und Bewegen der Abwehr-Kraft (Wei Qi).
- Insbesondere Aufbau und Regulation des Funktionskreises Milz/Pankreas und Magen.
- Ausgleichen von witterungsbedingten Störeinflüssen.
- Harmonisieren des Organismus gemäß den Jahreszeiten.

Grundsätzlich wirkt die Ernährung auf sämtliche Funktionsabläufe im Organismus, einige weitere bewährte Indikationen für die Chinesische Diätetik seien noch erwähnt:

- Aufbau des Mittleren Erwärmer bei Kindern.
- Behandlung von Disharmoniemustern bei Kindern.
- Präventiv in der Schwangerschaft zum Aufbau von Qi, insbesondere Blut (Xue) und Körperflüssigkeiten (Jin-Ye).

- Nach der Geburt, zur allgemeinen Regeneration besonders bei Erschöpfungszuständen.
- Gezielter Einfluss bei konstitutionellen Störungen.
- Feuchtigkeits- und Schleimerkrankungen.
- Akute und chronische Erkrankungen z. B. der Atemwege, Allergien, akute und chronische gastrointestinale Erkrankungen, Hauterkrankungen, gynäkologische Erkrankungen, klimakterische Beschwerden, urologische Erkrankungen, Schlaflosigkeit, psychische Instabilitäten, Erschöpfungszustände, Gewichtszunahme, Hyperaktivität.

Keine Angst vor Dogmatismus

Chinesische Diätetik hat nichts mit dogmatisch zu befolgenden Diätanweisungen zu tun. Im Gegenteil: das Genießen mit allen Sinnen spielt eine Rolle. Es bedeutet auch nicht, dass ausschließlich nur noch Stäbchen geschwungen werden oder Bambussprossen, Chinakohl und Tofu in den Wok kommen. Die Prinzipien dieser Ernährungslehre sind auf jede Küche und jeden Kochstil übertragbar. Wissen braucht man über die thermischen und energetischen Prinzipien von Nahrungsmitteln, Gewürzen und Zubereitungsformen und welche Korrekturen in Hinblick auf Jahreszeiten, Klimaeinflüsse, körperliche Konstitution und Befindlichkeiten angebracht sind.

Hinweise für eine Ernährungsberatung

Mit den Grundkenntnissen der Chinesischen Diätetik ist es jedem möglich, über die täglichen Mahlzeiten seine Gesundheit im Gleichgewicht zu halten, d. h. so genannte Präventivdiätetik zu betreiben. Dazu sind hauptsächlich Kenntnis über das thermische Verhalten von Nahrungsmitteln (siehe Tabellen am Buchende) erforderlich, um entsprechend auf die Veränderung von Jahreszeiten, Klimafaktoren wie Kälte, Feuchtigkeit, Sommer-Hitze oder auf starke körperliche bzw. seelische Beanspruchung zu reagieren.
Meist treten aber bei TCM-Laien, selbst wenn sie sich guter Gesundheit erfreuen, sehr schnell Fragen zur eigenen Konstitution, zur individuellen Nahrungszusammenstellung, zu den verschiedenen Wechselbeziehungen, Ernährungsgewohnheiten etc. auf. Es ist auch für Präventivdiätetik-Interessierte eine lohnende Investition, einen geschulten TCM-Therapeuten aufzusuchen. Er kann gezielt Fragen beantworten und Sicherheit für die individuelle Anwendung geben.
Der heildiätetischen Behandlung ist die fachkundige Diagnose durch einen TCM-Therapeuten vorangestellt. Dabei müssen die Möglichkeiten und Grenzen der Methode berücksichtigt werden. Eine Kombination mit weiteren Verfahren der chinesischen Medizin ist üblich. Bei genügend Erfahrung ergeben sich ausgezeichnete Verbindungen mit der Diagnostik und Therapie der westlichen Medizin und Naturheilkunde – zum Vorteil des Patienten.

! Folgende Hinweise helfen Ihnen, die in der diätetischen Beratung so wichtige Compliance zu fördern.
Wenn es um Präventionsdiätetik geht, sollten Sie individuelle Vorlieben Ihres Patienten berücksichtigen, um seine größtmögliche Bereitschaft zu erzielen.

Ist Heildiätetik angebracht, so sind es gerade die ausgeprägten Vorlieben, die therapeutisch wertvolle Hinweise auf Disharmoniemuster geben können.

Die Konstitution des Patienten ist vorrangig in der Entscheidung über seinen Ernährungsfahrplan.

Ernährungsempfehlungen werden immer den Jahreszeiten und bioklimatischen Faktoren angepasst.

Die Chinesische Diätetik braucht mehr Zeit und etwas Geduld. Informieren Sie Ihre Patienten darüber, dass spür- und sichtbare Erfolge oft erst nach Wochen zu verbuchen sind, dafür aber ein Leben lang anhalten können. Machen Sie ihnen klar, dass dies eine optimale Chance ist, gute Ernährungsgewohnheiten aufzubauen, die ihre Gesundheit fördern und erhalten.

Vorschläge für die Praxis der Diätberatung

- Um eine Diätberatung fachkompetent zu führen, sollten Sie als Therapeut über ein fundiertes Wissen in Bezug auf die Prinzipien der Chinesischen Diätetik (Präventiv- und Heildiätetik) verfügen und geschult in der Diagnostik nach den Prinzipien der TCM sein.
- Beim Erstgespräch können Sie durch Betrachtung bestimmter Kriterien die Konstitution Ihres Patienten einschätzen und durch gezielte Fragen vertiefen.
- Lassen Sie den Patienten über seine Ernährungsgewohnheiten, Vorlieben, etc. berichten.
- Befragen Sie ihn über seine Verdauungsgewohnheiten.
- Teilen Sie ihm die Resultate Ihrer Beobachtungen mit und gehen Sie nun gezielt auf den Ernährungsfahrplan ein, der ihn in den kommenden Wochen begleiten wird.
- Halten Sie deutlich durch eine Plusmarkierung die Nahrungsmittel fest, die gut für ihn sind und markieren Sie ebenso deutlich mit einem Minus jene Nahrungsmittel, die ihm schaden.
- Geben Sie beim Erstgespräch Empfehlungen zum Essverhalten und zur Zubereitung der Nahrungsmittel (abhängig von Ihrer Diagnose) ab.
- Geben Sie dem Patienten schriftliche Unterlagen mit. Dazu gehören zunächst ein individueller Ernährungsfahrplan mit einer Liste der für ihn geeigneten Nahrungsmittel, aber auch allgemeine Basisinformationen, z.B. zu den energetischen Prinzipien, einem gesunden Essverhalten, den Zubereitungsformen, zum Aufbau des Mittleren Erwärmers etc. Halten Sie für die speziellen Zubereitungsmethoden wie Meistersuppe, Congees, medizinische Weine (s. S. 179), etc. kopierte Unterlagen bereit. Das vereinfacht Ihre Arbeit, verkürzt den Zeitaufwand und gibt dem Patienten die Möglichkeit, sich zu Hause in aller Ruhe mit dem Thema auseinander zu setzen.
- Dauer einer Erstberatung: ca. 20 Minuten bis 100 Minuten.
- Vereinbaren Sie einen zweiten Termin in einem Zeitraum von 3 bis 6 Wochen.
- Mögliche Rückfragen können kurzfristig telefonisch beantwortet werden (feste Termine dafür bekannt geben).
- Klären Sie beim zweiten Termin eventuelle Fragen und Unsicherheiten und lassen Sie den Patienten erste spürbare Erfahrungen/Erfolge beschreiben.

Allgemeine Ernährungsempfehlungen

Das sollten Sie beherzigen:

- Verwenden Sie qualitativ hochwertige, möglichst unbelastete Nahrungsmittel.
- Schaffen Sie eine angenehme, entspannte Atmosphäre.
- Haben Sie Freude am Essen.
- Essen Sie regelmäßig 3- bis 5-mal am Tag.
- keine Hektik, gut kauen, einen Bissen 10- bis 15-mal!
- Essen Sie morgens wie ein König, mittags wie ein Kaiser, abends wie ein Bettelmann. Aufhören, wenn es am besten schmeckt!
- Trinken Sie wenig Flüssigkeit während des Essens, sonst wird das Verdauungsfeuer geschwächt.
- Beachten Sie bei der Zusammenstellung der Nahrung die individuelle Konstitution.
- Wählen Sie der Jahreszeit entsprechend angemessene Nahrungsmittel aus.
- Achten Sie bei vegetarischer Ernährung auf genügend energetisch wärmende Nahrungsmittel; bei Kälte vermehrt pikante Gewürze verwenden.

Das sollten Sie vermeiden:

- Übermaß an Rohkost und Südfrüchten: sind energetisch zu kühl, schwächen die Energie im Mittleren Erwärmer, bei Dauerkonsum kühlen sie den Nierenfunktionskreis ab.
- Eisgekühlte Getränke: blockieren den Qi-Fluss von Magen und Milz/Pankreas, schwächen das Milz-Qi und -Yang.
- Übermaß an Milchprodukten: energetisch zu kühl, schwächen den Milz/Pankreas-Funktionskreis, verursachen Feuchtigkeit und Schleim.
- Anstrengende Gespräche während des Essens: blockieren den Qi-Fluss im Mittleren Erwärmer, Nahrungsstau.
- Zu öliges, fettiges Essen: blockiert den Qi-Fluss, verursacht Hitze, Feuchtigkeit und Schleim.
- Übermaß an Zucker, süßem Geschmack: verursacht Hitze, Feuchtigkeit und Schleim, führt zu Übergewicht.
- Übermaß an Alkohol: verursacht feuchte Hitze, fördert die Schleimbildung und schädigt das Jing, neben anderen unangenehmen Folgen.
- Übermaß an Fleisch: verursacht Feuchtigkeit und Schleim.
- Zu spätes Essen: blockiert den Qi-Fluss, Nahrungsstau, schwächt den Milz/Pankreas-Funktionskreis, führt zu Übergewicht.
- Zu üppiges Essen: blockiert den Qi-Fluss, Nahrungsstau, überfordert den Milz/Pankreas-Funktionskreis, verursacht Feuchtigkeit und Schleim, führt zu Übergewicht.
- Zu häufiges und zu langes Fasten: schwächt den Mittleren Erwärmer, Yin, Blut (Xue) und die Essenz (Jing).

Anwendungsbereiche

Anwendungsziel Prävention

Der Hauptanwendungsbereich der Chinesischen Diätetik dient der Vorbeugung und somit der allgemeinen Lebenspflege. Leichte Disharmoniezustände, die im Alltag entstehen, beispielsweise durch bioklimatische Faktoren wie Kälte oder Hitze bzw. übermäßige Arbeitsbelastungen und Stress, können durch eine sinnvolle Kombination und Auswahl der Nahrungsmittel ausgeglichen werden. Eine auf die jeweilige Jahreszeit bezogene Auswahl der Nahrungsmittel bietet einen guten Schutz vor Krankheiten und verhilft dem Körper in Einklang und Rhythmus der Natur zu leben.

Beispiel
Während der kalten Jahreszeiten Herbst und Winter sollten bevorzugt warme oder heiße Nahrungsmittel mit deutlichem Yang-Charakter verzehrt werden. Früchte und Salate, also

Nahrungsmittel in denen das Yin überwiegt, sind in diesen Monaten nicht empfehlenswert, da sie die Energetik des Organismus weiter abkühlen, statt ihn zu wärmen, um ihn vor äußerer Kälte zu schützen.

Anwendungsziel Therapie

Grundlage hierfür ist eine Diagnose nach den Prinzipien der TCM. Die richtige Auswahl der Nahrungsmittel bietet gewissermaßen die Basis für die weiteren Behandlungstherapien wie Akupunktur und Kräutertherapie. Durch eine auf das Krankheitssyndrom individuell abgestimmte Ernährungstherapie finden die weiteren Behandlungsstrategien einen guten Boden, um schneller und wirkungsvoller zum Erfolg zu führen. Für chinesische Ärzte ist es eher unverständlich, dass in der westlichen Welt nur mit einer Therapiemethode wie z. B. der Akupunktur behandelt wird, statt sich einer möglichen Behandlungsstrategie zu bedienen. In den traditionellen chinesischen Kliniken ist der individuelle Ernährungsplan unabdingbarer Bestandteil eines ganzheitlichen Behandlungskonzeptes.

Beispiel
So ist die Behandlung von Schlafstörungen, die auf eine Sedierung des Yang abzielt, durch alleinige Akupunktur wenig erfolgversprechend, wenn der Patient beispielsweise sein Yang weiterhin durch warme oder heiße Nahrungsmittel stimuliert, z. B. durch den Genuss von Kaffee, scharfen Gewürzen, Knoblauch, Zwiebeln, Lammfleisch, und damit insgesamt der Behandlung kontraproduktiv entgegenarbeitet. Hier ist durch gleichzeitigen Verzicht von yanghaltigen Nahrungsmitteln und die Bevorzugung von Yin-Nahrungsmitteln eine sinnvolle Ergänzung der Akupunkturtherapie möglich.

Allgemeiner Qi-Mangel

Qi-Mangel kann in den verschiedenen Funktionskreisen entstehen. Die häufigsten Ursachen für eine allgemeine Energie-Schwäche sind Milz-Qi-, Nieren-Qi- und Lungen-Qi-Mangel.

Symptome: Müdigkeit, Abgeschlagenheit, Appetitmangel, Konzentrationsschwäche, Völlegefühl im Abdomen, weicher, breiiger Stuhlgang, Tendenz zur Diarrhö, Neigung zum Frieren und Frösteln, Kälteaversion, Abwehrschwäche, häufige Rückenschmerzen in der Lendenwirbelsäule, häufiges Wasserlassen mit klarem reichlichem Harn, Nykturie, Dyspnoe, vorzeitiger Samenerguss, sexuelle Lustlosigkeit, Impotenz.

Zunge: blass, geschwollen.

Puls: leer, schwach.

Ursachen

Allgemein: Stress, Überarbeitung, Schlafmangel, Übermaß an negativen Emotionen wie Sorgen, Grübeln, Angst, übermäßige sexuelle Aktivität, bei Frauen Geburten in zu kurzen Zeitabständen, äußere Kälte, chronische Erkrankungen.

Ernährung: Übermaß an thermisch kalten Nahrungsmitteln, Yin-Produkte, Rohkost, unregelmäßige Nahrungsaufnahme, Übermaß an Milchprodukten, Übermaß an Südfrüchten, Tiefkühlkost, denaturierte Nahrung, Konservennahrung, eisgekühlte Getränke, zu hastiges und zu spätes Essen.

Prävention

Ernährungstherapie

Energetisches Temperaturverhalten	neutral, wärmend, z.T. heiß
Kochmethode	wärmend
Geschmack	neutral-süß, warm-süß, neutral-scharf, warm-scharf, neutral-salzig, warm-salzig, gelegentlich auch heiß
Getreide	Hafer, Hirse, Mais, Reis, süßer Reis, Dinkel
Fleisch	Huhn, Lamm, Rind, Wildfleisch
Fisch	Austern, Forelle, Hummer, Lachs, Sardellen
Gemüse	Fenchel, Karotten, Lauch, Esskastanien
Gewürze	pikant und scharf, Ingwer, Knoblauch, Koriander
Nüsse und Samen	Haselnüsse, schwarzer Sesam, Walnüsse, Linsen

Tipp **Gut frühstücken, warmer Getreidebrei mit Hirse oder Hafer, täglich mindestens eine oder zwei warme Mahlzeiten, Meistersuppe, Eintöpfe.**

激 • Ma36 • Ren12 • MP3 • Ren6 • Ni7 • Moxa

Allgemeiner Yang-Mangel

Bei einem allgemeinen Yang-Mangel finden sich ähnliche Symptome, da einem Yang-Mangel ein länger anhaltender Qi-Mangel vorangeht und der Übergang fließend ist.

Symptome: überwiegend Kältesymptome wie kalte, blasse Extremitäten, Allgemeinschwäche, starke geistige und körperliche Erschöpfungszustände, Antriebslosigkeit, allgemeiner Kräfteverlust sowie Wasseransammlungen im Körper in Form von Ödemen. Bei Frauen können Menstruationsprobleme und Ausbleiben der Menstruation auftreten, chronische Diarrhö.

Zunge: blass, geschwollen, Zahnabdrücke.

Puls: leer, schwach.

Ursachen: es sind die gleichen Ursachen, die zu einem Qi-Mangel führen, jedoch einen chronifizierten Charakter erreicht haben.

Prävention

Grundsätzlich wie bei einem Qi-Mangel. Hier können jedoch vermehrt Nahrungsmittel mit starkem Yang-Charakter verwendet werden.

Kochmethode	wärmend, gegrillt, gebraten
Fleisch	Rind, Huhn, Lamm, Wildfleisch, besonders Hirsch
Weiterhin	Fenchel, Walnuss, Esskastanie, Mais, Rosinen, Kirschen, Pfirsich, Lauch, pikante Gewürze

Meistersuppe, Eintöpfe
mit wärmendem Fleisch und Gemüse

激 • Ni7 • MP3 • Ren6 • Ma36 + Moxa • Du4 + Moxa

Allgemeiner Yin-Mangel

Ein Defizit an Yin ist eine tiefere Störung des Organismus. Grundsätzlich kann jedes Organsystem betroffen sein. In der Praxis häufig vorkommende Syndrome sind Yin-Mangel in den Organsystemen Leber, Herz, Lunge und Niere. Bei einem Yin-Mangel kann die Substanz des betreffenden Organsystems verletzt werden.

Symptome: Durst, trockener Mund, heiße Fußsohlen, besonders nachts, ggf. heiße Hände, Brennen hinter dem Brustbein, Nachtschweiß, ggf. Gewichtsverlust. Symptome, die durch ein Pseudo-Yang infolge eines Yin-Mangels entstehen: Rastlosigkeit, Unruhe, Nervosität, Schlafstörungen, Schwindel, inneres Hitzegefühl, trockener, harter Stuhlgang, Schreckhaftigkeit, psychische Labilität, Stressanfälligkeit, mangelnde Belastbarkeit.

Zunge: rot, z.T. rissig.

Puls: schnell, dünn.

Ursachen

Allgemein: lange chronische Krankheiten, Erschöpfung der Körperflüssigkeiten, z. B. im Rahmen von extremen Fiebererkrankungen, Blutverluste über längere Zeit, übermäßige sexuelle Aktivität, exzessiver Drogenkonsum, Medikamentenmissbrauch, extreme emotionale Belastung wie Sorgen, Trauer, Angst, Überanstrengung und Überarbeitung, Schlafmangel, z. B. durch Nachtarbeit, hektischer, gestresster Lebenswandel, der innere Hitze erzeugt und die Körpersäfte auszehren kann.

Ernährung: übermäßiger Verzehr an stark wärmenden Speisen, insbesondere scharfe Gewürze, die die Körperflüssigkeiten austrocknen und das Yin verletzen, z. B. übermäßiger Kaffeegenuss, hochprozentiger Alkohol, mangelhafte und unregelmäßige Ernährung.

Prävention

Ernährungstherapie

Zu vermeiden: Hitze, Nahrungsmittel mit Yang-Charakter, Geschmack heiß-bitter, warm-bitter, heiß-scharf, warm-scharf, heiße und warme Nahrungsmittel, insbesondere Kaffee, schwarzer Tee, Rotwein, Knoblauch, Ingwer, scharfe Gewürze, hochprozentiger Alkohol.

Zu empfehlen: Yin-Nahrungsmittel mit neutral-süßem, erfrischend-süßem Geschmack.

Fleisch/Fisch	Schwein, Austern
Gemüse	kühlende erfrischende Gemüsesorten, Spinat, Tomate, Algen
Getreide	Dinkel, Mais, Reis, Weizen.
Obst	Apfel, Birne, Brombeeren, Zitrusfrüchte, Erdbeeren, Banane, Weintrauben
Milchprodukte	Butter, Käse, Joghurt, Milch
Sojaprodukte	Tofu, Sojamilch
Getränke	rote Fruchtsäfte, Zitrussäfte Weizenbier

激 • Ni3 • MP6 • Ni6 • Ren6 • Le8

Yin-Fülle-Zustände und Feuchtigkeit

Dieses Syndrom ist häufig auf falsche Ernährungsgewohnheiten zurückzuführen. Ein Übermaß an Yin-Produkten kühlt den Körper ab und schädigt das Milz-Qi. Durch den Überschuss an Yin-Nahrungsmitteln kann Feuchtigkeit entstehen. Über eine zu schwache Milz kann sich dieses Syndrom verstärken und bei länger anhaltender Schwäche sich in Schleimerkrankung umwandeln. Die Yang-Energie des Körpers ist reduziert.

Symptome: Antriebsschwäche, Müdigkeit, verlangsamte Bewegungen und Sprache, kalte Hände, häufig Schweregefühl im Körper, in den Armen und Beinen, dumpfer Kopfschmerz, den der Patient oft als »Helm-auf-dem-Kopf-Gefühl« beschreibt, Neigung zu Durchfällen, Völlegefühl, Blähungen, Wasseransammlungen in Armen, Beinen, Gesicht, schwermütige Stimmungslage bis hin zu Depressionen, Übergewicht.

Ursachen

Allgemein: allgemeine Faktoren, die zu einem Milz-Qi-Mangel und einem allgemeinen Yang-Mangel führen können, wie Überarbeitung, ungenügender Schlaf.

Ernährung: unregelmäßige Nahrungsaufnahme, hektisches Essen unter Stress, Hauptmahlzeit am späten Abend sowie ein Übermaß an Rohkost, Salaten und Milchprodukten, die zu viel Feuchtigkeit und Schleim produzieren.

Prävention

Besonders bei den täglichen Alltagsbelastungen ist eine angemessene unterstützende Ernährung notwendig. Positive Essgewohnheiten sollten entwickelt werden, um die nötige Energie für die Alltagsanforderungen aufzubauen und einen ausgewogenen Gesundheitszustand zu erreichen.

Zu vermeiden: Yin-Nahrungsmittel, stark befeuchtete Nahrungsmittel, besonders Milchprodukte, Rohkost, Übermaß an süßem Geschmack, hastiges unregelmäßiges Essen, Hauptmahlzeit am späten Abend, ungenügendes Frühstück, Übermaß an Fetten, Ölen.

Zu empfehlen: mäßig wärmende Nahrungsmittel und Kochmethoden. Bei Feuchtigkeit und Schleim besonders der bitter-warme Geschmack, aber auch die Geschmacksrichtung süß-warm, warm-salzig, warm-erfrischend sowie alle neutralen Geschmacksrichtungen. Mäßiger Genuss von heißen Nahrungsmitteln.

Ferner: Ingwer, Lauch, Kardamom, Birne, Kirsche, Karpfen, Hirse.

Weitere Ernährungsempfehlungen siehe S. 42 »Die Stärkung der inneren Mitte«.

Yang-Fülle-Zustände

Yang-Fülle-Zustände können in unterschiedlicher Ausprägung in Erscheinung treten und sind ein häufig in der Praxis zu findendes Disharmoniemuster. Grundsätzlich zu differenzieren ist die echte Yang-Fülle von der Pseudo-Yang-Fülle. Bei der echten Yang-Fülle handelt es sich um ein kurzzeitiges Überschießen des Yang, bei der »falschen« Yang-Fülle treten die Symptome eines Yang-Überschusses in Erscheinung, die auf der Abnahme des Yin beruhen, wodurch der Yang-Aspekt vermehrt in Erscheinung treten kann. Grundsätzlich kann bei beiden Krankheitsmustern zunächst das Yang sediert bzw. gekühlt werden. Besteht die Ursache wie bei der Pseudo-Yang-Fülle in einem absoluten Yin-Mangel, muss, um eine dauerhafte Harmonie zu erreichen, das Yin mit aufgebaut werden.

Symptome: rote Gesichtsfarbe, Hyperaktivität, Rastlosigkeit, Unruhe, laute Stimme, lautes Lachen, dominierender Charakter, Reizbarkeit, Neigung zu Wutausbrüchen, heiße Körperempfindungen, Durst, Neigung zu Kopfschmerzen, Schwindel, Tinnitus, häufige Kopfschmerzlokalisation temporal (Shao-Yang-Kopfschmerz durch aufsteigendes Leber-Yang), mitunter bitterer Mundgeschmack (Leber-Feuer), übermäßiges Schwitzen, Hypertonie, Heißhungerattacken mit Neigung zu Übergewicht (Magen-Hitze).

Ursachen

Allgemein: bei der Mehrzahl der Yang-Symptome handelt es sich um einen relativen Yang-Überschuss, resultierend aus einer Yin-Schwäche des betreffenden Zang-Organs. Emotionale Belastungen wie Stress, Hektik, unterdrückte Emotionen wie Wut, Zorn und Frustrationen schädigen den Organkreislauf Herz und Leber. Bei länger bestehenden emotionalen Dysbalancen wird die Energie der Organe zunehmend beeinträchtigt. Besonders empfindlich dafür ist die Wandlungsphase Leber, die durch länger bestehende Leber-Qi-Stagnationen bei Blockade des Qi-Flusses durch unterdrückte Emotionen tiefgreifend geschädigt wird. Bei einem so labilen Gleichgewicht genügen oftmals kleine Yang-Einflüsse wie Stress oder auch falsche Ernährung (z.B. hochprozentiger Alkohol, scharfe Gewürze), um die Symptome eines emporschießenden Yang- oder Leber-Feuers hervorrufen zu können.

Sonstiges: grüner Tee, Mineralwasser, Weizenbier, Tofu, Mungbohnen, Löwenzahn, Chicorée, Pfefferminztee, Kuhmilch, Joghurt, Käse, Quark, Buttermilch.

Ernährung: der Patient bevorzugt oft den scharfen Geschmack, der den Körper entspannt, um vorhandene emotionale Stauungen zu lösen oder einen übermäßig süßen Geschmack, um Frustrationen und Kummer auszugleichen. Der scharf-warme und scharf-heiße Geschmack wie alle anderen thermisch heißen Nahrungsmittel verursachen auf der einen Seite eine Hitzesymptomatik und können, insbesondere bei bitter-heißem, aber auch in den anderen Kategorien des heißen Geschmacks, die Körpersäfte und damit das Yin des Körpers austrocknen. Die dadurch entstehenden Hitzesymptome sind oftmals vergesellschaftet mit heißem, zähem Schleim und treten häufig durch übermäßigen Verzehr von stark öligen oder fettigen Speisen auf. Ein besonders empfindliches Organsystem für Hitze und fettige, ölige Speisen (Junk-Food) ist die Leber.

Prävention

Ernährungstherapie

Zu vermeiden: sämtliche energetisch heißen Nahrungsmittel und Getränke, insbesondere scharfe Gewürze wie Curry, Ingwer, Knoblauch, Pfeffer, Zwiebeln, hochprozentiger Alkohol, wärmende Kochmethoden, scharfes Anbraten, Grillen. Reduziert werden sollten ebenso thermisch warme Nahrungsmittel, Fleischkonsum sollte ebenfalls eingeschränkt werden (Fleischkarenz für 4–6 Wochen), insbesondere Lammfleisch, Rindfleisch, Huhn, Schweinefleisch) sowie Kaffee, Rotwein, Salz.

Zu empfehlen: Yin-Nahrungsmittel mit neutral-süßem, kühl-süßem, kalt-süßem, neutral-saurem, kühl-saurem, kalt-saurem Geschmack.
Gemüse: Tomate, Spinat, Gurken, Sellerie.
Getreide: Weizen, Gerste.
Früchte: Apfel, Birne, Zitrusfrüchte, Himbeeren, Stachelbeeren.

Blut-Schwäche, Blut-Mangel (Xue Xu)

Blut-Mangel ist in der chinesischen Pathophysiologie ein wichtiges Syndrom, das häufig in der Praxis zu finden ist. Ein Blut-Mangel ist häufig die Ursache vieler gynäkologischer Leiden. Männer haben mehr Qi als Blut und leiden mehr unter Qi-Problemen.

Symptome

Allgemein: blasse Haut, blasse Lippen, Schwindelgefühle im Kopf, glanzloses Gesicht, Taubheitsgefühle, Müdigkeit, trockene Haut und Haare.

Leber-Blut-Mangel (Gan Xue Xu): unscharfes verschwommenes Sehen, Schlafstörungen, trockene und brüchige Nägel, Muskel-Schwäche, Muskelkrämpfe, Kribbeln oder Einschlafen der Gliedmaßen, Lichtempfindlichkeit der Augen, Symptome im psychischen, mentalen und gynäkologischen Bereich, Antriebslosigkeit, Nervosität, psychische Labilität, minderes Selbstwertgefühl, Herzklopfen, Menstruationsstörungen wie Dysmenorrhö und Amenorrhö.

Bei chronischem Blut-Mangel zeigen sich Symptome in Form von allgemeiner Trockenheit, trockener Haut, trockenem Haar, ggf. Haarausfall, brüchigen Nägeln. Die aufgrund eines Blut-Mangels begünstigte Entstehung von Leber-Wind kann dabei trockene Hauterkrankungen hervorrufen, die mit einem starken Hautjucken und Quaddeln an wechselnden Körperstellen verbunden sind.

Puls: dünn, fein oder rau.
Zunge: blasser, kleiner, trockener Zungenkörper.

Pathogenese: Blut wird nach traditioneller chinesischer Vorstellung primär in der Milz gebildet. Ein Blut-Mangel kann demzufolge durch einen Milz-Qi-Mangel entstehen. Im weiteren Verlauf wird das in der Milz gebildete Blut durch den Einfluss der Lunge mit Qi und Jing (Essenz) aus den Nieren »beseelt«. Erst danach hat die Substanz Blut aus der Milz die nötige Energie erhalten. So sollten für eine gute Blutbildung auch die Lungen- und Nierenenergie ausgeglichen sein. Die Leber spielt als Speicherorgan für das Blut eine wichtige Rolle, sodass jeder Blut-Mangel letztendlich zu einer Disharmonie der Leber mit dem Syndrom der Leber-Blut-Mangel (Gan Xue Xu) führt. Schädlich auf das Blut wirkt sich dabei besonders die Leber-Hitze aus, die das Blut in unruhige Bewegung versetzt. und bei längerem Einwirken der Hitze die Substanz Blut (Xue) austrocknen und damit schädigen kann.

Therapie

Blut stärken
Qi der Milz aufbauen
Leber-Blut stärken

激 • MP10 • Ma36 • Bl17 • MP6 • Le8 • M2 • Bl21

Ernährungstherapie

Zu vermeiden: wärmende Zubereitungsformen, thermisch heiße Nahrungsmittel. Alle bitteren Nahrungsmittel, besonders die Geschmacksrichtungen bitter-heiß und bitter-warm. Der scharf-heiße und der scharf-warme Geschmack, da diese das Blut austrocknen. Schwarzer Tee, Kakao; scharfe Gewürze wie z. B. Knoblauch, Ingwer, Pfeffer, Curry, Zimt etc., energetisch heiße Getränke wie Kaffee, hochprozentiger Alkohol, Yogitee.

Zu empfehlen:

Kochmethode	kühlend
Geschmack	süß-neutral, süß-warm, sauer-neutral, sauer-kühl
Getreide	Hafer, Amarant, süßer Reis, Reis, Sesam, Sonnenblumenkerne
Gemüse	alle thermisch neutralen und erfrischenden Gemüse, Rote Bete, Rotkohl, Karotten, Spinat, Fenchel
Fleisch	Hühnerfleisch, Hühnerleber, Rindfleisch, Rindfleischbrühe, Rinderleber, Kalbsleber, Lammleber
Fisch	Austern, Muscheln, Tintenfisch, Barsch, Aal
Früchte	rote Trauben, süße Kirschen, Longane, Pflaumen, Aprikosen
Getränke	Rote-Bete-Saft, süßer Kirschsaft, Pflaumensaft, roter Tee (z. B. Hagebutte, Hibiskus), roter Traubensaft, in mäßigen Mengen Rotwein

Bei Leber-Blut-Schwäche zu empfehlen:

Fleisch	Huhn, Ente, Kaninchenleber, Hasenleber, Schweineleber
Fisch	Auster, Krabbe, weißer Fisch, Barsch
Früchte	Äpfel, Litschis, Pflaume, Weintrauben, Longane
Gemüse	thermisch neutrale und kühlende Gemüse, aus dem Holzelement mit grüner Farbe: wie Bohnen, Brokkoli, Feldsalat, Lotuswurzel, Mangold, Spinat, Sprossen, Tomaten
Getränke	Karottensaft, Tomatensaft
Getreide	Weizen, süßer Reis, Sesam, Sonnenblumenkerne
Gewürze	Brunnenkresse, Majoran, Petersilienwurzel
Sonstiges	Eigelb

Stärkung des Abwehr-Qi (Wei Qi)

Zur Abwendung von Krankheitsfaktoren ist das Abwehr-Qi (Wei Qi) verantwortlich, das außerhalb der Körperleitbahnen und hauptsächlich an der Körperoberfläche zirkuliert, um diese zu schützen. Seine wichtigste Funktion ist die Abwehr von äußeren pathogenen Faktoren wie z. B. Wind, Kälte, Hitze und Nässe. Gleichzeitig wärmt und befeuchtet es Haut und Muskeln. Das Wei Qi wird größtenteils von der Lungen kontrolliert, da es unter der Haut zirkuliert. Es ist verantwortlich für das Öffnen und Schließen der Poren in der Haut, wodurch bei guter Regulation das Eindringen von Krankheitsfaktoren verhindert wird. Bei einer zu schwachen Lungenenergie schließen sich die Poren nicht rechtzeitig, sodass pathogene Faktoren eindringen und Krankheiten verursachen können. Somit bewirkt ein Mangel des Lungen-Qi eine Abwehrschwäche (Mangel des Wei Qi). Dies kann zu einer höheren Anfälligkeit für Erkältungskrankheiten führen. Neben der Lunge, deren Funktion die Kontrolle und Verteilung des Wei Qi ist, beteiligt sich darüber hinaus der Mittlere Erwärmer mit Magen und Milz an der Produktion des Wei Qi. Sind diese beiden Organe in einem Mangelzustand, kann für den

Gesamtkörper nur unzureichend Qi nachgebildet werden, sodass konsekutiv auch die Quantität und Qualität des Wei Qi abnimmt. Als letzter Faktor ist die Essenz des Ursprungs-Qi aus den Nieren von Bedeutung, da sie, wenn auch zu einem geringen Teil, an der Produktion des Abwehr-Qi beteiligt ist.
Zusammenfassend lässt sich festhalten, dass für eine gute Abwehrkraft drei Energiesysteme verantwortlich sind: in erster Linie das Lungen-Qi für die Kontrolle und Verteilung des Wei Qi und das Magen- und Milz-Qi, für die Reproduktion und somit Quantität und Qualität des Wei Qi. In zweiter Linie das Ursprungs-Qi aus der Essenz des Nieren-Yang. Das Wei Qi ist eine flüchtige und aktive Yang-Energie. Es steht durch das Öffnen und Verschließen der Poren in enger Verbindung mit der Ausscheidung von Körperflüssigkeiten (Schwitzen). Während des Tages zirkuliert es überwiegend in den oberflächlichen Yang-Leitbahnen von Tai Yang, Shao Yang und Yang Ming, in den Nachtstunden fließt es in die Zang-Organe Niere, Herz, Lunge, Leber und Milz zurück.

Symptome

Es finden sich allgemeine Symptome eines Qi- oder Yang-Mangels wie blasser Teint, Frieren, Frösteln, Abneigung gegenüber Kälte, kühle und kalte Extremitäten, leichte physische und psychische Erschöpfung, allgemeine Lustlosigkeit, spontanes Schwitzen (Qi-Mangel der Lunge). Im akuten Stadium einer Erkältung: Schüttelfrost, Frieren entlang des Rückens (Tai-Yang-Leitbahn), Gliederschmerzen, tropfende Nase mit flüssigem klarem Sekret, Niesen, Kälteempfindlichkeit, Abgeschlagenheit (Symptome eines Wind-Kälte-Angriffs auf den Körper).

Ursachen

- Faktoren, die das Lungen-Qi schwächen, z.B. konstitutionelle Schwäche, langes Sitzen in gebeugter Haltung (schränkt die Atmung ein und führt so zu einem Lungen-Qi-Mangel). Rauchen, Verletzung des Lungen-Qi durch äußere pathogene Faktoren wie Wind-Kälte oder Wind-Hitze, Überarbeitung, lang anhaltende Trauer.
- Faktoren, die Milz und Magen schwächen
- Faktoren, die das Nieren-Yang und die Essenz schwächen.

Therapie

Stärkung des Körper-Yang

- Ni7 + Moxa • Ma36 • Du4

Tonisierung des Lungen-Qi

- Lu9 + Moxa • Lu7
- Bl13 • Bl12

Tonisierung des Mittleren Erwärmers

- Ma36 • Bl20

Tonisierung des Nieren-Yang

- Ni7 + Moxa • Bl23 • Du4

Ernährungstherapie

Zu vermeiden: sämtliche Nahrungsmittel, die das Yang des Körpers schwächen können, z.B. Nahrungsmittel mit kühlem oder kaltem energetischem Temperaturverhalten, wie Rohkost, Salate, kalte Obstsorten, Milchprodukte, kalte Getränke.

Während einer **akuten Erkältungsphase** sind stark schleimende Nahrungsmittel zu meiden, um das geschwächte Lungen-Qi frei von möglichen Schleimerkrankungen zu halten und die Milz nicht zu belasten (keine Bananen, Milchprodukte, Rohkost sowie stark ölige und fettige Speisen).

Zu empfehlen: zur Stärkung und Unterstützung des Wei Qi empfiehlt sich der scharf-warme und scharf-heiße Geschmack, der das Metallelement stärkt.

Während des akuten Beginns einer Erkältungskrankheit ist der saure Geschmack zu meiden. Sämtliche Zitrusfrüchte sind zu Beginn und auch während einer Erkältungskrankheit aus chinesischer Sicht kontraindiziert. Die Erklärung dafür bietet die Wirkrichtung des sauren Geschmacks. Er zieht nach innen und verhindert somit, dass das ohnehin schon geschwächte Wei Qi weiter an die Oberfläche kommt und die eindringenden pathogenen Faktoren abwehren kann. Dadurch können die Hautporen nur unzureichend verschlossen werden und ermöglichen weiterhin einen relativ ungehinderten Zugang von pathogenen Faktoren durch die Haut. Der saure Geschmack ermöglicht es den noch an der Oberfläche befindlichen, pathogenen Faktoren, in tiefere Schichten zu ziehen. Von saurer, heißer Zitrone oder auch von einem übermäßigen Genuss von Zitrusfrüchten wie Orangen und Zitronen bei Erkältungskrankheiten ist aus TCM-Sicht dringend abzuraten.

In der chinesischen Kräuterheilkunde ist Huang Qi (Astragallus) ein wichtiges Mittel, um das Wei Qi zu tonisieren. In diesem Stadium mit Kälte empfiehlt sich der scharf-heiße, scharf-warme Geschmack.

Besonders förderlich ist es im frühen Stadium einer Erkältungskrankheit, der durch Frieren und Schüttelfrost angezeigten Symptomatik eine starke Yang-Energie entgegenzusetzen, wozu sich der scharf-warme und scharf-heiße Geschmack besonders gut eignet. Er bewegt das Wei Qi, öffnet kurzzeitig die Poren, vermag äußere pathogene Kälte und Wind zu vertreiben, befreit die Oberfläche und stärkt das Yang und somit auch das Wei Qi im Körper.

zu empfehlen

Gewürze	besonders frischer Ingwer! Pfeffer, Chili, scharfer Gewürztee.

Dekokt aus frischem Ingwer mit Frühlingszwiebeln
Daumengroße Stücke frischen Ingwer mit einem halben Liter Wasser ca. 10 Minuten lang köcheln und den heißen Sud trinken. 1–2 Tassen.

Zur Stärkung des Wei Qi sind ferner alle Nahrungsmittel günstig, die ein Yang-Potenzial haben. Insbesondere eignet sich hierfür der süß-warme oder süß-heiße Geschmack, um den Mittleren Erwärmer zu tonisieren. Zur Stärkung der Nieren kann der salzig-heiße und salzig-warme Geschmack angewandt werden. Der Körper ist gegenüber pathogener Energie besonders in der Nacht anfällig, da das Wei Qi tiefer im Körper innen zirkuliert und die Körperoberfläche ungeschützt ist. Zu wenig Schlaf und Überaktivität zur Nachtzeit begünstigen eine Anfälligkeit für äußere Krankheiten.

In der Ernährungstherapie kann differenziert werden, welches Organ durch die Nahrungsmittel gestärkt werden soll. Neben einer allgemeinen Tonisierung des Yang im Körper über die drei Systeme Niere, Milz/Magen und Lunge, empfiehlt sich insbesondere der Aufbau des Lungen-Qi zur Stärkung der Abwehrkraft.

Aufbau des Lungen-Qi

Ernährungstherapie

Gewürze	Chili, Curry, Ingwer, Pfeffer
Getränke	Gewürztees, hochprozentiger Alkohol
Getreide	Hafer, süßer Reis
Gemüse	Blumenkohl, Lauch, Meerrettich, Zwiebeln, Rettich, Kresse
Nüsse und Samen	Mandeln, Mandelmus

Das Syndrom einer Wind-Kälte-Erkrankung, das die Lunge bei ungenügendem Wei Qi angreift, kann innerhalb weniger Stunden in eine Wind-Hitze-Symptomatik umschlagen, die durch folgende Symptome gekennzeichnet ist: Fieber, Durst, Verlangen nach kalten Getränken, Kopfschmerzen, spärlicher dunkler Urin, körperliche Abgeschlagenheit. Bei dieser Symptomatik liegt ein Wind-Hitze-Befall mit einem Überwiegen der Hitzesymptomatik vor, sodass die Ernährungstherapie rasch umgestellt werden muss. In diesem Stadium sind der scharf-heiße und scharf-warme Geschmack sowie thermisch allgemein heiße Nahrungsmittel kontraindiziert und überwiegend mit kühlenden Nahrungsmitteln zu therapieren. Der saure Geschmack sollte weiterhin vermieden werden, um ein weiteres Fortschreiten der Erkrankung in tiefere Körperschichten zu vermeiden.

Feuchtigkeits- und Schleimerkrankungen

In der TCM werden Feuchtigkeit und Schleim als wichtige und häufige pathologische Faktoren bei der Behandlung vieler Krankheiten betrachtet.

Für traditionelle chinesische Ärzte galt: »Wenn du eine Krankheit lange Zeit erfolglos behandelst, so denke dabei immer an Schleim.«

Der westliche Betrachter verbindet mit Schleimerkrankungen hauptsächlich eine Verstopfung der Nase und Nasennebenhöhlen, Sinusitis frontalis, Sinusitis maxillaris, sowie die Verschleimung des Bronchialsystems. In der TCM sind dies nur Teilaspekte und die chinesische Vorstellung von Schleimerkrankungen geht weit über den substanzhaften Schleim hinaus: Schleim kann sich in allen Körperteilen manifestieren, denn er verlangsamt den Qi-Fluss und verstopft gewissermaßen die Leitbahnen, mit Symptomen wie Taubheit, dumpfer »benebelter« Kopfschmerz, Trägheit und Konzentrationsschwäche.

Bekanntes typisches Feuchtigkeitssymptom im Kopf ist der sogenannte »Katerkopfschmerz« durch ein Übermaß an Alkohol hervorgerufen, wodurch Feuchtigkeit entsteht.

Pathogenese

Schleim entsteht in erster Linie aus einer Störung des Milz-Pankreas-Funktionskreises. Ist die Milz zu schwach, verlangsamt sich der Qi-Fluss, die Umwandlung und Transport der Flüssigkeiten wird eingeschränkt und Feuchtigkeit sammelt sich an. Bei einem chronischen Milz-Qi- oder -Yang-Mangel bleiben die Feuchtigkeitsansammlungen über längere Zeit bestehen und bilden konzentriertere Flüssigkeitsakkumulationen, die sich weiter zu Schleim, besonders unter Hitzeeinfluss eindicken. Da der Milz-Mangel immer die primäre Ursache für Schleim ist, muss bei der Therapie die Stärkung dieses Zang-Organs vorrangig sein!

Mitbeteiligt an der Schleimbildung sind Lunge und Niere. Die Lunge hat ursprünglich die Aufgabe, die aus der Milz-Produktion entstandenen Flüssigkeiten ausreichend zu verteilen und abzusenken. Dazu ist sie bei einer Schwäche nicht mehr in der Lage, weshalb sich Feuchtigkeit (Schwellungen, Ödeme) und Schleim in den Kiefer- und Stirnhöhlen absetzen oder die Lunge selbst verschleimen können (Bronchitis, Pneumonie).

Die Niere wiederum ist für die Aufnahme und Ausscheidung von Flüssigkeit verantwortlich. Erfüllt sie diese Funktion nicht mehr ausreichend, sammeln sich Flüssigkeiten überwiegend im Unteren Erwärmer an und können dort Ödeme ausbilden. Generell ist eine gute Nierenenergie (Nieren-Yang) wichtig, um die Milz zu wärmen und in ihrer Funktion zu unterstützen.

Weitere Ursachen, insbesondere für die Entstehung von Hitze-Schleim (zäher, gelber Schleim), sind äußere Wind-Hitze-Erkrankungen, die die Lunge verletzen, z.B. akute Bronchitis, Sinusitis, Heuschnupfen. Hitze-

Schleim kann sich auch bei Leber-Qi-Stagnation bilden, da durch den blockierten und verlangsamten Fluss von Qi Hitze entsteht, die die Flüssigkeiten eindickt.

Differenzierung des Schleims

- Substanzhafter Schleim:
  manifestiert sich als Sputum bei Erkrankungen des Respirationstraktes, z.B. bei Rhinitis, Sinusitis, Bronchitis oder Pneumonie.
- Substanzloser »unsichtbarer« Schleim:
  sammelt sich in den Leitbahnen des Körpers und blockiert dadurch den Qi-Fluss. Er kann sich subkutan ansammeln und als Hautknötchen zeigen: Lipome, Adenome, Überbeine oder in Form einer Struma. In verhärteter Form bildet er Gallenblasen- oder Nierensteine. Schleim in den Gelenken wiederum bewirkt Knochendeformation oder chronische rheumatische Arthritis. Auch das in der TCM als »Pflaumenkern-Syndrom« bekannte Krankheitsbild ist nichts anderes als ein Erscheinungsbild von Schleim, der sich im Rahmen einer Leber-Qi-Stagnation, überwiegend durch emotionale Ursachen ausgelöst, in Form von Schluckbeschwerden, Globus hystericus oder beengendem Gefühl in Thorax und Zwerchfell manifestieren kann.

Symptome

Allgemeine Schleimerkrankungen

- Erkrankungen, die lange bestehen und trotz intensiver Behandlung nicht besser werden.
- Schmerzlose Massen unter der Haut, die weder heiß noch rot und frei beweglich zu verschieben sind (Lipome).
- Allgemeines Schwere- und Taubheitsgefühl, Trägheit, chronische Müdigkeit, Konzentrationsstörungen, insbesondere dumpfer Kopfschmerz und rezidivierender Schwindel (Morbus Menière).
- Häufige Infektanfälligkeit bei Kindern mit verstopfter Nase, schleimiger und eitriger Bronchitis, Vereiterung der Neben- und Kieferhöhlen.
- Adipositas

> **Tipp** Gerade bei Kindern und Jugendlichen ist diese Symptomatik zunehmend aufgrund schlechter Ernährungsgewohnheiten (Fast-Food, übermäßiger Konsum von Süßigkeiten, Milchprodukten und zuckerhaltigen Limonadengetränken) häufig zu finden.

Differenzierung nach dem Ort der Schleimansammlung und Symptomatik

- Oberer Erwärmer:
  Müdigkeit, Konzentrationsschwäche, dumpfer Druck im Kopf, Schwindel, Tinnitus, Sinusitis frontalis und Sinusitis maxillaris, verstopfte Nase.
- Mittlerer Erwärmer:
  Bronchitis, Pneumonie, Bronchiektasien, Husten mit reichlich weißem oder gelbem Auswurf, Nausea.
- Unterer Erwärmer:
  Ansammlung von Flüssigkeiten in Form von Bein- oder Knöchelödemen.

Differenzierung nach der Form der Schleimerkrankungen und Symptomatik

- Wind und Schleim:
  Schwindelgefühl, Taubheitsempfinden in den Extremitätem, Aphasie, Windschlaganfall.
- Hitze-Schleim:
  gelbes, zähes Sputum, trockener Mund und Lippen, Bronchitis, Pneumonie, Apathie, umnebelter, verwirrter Geist, Formen der Schizophrenie, Halluzinationen, manische Depressionen.
- Kälte-Schleim:
  überwiegend wässriges, weißes Sputum, Kälte in den Extremitäten und Rücken, Übelkeit.
- Nässe-Schleim:
  weisses zähes Sputum, Appetitlosigkeit, Beklemmungsgefühl im Thorax und Epigastrium, Befall der Lunge.
- Substanzloser Schleim:
  verstopft die Leitbahnen, z.B. Windschlaganfälle und Taubheitsgefühl überwiegend bei älteren Menschen.

Puls:	charakteristisch ist der schlüpfrige Puls, der dem Puls einer Schwangeren ähnlich ist.
Zunge:	typisch ist eine aufgedunsene feuchte Zunge, zum Teil mit Zahnabdrücken (Milz-Qi- oder Milz-Yang-Schwäche). Häufig zeigt sich dabei ein öliger weicher Belag, der sich manchmal auch auf einer normalen aber blassen Zunge widerspiegeln kann. Weisser Belag: Kälte-Schleim. Gelber Belag: Hitze-Schleim.

Puls und Zungendiagnostik zeigen abhängig vom jeweiligen Syndrom spezifische Charakteristika.

Therapie

Stärkung der Milz

Transformation von Feuchtigkeit und Schleim

Stärkung der Lungen und Nieren

激 • Ma40 • Ren12 • Pe6 • Ma36 • MP3 • Bl20 • Bl21

Bei chronischen Beschwerden

激 • Ni3 • Ni7 • Bl23 • Lu9 • Bl13

Ernährungstherapie

Zu vermeiden: stark Schleim produzierende Nahrungsmittel, insbesonders Milchprodukte, Bananen, stark fettige und ölige Speisen, Junk-Food, Übermaß an süßem Geschmack, zuckerhaltige Getränke.
Übermaß an Yin-Nahrungsmitteln (Jahreszeit und Klima beachten!): Rohkost, Salate und Obstsorten mit kühler und kalter Energetik, Zitrusfrüchte, -säfte.
Vermieden werden sollten auch Tiefkühlkost und das Zubereiten/Aufwärmen von Speisen in der Mikrowelle.

Cave: Fleisch, aber auch Alkohol produzieren im Übermaß genossen leicht Schleim, besonders Schweinefleisch und Weizenbier

Zu empfehlen: Stärkung der Milz

- Alle Nahrungsmittel, die die Milz stärken, um weitere Feuchtigkeits- und Schleimproduktion zu verhindern (siehe Milz/Pankreas-Qi- und Milz/Pankreas-Yang-Mangel). Besonders Hirse, Reis, Mais tonisiert und wärmt die Milz, Sojabohnen, Mungbohnen bei übermäßiger Nässe im Körper.

Transformation von Feuchtigkeit und Schleim

- Hitze-Schleim (gelb, zäh)
  Temperaturverhalten/Geschmack: bitter-kühl, salzig-kühl, ggf. süß-kühl
  Chicorée, Löwenzahn, Sojamilch, Mungbohnen, Rettich, Birnen, Weintrauben, Karpfen, Salz, Rotalgen, Algen, Tang
- Kälte-Schleim (weißlich, klar, dünnflüssig)
  Temperaturverhalten/Geschmack: bitter-warm, scharf-warm
  in Maßen frischer Ingwer, Lauch, Knoblauch, Kardamom, Kirschen
- Schleim verstopft den Qi-Fluss in den Meridianen:
  mäßig scharfer Geschmack kann die Stagnation beseitigen, z.B.: pikante Gewürze wie Pfeffer, Knoblauch, Ingwer.

Tipp **Bei rezidivierenden Schleimerkrankungen drastisch reduzieren: Fleisch, Alkohol, Milchprodukte, Süßes und Fettiges, Karenz für 3–6 Wochen.**

Allgemein bei Feuchtigkeit und Schleim: Hirsemüsli, Hirsebrei mit Zimt und Rosinen.
Bei Hitze-Schleim: Mungbohnen, Mungbohnen-Dekokt, Sojamilch, Mischgetränk aus Birnen und Zitronensaft.
Bei Kälte-Schleim: Ingwertee.

Funktionskreis:
• Milz/Pankreas – Magen
• Element Erde

Zang-Organ: Milz/Pankreas (Pi)/MP

Charakter: »Minister für Wirtschaft und Ernährung«
Als materielle Basis des Körpers und Wurzel des nachgeburtlichen Qi ist die Milz verantwortlich für die Aufnahme, Verteilung, Verarbeitung und Energiegewinnung aus der Nahrung.

Funktion in der TCM:
- Herrscht über Umwandlung und Transport, Aufbereitung von Nahrung und Energie.
- Hält das Blut in den Gefäßen.
- Kontrolliert Muskeln und die Extremitäten.
- Öffnet sich in Mund und Lippen.
- Kontrolliert das »aufsteigende Qi«, hält die Organe am Platz.
- Beherbergt das Denken (Yi).

In den fünf Wandlungsphasen:
- Emotion: Grübeln, Sorgen, Nachdenklichkeit
- Klimafaktor: Feuchtigkeit
- Jahreszeit: Spätsommer, Herbstanfang
- Himmelsrichtung: Mitte
- Farbe: gelb
- Geschmack: süß
- Tageszeit: 9.00–11.00

Fu-Organ: Magen (Wei) Ma

Funktion: »Kochtopf« für das nachgeburtliche Qi,
- Wichtigstes Fu-Organ: richtet den Qi-Fluss nach unten.
- Sammlung der Nahrung.
- Trennt und extrahiert die Nahrung.
- Leitet nach unten.
- Liebt Feuchtigkeit.
- Tageszeit: 7.00–9.00.

Aufgaben und Funktionen von Milz/Pankreas und Magen

Magen und Milz/Pankreas sind wichtige Zang-Fu-Organe und als Produktionsstätte des nachgeburtlichen Qi-Yang, Blut (Xue), Körperflüssigkeiten (Jin-Ye) in der gesamten TCM-Therapie von zentraler Bedeutung. Der berühmte chinesische Gelehrte Li Gao in der Zeit der Song-Dynastie (960–1280 n. Chr.) unterstrich die besondere Bedeutung des Mittleren Erwärmers durch die Gründung einer speziellen Schule zur Stärkung der Mitte, die in besonderer Weise die Therapie des Mittleren Erwärmers hervorhob.
Zur Zeit der Ming-Dynastie (1368–1644 n. Chr.) entstand folgendes Zitat:

»Wer sich auf die Behandlung der Mitte versteht, vermag alle Funktionskreise einzustimmen.«

Viele Ärzte vertraten zu der Zeit die Auffassung, dass keine Krankheit wirklich heilbar ist, wenn der Funktionskreis des Mittleren Erwärmers gestört ist. So entwickelten sie als Basis jeglicher Therapie zunächst einmal die Stärkung der »inneren Mitte« und damit die Stärkung von Magen und Milz.

»Sie herrscht über Umwandlung und Transport«

Die Zang-Fu-Organe Milz/Pankreas und Magen sind maßgeblich für die Umwandlung und den Weitertransport der zugeführten Nahrung verantwortlich. Aufgabe beider Organe ist nach chinesischer Vorstellung die Trennung der Nahrungsbestandteile in unreine und reine Anteile. Aus den reinen Anteilen der Nahrungsessenz wird das Nahrungs-Qi (Gu Qi) gewonnen. Dieses Nahrungs-Qi bildet die Grundlage des gesamten nachgeburtlichen Qi und stellt ebenfalls die Basis zur Blutbildung dar. Das durch Magen und Milz/Pankreas gewonnene Nahrungs-Qi liefert nach chinesischer Vorstellung einen Großteil des regenerierbaren Gesamt-Qi unseres Körpers. Demzufolge wird beim Qi-Mangel der Milz der gesamte Organismus mit zu wenig Energie versorgt.

Kardinalsymptome eines Milz-Qi-Mangels:
Chronische Müdigkeit, allgemeine Abwehrschwäche und Infektanfälligkeit, Konzentrationsschwäche, breiiger, ungeformter Stuhl.

Therapie

Ein Therapiegrundsatz lautet:
Wenn das Qi gestärkt werden soll, muss auch die Milz tonisiert werden, wenn das Blut gestärkt werden soll, muss auch die Milz tonisiert werden.

Kontrolle der Körpersäfte und Flüssigkeiten

Bei genügendem Milz-Qi können alle Flüssigkeiten weiterverarbeitet und verteilt werden. Bei einer Milz-Schwäche kommt es zu einer Störung des Flüssigkeitstransportes, diese kann sich in Form von Nässe oder gar Schleim ansammeln und das geschwächte Organ Milz weiter schädigen. Da die Milz Trockenheit liebt und Feuchtigkeit verachtet, kann es sowohl durch äußere bioklimatische Faktoren wie Nässe und Feuchtigkeit (feuchte Wohnung, nasse Herbsttage), aber auch durch eine im Innern des Körpers entstandene Nässe, z. B. durch falsche Nahrungsmittel (zuviel Yin-Nahrung) zu Feuchtigkeit im Körper kommen.
Wichtige Störfaktoren, die eine Milz-Schwäche mit Feuchtigkeit und später Schleimbildung produzieren, sind übermäßiger Verzehr von kalten Flüssigkeiten oder eisgekühlten Getränken, Genuss von Rohkost, Salaten, Obst und Milchprodukten. Bei einem Vorhandensein von Nässe, Schleim oder Ödembildung muss somit die Milz immer mitbehandelt werden.

Symptome: Ödembildung, geschwollenes Gesicht, Schweregefühl in den Gliedmaßen, schwerer dumpfer Kopf, Trägheit, Niedergeschlagenheit und Antriebslosigkeit, Übergewicht, Verschleimung der Stirn- und Kieferhöhlen (Sinusitis frontalis und Sinusitis maxillaris), verschleimte Bronchien, rezidivierende Erkältungskrankheiten (s. S. 67, Feuchtigkeits- und Schleimerkrankungen).

Gut ausgebildete rote Lippen, ein geschlossener Mund und ein guter Geschmackssinn sind Zeichen für eine gute Konstitution des Milz-Qi. Bei einem Milz-Qi-Mangel zeigen sich blasse und spröde Lippen sowie ein ständig offener Mund. Eine ausgesprochene Vorliebe für den süßen Geschmack weist auf eine Disharmonie der Milz hin.

Produktion und Kontrolle des Blutes

Bei einem gesunden Milz-Qi wird ausreichend Blut gebildet. Es zirkuliert durch den Körper und bleibt in seinen Gefäßen.
Bei einem Milz-Qi-Mangel kann es leichter zu Blutungen kommen, weil das Blut nicht in seinen Gefäßen gehalten werden kann. Das aus der Nahrung über die Milz extrahierte Nahrungs-Qi wird an das Herz weitergegeben.
Dort wird, unter Einfluss des Ursprungs-Qi der Nieren, das Blut gebildet. Für die Bildung von Qi und Blut ist die Milz also eines der zentralen Organe. Ein chronischer Milz-Qi-Mangel vermindert den Blutaufbau und hat im weiteren Verlauf einen Leber-Blut-Mangel zur Folge.

Symptome: Nachtblindheit, verschwommenes, unklares Sehen, lichtempfindliche Augen, eingeschlafene Gliedmaßen, Schlafstörungen (das Shen wird im Blut verankert), Menstruationsstörungen, häufig auftretende blaue Flecken (Purpura, Petechien, Hämaturie, Menorrhagie).

Kontrolle der Muskeln und der vier Extremitäten

Das von der Milz extrahierte Nahrungs-Qi wird allen Geweben des Körpers zugeführt. Muskulatur und Gliedmaßen werden dadurch ernährt, erwärmt und in ihrer Beweglichkeit unterstützt. Schwache, müde oder atrophe Muskeln und Gliedmaßen sind Folge eines Milz-Qi-Mangels.

Kontrolle über das Bindegewebe

Die Milz hält die Organe an ihrem Platz. Straffheit und Elastizität des Bindegewebes sind Zeichen eines guten Milz-Qi. Bei einer Schwäche kommt es zu den Symptomen eines schlaffen Bindegewebes, Zellulitis aber auch Organvorfall, z. B. Darmprolaps oder Gebärmuttervorfall.

Sitz des Denkens (Yi)

Bei einer guten Konstitution des Milz-Qi ist das Denken scharf, die Konzentration gut. Eine Milz-Schwäche zeigt auch Symptome im intellektuellen Bereich. Das Denken ist umnebelt, Konzentration und Merkfähigkeit sind schwach.

Tipp **Übermäßig geistige Tätigkeit kann die Milzfunktion schwächen, woraus der Heißhunger auf Süßes bei langer anstrengender Lernarbeit gut zu erklären ist. Der süße Geschmack ist mit dem Erdelement und damit auch mit der Milz assoziiert. Er hat die stärkste tonisierende Wirkung, sodass er, in Maßen genossen, während starker intellektueller Beanspruchung durchaus sinnvoll ist.**

Honig, Datteln, Mohnkuchen, Rosinen, Malzbier

Besonderheit Diätetik und Funktionskreis Milz/Pankreas – Magen

Dieser Funktionskreis ist eine der wichtigsten Quellen für das nachgeburtliche Qi und lässt sich ausgezeichnet über diätetische Maßnahmen stärken und therapieren. Im Vordergrund jeder Mahlzeit sollte der süße Geschmack des Erdelementes stehen, die anderen Geschmacksnuancen nur Ergänzungen sein (s. S. 42, »Die Stärkung der inneren Mitte«).

- Sogenannte süße Nahrungsmittel wie Getreide, Huhn, viele Gemüse, bestimmte Obstsorten und Trockenfrüchte stärken das Qi und befeuchten die Körpersäfte; sie kräftigen und harmonisieren unsere »Mitte«.
- Die Milz wird geschwächt durch den übermäßigen Genuss von kalten Flüssigkeiten, Rohkost, Obst und Milchprodukten.
- Milz-Qi-Mangel, hervorgerufen durch übermäßige geistige Tätigkeit und mentale Belastung, sollte durch entsprechende Nahrungsmittel mit süßem Geschmack kompensiert werden.
- Cave: ein übermäßiger Genuss von Weißzucker und denaturierten Süßmitteln (sogenannte Einfachzucker) bewirken extreme Blutzuckerschwankungen und rauben dem Körper Vitalstoffe. Aber auch konzentrierte »vollwertige« Süßmittel wie Honig, Ahornsirup oder Ursüße sind extreme Vertreter des süßen Geschmacks und sollten nur in Maßen genossen werden.
- Eine Schwäche der Milz verursacht Feuchtigkeit und Schleim. Bei entsprechenden Krankheitsbildern Milz immer diätetisch mitbehandeln.

Milz-Syndrome und Chinesische Diätetik

- Milz-Qi-Mangel
- Milz-Yang-Mangel

Milz-Qi-Mangel

Dies ist sicherlich eines der häufigsten Syndrome in der klinischen Praxis, das die Patienten mit unterschiedlichen Symptomen zum Arzt führt.

Westliche Diagnosen:
Gastroenteritis, Maldigestion, Malabsorptionsstörung, Diarrhö, Anämie, entzündliche Darmerkrankungen.

Symptome: chronische Müdigkeit, allgemeine Abgeschlagenheit, Infektanfälligkeit, Appetitmangel, Schwäche und Kraftlosigkeit der Extremitäten, Heißhunger auf Süßes, blasser fahler Teint, weiche breiige Stühle, ggf. chronische Diarrhö.

Milz-Yang-Mangel

Aus einem länger bestehenden Milz-Qi-Mangel oder bei einer starken Schwächung der Milz, z. B. durch zu kalte Nahrung, unregelmäßige Essenszeiten und Essgewohnheiten, kann sich ein Milz-Yang-Mangel entwickeln.

Westliche Diagnosen:
chronische Gastroenteritis, Anämie, chronische Malabsorptionsstörungen, chronische gastroenterologische Beschwerden.

Symptome: ständig kalte Füße und Hände sowie Frieren, häufiges Kältegefühl im Abdomen, wässriger Stuhl mit unverdauten Nahrungsresten, Ödembildung, Schwäche, Müdigkeit, chronische Verdauungsstörungen.

Pathogenese: vier Faktoren können zu einer Schwächung der Milz führen:

- Ernährung
- mentale Belastung
- Klima
- chronische Erkrankung

Ernährung: Ernährung ist sicherlich der häufigste Faktor, der zu einer Schwächung des Milz-Qi führt. Dazu zählen ungünstige Essgewohnheiten wie unregelmäßiges Essen, zu später Genuss der Hauptmahlzeit, z.B. erste warme Mahlzeit abends, übermäßiges und maßloses Essen, übermäßiger Genuss von kalter und roher Nahrung (zu viel Yin-Produkte), übermäßiger Genuss von Milchprodukten, übermäßiger Genuss von tiefgefrorenen Speisen, Aufwärmen und Kochen der Speisen in der Mikrowelle, übermäßiger Genuss von scharfen Gewürzen, zu viel Yin-Nahrung in der kalten Jahreszeit.

Mentale Belastung: Übermäßige geistige Arbeit und mentale Belastung rufen einen Milz-Qi-Mangel hervor. Dieses Syndrom verstärkt sich, wenn neben der mentalen Belastung unter Stressbedingungen eilig die Nahrung aufgenommen wird.

Klima: Da die Milz Nässe und Feuchtigkeit verabscheut, ist sie gegenüber Feuchtigkeitseinflüssen empfindlich, insbesondere wenn sie länger anhaltend zu feuchtem Wetter oder Wohnen in feuchter Umgebung ausgesetzt ist. Sie wird durch diese Einflüsse geschwächt.

Chronische Erkrankungen: Jeder längere Krankheitsverlauf führt konsekutiv zu einer Schwäche und Erschöpfung des Milzorgans, später zu einer Schwäche des Nierenfunktionskreises.

Therapie

Aufbau des Milz-Qi

激 • MP3 • MP2 • Bl20 • Bl21 • Ma36 • Ren12 • Moxa

Zu vermeiden: Nahrungsmittel mit Yin-Charakter von kaltem bzw. kühlendem energetischem Temperaturverhalten. Übermaß an scharfem Geschmack, übermäßiger Verzehr von Süßem, insbesondere Industriezucker.

Früchte	Ananas, Apfelsinen, Bananen, Kiwi, Wassermelonen, Zitronen
Gemüse	Gurke, Rohkost, übermäßiger Salatgenuss (vor allem im Herbst und Winter), Tomaten
Getränke	kalt oder eisgekühlt, Übermaß an Mineralwasser, energetisch kalte Obstsäfte (z.B. Apfelsinensaft) schwarzer Tee, grüner Tee, Weizenbier, Bier.
Milchprodukte	Quark, Käse, Milch, Sauermilchprodukte.

Zu empfehlen: regelmäßige Nahrungsaufnahme, mindestens einmal täglich warmes Essen.

Geschmack	süß-heiß, süß-warm, süß-neutral
Kochmethode	neutral und wärmend
Fleisch	Huhn, Hühnerbrühe, Lamm, Rindfleisch, Rindfleischkraftbrühe, Hirsch
Fisch	Forelle, Lachs, Schalentiere, Thunfisch
Früchte	süße Äpfel, Aprikosen, Datteln, chinesische Datteln, Feigen, süße Kirschen, Pfirsiche, Pflaumen, Rosinen, rote Trauben
Gemüse	Fenchel, Kohl, Kürbis, Möhren, Süßkartoffeln, glasig gedünstete Zwiebeln
Getränke	Fencheltee, Gewürztee mit Zimt, Honigwein, Liköre, Maishaartee, Malzbier, Süßholztee, roter Traubensaft
Getreide	Amarant, Hafer, Hirse, Polenta, süßer Reis, Reis
Nüsse und Samen	Erdnüsse, Haselnüsse, Pistazien, Sesam, Walnuss
Süßmittel	Ahornsirup, Gerstenmalz, Naturhonig, Marzipan, Rosinen, Rohzucker
Gewürze	Anis, Cayennepfeffer, Fenchelsamen, Ingwer, Kardamom, Muskatnuss, Sternanis, Vanille, Zimt, aber auch Gewürze aus dem Feuerelement wie Koriander, Oregano, Rosmarin, Thymian

Kommentar: Diese Syndrome sind eine Domäne der Chinesischen Diätetik. Behandlungsdauer ca. 2–3 Monate, regelmäßig essen.

Hirsemüsli, morgens mit Rosinen und Zimt, Nüssen sowie wärmenden Früchten

Funktionskreis Milz/Pankreas – Magen

»Meer der Nahrung und Flüssigkeiten«

Der Funktionskreis Magen wird in der TCM allgemein als ein sehr bedeutendes Fu-Organ angesehen. Seine Aufgaben und Funktionen sind eng mit denen der Milz verbunden. Die wichtigste Aufgabe des Magens ist die Aufnahme der Nahrung und deren Weiterverteilung über die Milz. Der Allgemeinzustand des Menschen ist stark von der Konstitution des Magens abhängig. Unter den traditionellen chinesischen Ärzten wurden oftmals Prognose und Verlauf einer Erkrankung am Energiezustand des Magens gemessen. War der Magen mit genug Qi ausgerüstet, so versprach dies einen kurzen Krankheitsverlauf und eine schnelle Genesung. Bei schwacher Magenenergie war die Prognose ungünstig, da von ihm die Nachbildung des Qi und auch die Wirkung von Heilpflanzen und Akupunktur abhängig war. Aufgabe des Magens ist es, die aufgenommenen Speisen zu zerkleinern und zu verdauen. Nach chinesischer Vorstellung wird die Nahrung durch den Magen in reine und unreine Bestandteile unterteilt. Die reinen, klaren Bestandteile werden zur Milz weitergeleitet, die unreinen, trüben Nahrungsanteile über die Därme ausgeschieden. Die Weiterverteilung der reinen Nahrungsessenz (Gu Qi) erfolgt unter Einwirkung der Milz und der Lunge. Der Magen gilt als Ursprung der nachgebildeten Körpersäfte (Jin-Ye) und damit des nachgebildeten Yin, welches unter Mitwirkung des Nieren-Yin im Körper entsteht.

Schädigend auf den Magen wirken besonders Trockenheit und Hitze. Beispiele hierfür sind Speisen mit zu viel Yang-Charakter, wie scharfe Gewürze, Kaffee, hochprozentiger Alkohol oder wärmende Kochmethoden, wie gegrillte oder scharf angebratene Nahrungsmittel. Starke Emotionen wie Wut, Frustration und Groll können ebenfalls Hitze erzeugen und den Magen attackieren. Voraussetzung

für einen »guten« Magen ist die Ernährung. Hierbei sind folgende Einflüsse zu berücksichtigen: eine gute Qualität der Nahrung, regelmäßiges Essen (3–5 Mahlzeiten täglich), ausgiebiges Frühstück, warmes Essen mindestens einmal am Tag, nicht zu viel, nicht zu wenig essen, nicht zu spät am Abend essen, kein hastiges Essen unter Zeitdruck, gut kauen (10- bis 15-mal).
Auftretende Magenstörungen sind zum Teil eng verbunden mit Milz-Disharmoniemustern und werden entsprechend kombiniert behandelt.

Allgemeine Ursachen zur Störung der Magenfunktion

Äußere pathogene Kälte, Hitze, Trockenheit, Übermaß an energetisch zu heißen oder zu kalten Nahrungsmitteln und unregelmäßige Ernährungsgewohnheiten sind die Hauptursachen für Funktionsstörungen des Magens.
Während die Milz dafür sorgt, dass die reine Nahrungsessenz (Gu Qi) in den Oberen Erwärmer transportiert wird, besteht die Aufgabe des Magens in dem Transport unreiner Bestandteile nach unten in die Därme. Ist diese Funktion gestört, kommt es zum Erbrechen, in der TCM als rebellierendes Qi bezeichnet. Der Magen ist nicht mehr in der Lage, das Qi abzusenken. Als Folge davon steigt es pathologisch nach oben.

Beispiel
Ein gutes Beispiel für ein Übermaß »äußerer pathogener Kälte« sind Kinder, die während der Sommerzeit mit Vorliebe Eiscreme essen, kalte Getränke zu sich nehmen und mitunter während eines Schwimmbadaufenthaltes längere Zeit im kalten Wasser bleiben oder mit nasser Badekleidung umherlaufen. Hierbei kann gerade das empfindliche Magen-Qi der Kinder zu stark abgekühlt und blockiert werden. Bauchdrücken und Appetitlosigkeit sind die Folge. Dringt diese Kälte tiefer in den Körper ein, kann es zu einem Magen-Yang-Mangel mit den Symptomen Übelkeit, Erbrechen und Diarrhö kommen.

Tipp Ingwer oder Gewürztee, Fencheltee.

Akupunktur oder bei Kindern Akupressur, ggf. Moxa.

激 • Pe6! • Ma36 • Ren12

Nahrungsmittel, die die Funktion des Magens beeinträchigen:	
Kalte Nahrungsmittel Rohkost, Salat, Früchte, kalte Getränke, Eiscreme	Abkühlung von Magen und Milz
Heiße Nahrungsmittel Scharfe Gewürze wie Pfeffer, Curry, Knoblauch oder Ingwer	Schädigung des Magens, Entstehung von Magen-Hitze
Yang-Produkte Lammfleisch und Alkohol	Schädigung des Magens, Entstehung von Magen-Hitze
Zucker und Süßigkeiten	Feuchtigkeit und Schleim, der die Milzfunktion schwächt, Schädigung des Magens durch Hitze
Fettige Nahrungsmittel	Feuchtigkeit und Schleim

- **Ungünstige Ernährungsgewohnheiten:** Zu schnelles und zu hastiges Essen, schlechtes oder fehlendes Frühstück (Anmerkung: Die beste Zeit, um das Magen-Qi aufzubauen liegt morgens zwischen 7.00 Uhr und 9.00 Uhr). Unregelmäßiges Essen, Diskutieren während des Essens. Geschäftsessen mit anstrengenden Gesprächen. Zu spätes Essen am Abend oder in der Nacht (der Schwächezeit des Magens).
Wird der Magen in seiner Schwächezeit mit Nahrung überschüttet, vermag er sie nicht zu verarbeiten und weiterzutransportieren. Es kommt zu einem »Nahrungsstau im Magen« mit Völlegefühl und Schlafstörungen. Das Magen-Qi wird geschwächt. Dauert dieser Zustand über längere Zeit an, führt dies zu einer Schwächung des Magen-Yin. Ein häufig daraus resultierendes Problem ist die Adipositas. Häufig wechselnde Diäten mit einseitigen Ernährungsempfehlungen und Fasten schwächen den Magen und die Milz und führen zu einem Magen-Qi-Mangel, später zu einem Milz-Qi-Mangel und können insgesamt das Qi und Yang des Körpers reduzieren. Wichtig ist es gerade in Belastungsphasen auf eine gute und regelmäßige Ernährung zu achten.

- **Emotionale Einflüsse:** Emotionale Störungen wirken sich auf die reibungslose Funktion des Magens deutlich aus. Insbesondere Ärger und Sorgen schlagen dabei sprichwörtlich auf den Magen. Ein chinesisches Sprichwort sagt, nach einem Streit sollte man zunächst nicht essen, damit sich das Qi erst einmal beruhigen kann. Heißhungerattacken und so genanntes Frustessen können Symptome sein. Neben dieser aufschießenden Yang-Symptomatik, die zu einem Frustessen führt, können Qi-Stagnationen durch angespannte Emotionen den Qi-Fluss in Magen, Milz aber auch Lunge blockieren. Daraus resultiert häufig ein Aufstau der Nahrung, die nur unzureichend weiterverarbeitet werden kann und somit dem Körper nicht genügend Qi zuführt. Oftmals werden Nahrungsreste halb verdaut ausgeschieden und die mögliche Energie der Nahrungsmittel wenig ausgewertet, sodass Magen und Milz mit neugewonnenem Qi nur unzureichend versorgt und bei längerem Bestehen der emotionalen Stauung geschwächt werden. Weitere Faktoren sind körperliche und geistige Überanstrengung, konstitutionelle Schwäche, aber auch falsche Behandlungsstrategien oder Medikamente.

Magen-Syndrome und Chinesische Diätetik

Magen-Qi-Mangel
Magen-Yin-Mangel
Magen-Qi-Mangel mit Kälte
Nahrungsretention im Magen
Magen-Feuer

■ Magen-Qi-Mangel (Wei Qi Xu)

Dieses Syndrom ist dem Milz-Qi-Mangel sehr ähnlich.
Die maximale Aktivitätszeit des Magens ist morgens zwischen 7.00 Uhr und 9.00 Uhr. Hier sollte aus chinesischer Sicht der Hauptanteil unserer täglichen Nahrung liegen, um die nötige Energie für den Tag daraus zu bilden. Ist das Magen-Qi leer, erschöpft sich auch das Milz-Qi mit der Folge von Appetitmangel, Müdigkeit, allgemeiner Schwäche.

Westliche Diagnosen:
Appetitlosigkeit, Diarrhö, Übelkeit, Appetitlosigkeit bei Kindern, Schwäche in der Rekonvaleszenz, Rektumprolaps.

Symptome: Morgenmüdigkeit, Appetitlosigkeit (besonders bei Kindern), Oberbauchbeschwerden, breiiger Stuhlgang.
Zunge: blass, schlaff, ggf. aufgedunsen.
Puls: leer.

Ursachen

Ernährung: häufigste Ursache für einen Magen-Qi-Mangel ist eine unzureichende oder falsche Ernährung. Zum Beispiel durch unregelmäßiges, zu viel und zu fettes Essen oder durch einseitige Diäten.

Allgemein: chronische Erkrankungen.

Therapie

Stärken des Magen- und des Milz-Qi

激 • Ma36 • Ren12 • Bl21 • MP2 • Bl20 • Moxa

Zu empfehlen:

Energetisches Temperaturverhalten	warm, neutral
Geschmack	süß-warm, süß-neutral
Kochmethode	wärmend

Siehe: Milz-Qi- und Milz-Yang-Mangel, Seite 73.

Der Magen-Qi-Mangel wird von der Ernährungstherapie grundsätzlich wie ein Milz-Qi- oder Milz-Yang-Mangel behandelt. Bei den diätetischen Maßnahmen sollte lediglich darauf geachtet werden, dass der Magen durch die Ernährung genügend befeuchtet wird. Um dies zu erreichen, müssen ggf. mehr neutrale oder leicht kühlende Nahrungsmittel mit einbezogen werden. Da der Magen im Gegensatz zur Milz die Feuchtigkeit liebt und Trockenheit verabscheut, sollten, im Gegensatz zu einem Milz-Yang-Mangel, bei einem Magen-Qi-Mangel weniger heiße und trockene Nahrungsmittel verwandt werden. Neben den diätetischen Maßnahmen sind gute Ess- und Ernährungsgewohnheiten ein wichtiger Schritt zu einer dauerhaften Stabilisierung des Magens.

Kommentar/Prognose: Für den allgemeinen Qi-Aufbau und Qi-Erhalt im Körper ist ein gut funktionierender Magen und eine »starke« Milz von großer Bedeutung. Neben den entsprechenden Nahrungsmitteln sind gute Ernährungsgewohnheiten und das Essverhalten wichtig. Diese sollten nach einer Umstellung grundsätzlich beibehalten werden. Innerhalb von Tagen und Wochen wird der Patient eine spürbare Veränderung erfahren. Ohne großen Aufwand können hierbei mitunter über Jahre bestehende Funktionsstörungen wie Druckgefühl im Epigastrium, Übelkeit und Appetitlosigkeit dauerhaft beseitigt werden. Im Sinne eines guten Energiehaushaltes mit genügender Abwehrkraft und Vitalität wäre es wünschenswert, Magen und Milz und somit dem Mittleren Erwärmer in der allgemeinen Lebensweise wohlwollende Beachtung zu schenken.

■ Magen-Yin-Mangel (Wei Yin Xu)

Der Magen-Yin-Mangel ist ein häufiges Syndrom, meist bedingt durch schlechte Ernährungsgewohnheiten, aber auch chronische Hitzeerkrankungen des Magens. Oftmals zeigen sich hier die Auswirkungen von langanhaltenden schädlichen Einflüssen.

Westliche Diagnosen:
chronische Gastritis, Magenatonie, chronische Übelkeit und Erbrechen, Ulcus ventriculi und duodeni.

Symptome: Appetitlosigkeit, Antriebslosigkeit, Nachmittagsfieber oder Hitzegefühl, Obstipation (trockene, harte Stühle), trockener Mund, Durst ohne Trinkbedürfnis, Trinken in kleinen Portionen, Völlegefühl nach dem Essen, geringe bis mäßige Schmerzen im Epigastrium, Zahnfleischbluten.

Zunge:	rot, trocken, ohne Belag, Belagaussparung im mittleren Feld.
Puls:	dünn, schnell.

Ursachen

Ernährung:	Hauptursache für den Magen-Yin-Mangel sind ungünstige Ernährungs- und Essgewohnheiten, wie spätes abendliches Essen, schnelles hektisches Essen, direkter Arbeitsbeginn nach dem Essen, chronische Hitze-Erkrankungen des Magens, chronischer Magen-Qi-Mangel.
Allgemein:	chronische Erkrankungen, Syndrome mit länger einwirkender Hitze und Feuchtigkeit auf die Milz.

Physiologisch entsteht ein Magen-Yin-Mangel durch den Alterungsprozess.

Pathogenese: Der Magen liebt Feuchtigkeit und gilt als eine Quelle des Yin. Ist der Magen geschwächt, entsteht Trockenheit im Körper (z. B. »heiße« Nahrung, Kaffee, scharfe Gewürze). Ein diagnostisches Zeichen für einen Magen-Yin-Mangel ist eine rote, belaglose Zunge, vor allem in der Mitte der Zunge, die das Magenareal repräsentiert. Ursache hierfür ist die fehlende Feuchtigkeit, die, durch eine normale Magenfunktion durch den Unteren Erwärmer angeheizt, Flüssigkeiten des Magens verdampfen lässt, in den Oberen Erwärmer aufsteigt und sich als Nebel und somit als feiner weißlicher Belag auf der Zunge niederschlägt. Diese physiologischen Zeichen einer guten Magenfunktion fehlen bei einer Yin-Schwäche, da keine Flüssigkeiten vorhanden sind, die verdampfen können.

Therapie

Nähren des Magen-Yin

激 • MP3 • MP6 • Ni3

Aufbau von Körperflüssigkeiten

激 • Ma36 • Ren12

Zu vermeiden:

Energetisches Temperaturverhalten	warme, heiße Nahrungsmittel
Geschmack	bitter-heiß, bitter-warm, scharf-heiß, scharf-warm
Getränke	hochprozentiger Alkohol, Kaffee, Rotwein, schwarzer Tee
Gewürze	scharfe Gewürze
Sonstiges	gegrillte Nahrungsmittel

Zu empfehlen:

Energetisches Temperaturverhalten	überwiegend neutrale und kühlende Nahrungsmittel, die erfrischend wirken und Säfte aufbauen, ggf. in Maßen auch leicht wärmende Nahrungsmittel
Kochmethode	kühlend, säfteaufbauende Garmethoden
Geschmack	süß-neutral, süß-kühl, süß-kalt
Fleisch	Huhn und Rindfleisch in Form von Suppen oder Eintöpfen, Schwein, Kaninchen, Gans

Früchte	Apfel, Birne, Banane, Mandarine, Honigmelone
Gemüse	Blumenkohl, Chinakohl, Gurke, Kresse, Rohkost, Salate, Schwarzwurzeln, Sellerie, gedünstete Tomaten, Zucchini, Aubergine, Kartoffeln
Getränke	Birnensaft, Brottrunk, Hagebuttentee, Maishaartee, Malventee, Malzbier, Milch, Sojamilch, roter Traubensaft, Weizenbier
Getreide	Dinkel, Gerste, Reis, süßer Reis, Weizen
Sonstiges	Milchprodukte, Butter, Ei, Käse, Sahne

Gemüseaufläufe aus dem Backofen eignen sich bei diesem Krankheitssyndrom besonders gut für den Wiederaufbau der Körpersäfte.

Kommentar/Prognose: Bei diesem Syndrom sollten in erster Linie die Ernährungsgewohnheiten verändert werden. In Kombination mit den geeigneten Nahrungsmitteln zeigt sich eine deutliche Besserung nach einigen Wochen bis Monaten. Der Patient verspürt subjektiv eine deutliche Besserung der Magenbeschwerden, aber auch eine allgemeine Kräftigung des Körpers und Zunahme der Vitalität. Die Beschwerden können bei entsprechender Lebensweise und Ernährung dauerhaft beseitigt werden. Bei einer wiederhergestellten guten Magenfunktion verschwinden oftmals auch Beschwerden, die mit einem Säfte-Mangel und Mangel an Körperflüssigkeiten verbunden waren. Insbesondere bei Frauen können gynäkologische Beschwerden, die in einem Blut-Mangel wurzeln, günstig beeinflusst werden. Bei älteren Menschen zeigt sich oft eine deutliche Besserung von langjährigen beschwerlichen Obstipationsproblemen.

Magen-Qi-Mangel mit Kälte (Wei Qi Xu Han)

Dieses Syndrom kann in der Praxis mit einer Yang-Schwäche der Milz vergesellschaftet sein. Mitunter ist auch die Nierenenergie geschädigt. Hauptursache sind auch hierfür häufig falsche Ernährungsgewohnheiten mit Überwiegen von Yin-Produkten.
Zwischen diesem Syndrom besteht eine enge Beziehung zu einem Milz-Yang-Mangel, dem Symptom von kalten Extremitäten, weichen Stühlen, Erbrechen klarer Flüssigkeiten. Die Leere- und Kältesituation im Magen bessert sich durch warme Speisen und Getränke, aber auch durch Wärmeeinwirkung und Massagen von außen, indem mit diesen Maßnahmen Yang zugeführt wird.

Westliche Diagnosen:
Appetitlosigkeit, rezidivierende Übelkeit mit Erbrechen, chronische Diarrhö, unangenehmes Gefühl im Epigastrium, Kältegefühl im Epigastrium.

Symptome: unangenehmes Druckgefühl im Epigastrium, das sich durch Wärme (Wärmflasche) oder Druck bessert. Verschlechterung des unangenehmen Gefühls oftmals nach dem Stuhlgang. Besserung der Beschwerden mit dem Essen. Appetitlosigkeit, Abscheu gegenüber kalten Getränken, Vorliebe für warme Getränke und warmes Essen, Erbrechen klarer Flüssigkeit, kein Durst, weiche Stühle, kalte Extremitäten mit Schweregefühl.

Ursachen

Ernährung: kalte Nahrungsmittel, chronisches Übermaß an Salaten, Rohkost, Obst, eisgekühlten Getränken, Eiscreme etc.

Allgemein: äußere pathogene Kälte (nasse Badekleidung), beispielsweise auch durch invasive Eingriffe im Abdomen.

Therapie

Wärmen von Magen und Milz

激 • Ren12 • Ren6 • Ma36 • Moxa • Pe6

Tonisierung der Niere

激 • Ni3 • Ni7 • Bl23 • Moxa

Zu vermeiden:

Energetisches Temperaturverhalten	kühle, insbesondere kalte Nahrungsmittel.
Kochmethoden	kühlend
Geschmack	keine besonderen Hinweise

Zu empfehlen:

Energetisches Temperaturverhalten	warme, heiße Nahrungsmittel
Kochmethode	wärmend
Geschmack	süß-heiß, süß-warm, bitter-warm, bitter-heiß
Nahrungsmittel	Hierbei können alle Nahrungsmittel berücksichtigt werden, die den Mittleren Erwärmer stärken (s. S. 73, Milz-Qi- und Milz-Yang-Mangel)

Regelmäßig morgens 1 Tasse Ingwertee.

Kommentar/Prognose: Unter Berücksichtigung der diätetischen Empfehlungen lassen sich bei diesem Syndrom oftmals schon nach wenigen Tagen bis Wochen deutliche Erfolge erzielen. In Kombination mit Akupunktur und Moxibustion kann dieses Syndrom gut therapiert werden. Unter Beibehaltung der Ernährungsempfehlungen kann eine dauerhafte Stabilisierung des Magens erreicht werden.

Nahrungsretention im Magen (Shi Zhi Wei Wan)

Ein Syndrom, das sich häufig durch übermäßige Nahrungsaufnahme zu einem falschen Zeitpunkt zeigt, insbesondere ausgiebiges Abendessen und »Feiertagsschlemmerei«.

Westliche Diagnosen:
Verdauungsstörungen, Schlafstörungen, Meteorismus, Übelkeit, Kopfschmerzen.

Symptome: Durch die Nahrungsretention wird das Qi des Magens in seiner absenkenden Funktion behindert. Es kommt zu einem pathologischen Aufsteigen mit den Symptomen: Völlegefühle im Epigastrium, welches durch Erbrechen erleichtert wird, Übelkeit, Erbrechen, Aufstoßen, saurer Reflux, schlechter Mundgeruch, Appetitlosigkeit.
Besteht dieses Syndrom länger, kann auch das Herz-Qi im Absinken behindert werden. Es kommt zu nächtlicher Unruhe mit Schlafstörungen.
Dieses Fülle-Muster kann in Form von Kälte oder Hitze erscheinen. Differenzialdiagnostisch wird hier der Zungenbelag herangezogen: weiß – Kälte, gelb – Hitze.

Ursachen

Ernährung: am häufigsten verursacht durch Überessen, durch zu hastiges oder schnelles Essen, Essen unter psychischen und emotionalen Belastungen.

Therapie

Beseitigung der Nahrungsretention

激 • Ma36 • Le3 • MP4

Herabführen des Magen-Qi

激 • Ren10 • Pe6 • Ren13

Angemessenes Essverhalten unter physiologischen Bedingungen.

- Verdauungsliköre: Anis, Kümmelschnaps, Kräuterliköre.
- Sonstiges: Gerste, Hirse, Ingwer, Koriander, Fenchel, Karotte, Essig, Weißkohl.

■ Magen-Feuer (auch Schleim-Feuer) (Wei Re/Wei Tan Re)

Bei diesem Fülle-Hitze-Syndrom des Magens werden die Säfte ausgetrocknet. Dies führt zu starkem Durst, Obstipation und trockener Zunge. Die daraus resultierende absteigende Hitze in der Magen-Leitbahn verursacht Zahnfleischschwellung und Zahnfleischbluten. Ebenso wird durch die Fülle das Magen-Qi am Absinken gehindert. Es entsteht ein saurer Reflux. In Extremsituationen kann das Feuer des Magens in Verbindung mit Schleim den Shen beeinträchtigen. Es kann zu Schlafstörungen und psychischen Symptomen kommen. Bei lang einwirkender extremer Hitze kann die Substanz des Magens geschädigt werden (Schädigung des Yin, Frustration).

Westliche Diagnosen:
Gastritis, Ulcus ventriculi und Ulcus duodeni, Stomatitis, Nasenbluten.

Symptome: Brennen und Schmerzen im Epigastrium, Durst, Verlangen nach kalten Getränken, übermäßiger Appetit, Heißhunger, Zahnfleischbluten, saurer Reflux, Schwellung des Zahnfleisches, Erbrechen nach dem Essen, Nausea, Mundgeruch, Verstopfung.

Zunge: rötlich, dicker, gelber, mitunter trockener Belag. Bei Hitze-Schleim: dicker, gelber, klebriger Belag.

Puls: voll, tief, schnell: bei Hitzeschleim: schlüpfrig, schnell, voll.

Ursachen

Ernährung: übermäßiger Verzehr von heißen Nahrungsmitteln und wärmenden Zubereitungsmethoden, insbesondere scharfe Gewürze, Kaffee und Rauchen. Bei Hitze-Schleim: Übermaß an heißen und fetten Nahrungsmitteln, beispielsweise frittierte Speisen.

Allgemein: übermäßige hitzige Emotionen, Wut, Ärger, zu viel Grübeln.

Therapie

Kühlen und Beseitigen der Magen-Hitze

激 • Ma44 • Ma45 • Ren12

Herabführen des Magen-Qi

激 • Pe6 • Ren10 • Ren13

Zu vermeiden:

Energetisches Temperaturverhalten	heiße und warme Nahrungsmittel
Kochmethode	wärmend
Geschmack	bitter-heiß, bitter-warm, scharf-heiß, scharf-warm, süß-heiß, süß-warm
Fleisch	Lammfleisch
Getränke	hochprozentiger Alkohol, Kaffee, Rotwein
Gewürze	Chili, Curry, Ingwer, Knoblauch, Pfeffer
Sonstiges	Rauchen, fettige Nahrungsmittel, stark gewürzte Speisen

Zu empfehlen:

Energetisches Temperaturverhalten	kühle, kalte Nahrungsmittel
Geschmack	süß-kalt, süß-kühl, bitter-kalt, bitter-kühl, sauer-kalt, sauer-kühl
Kochmethode	kühlend
Bei Magen-Feuer:	
Früchte	Birne, Rhabarber, Wassermelone, Banane, Honigmelone, Kiwi
Gemüse	Gurke, Mungbohnen, Sprossen, Tomaten, Erbsen, Spinat, Bambussprossen, Chinakohl
Getränke	Kamillentee, grüner Tee, schwarzer Tee, Weizenbier
Milchprodukte	Joghurt
Sojaprodukte	Tofu, Weizen, Löwenzahn

Da Kamillentee eine kühle Energie hat, empfiehlt er sich nur bei Magen-Feuer und ist bei Kälte-Syndromen des Magens kontraindiziert.

Bei Schleimsymptomatik: keine schleimenden Nahrungsmittel.

Kommentar/Prognose: Dieses Syndrom lässt sich diätetisch sehr gut durch Umstellung der Nahrungsmittel und der Essgewohnheiten innerhalb von wenigen Tagen und Wochen erfolgreich behandeln und kann ausgezeichnet mit Akupunktur unterstützt werden. Im weiteren Verlauf sollten die emotionalen Einflüsse, die eine Magen-Hitze verursachen können, nicht unterschätzt werden. Vielfach ist ein hitziges Gespräch, Streit und Sorgen am Arbeitsplatz oder in der Partnerschaft weit mehr schädigend, als der Einfluss von Kaffee oder anderen Nahrungsmitteln mit Yang-Charakter. Aus Sicht der TCM spielen die emotionalen Beeinträchtigungen häufig eine weitaus größere Rolle als aus der Sicht der westlichen Medizin!

Funktionskreis:
• Lunge – Dickdarm
• Element Metall

Zang-Organ: Lunge (Fei)

Charakter: »Außen- und Verteidigungsminister«
Kontrolliert die Körperoberfläche, steht in direktem Kontakt zur Umwelt, verantwortlich für die Immunabwehr und einen großen Teil der Ausscheidungen

Funktion in der TCM:
- Dominiert das Qi und kontrolliert die Atmung.
- Funktion des Verteilens und Herabführens.
- Reguliert die Wasserwege.
- Beherbergt die Körperseele (Po).
- Kontrolliert das Körpergewebe mit Haut-Schweißdrüsen, Poren und Körperbehaarung.
- Öffnet sich in der Nase.

In den fünf Wandlungsphasen:
- Emotion: Trauer
- Klimafaktor: Trockenheit
- Jahreszeit: Herbst
- Himmelsrichtung: Westen
- Farbe: weiß, silber
- Geschmack: scharf
- Tageszeit: 03.00 – 05.00 Uhr

Fu-Organ: Dickdarm (Da Chang)

Funktion: Empfängt die flüssigen und festen Bestandteile des »Trüben« und scheidet sie als Stuhlgang aus.
Das absteigende Lungen-Qi unterstützt den Dickdarm bei der Defäkation.

Funktionskreis Lunge – Dickdarm

- **Herrscht über das Qi und die Atmung**
  Eine der wichtigsten Aufgaben der Lunge ist, über die Atmung neues Atmungs-Qi (Zong Qi) zu gewinnen, das sie im weiteren Verlauf mit dem Nahrungs-Qi (Gu Qi) der Milz verbindet. Dieses vereinigt sich mit dem Nieren-Qi (Jing) zum sogenannten »Wahren Qi« (Zheng Qi). Das »Wahre Qi« zirkuliert durch die Kraft der Lunge in den Meridianen, wird über den ganzen Körper verteilt und nährt die Organe. Somit ist die Lunge neben der Milz in entscheidendem Maße für das regenerative Qi im Körper verantwortlich.

  Das »Wahre Qi« unterteilt sich in zwei verschiedene Formen: Nähr-Qi (Ying Qi) und Abwehr-Qi (Wei Qi). Die Abwehrenergie dient zum Schutz vor äußeren pathogenen Angriffen wie Kälte, Hitze, etc. und bildet sich hauptsächlich aus dem Lungen-Qi. Genügend frei zirkulierendes Lungen-Qi ist aus Sicht der TCM die Grundlage für eine gute Abwehrkraft.
- **Reguliert die Wasserwege und das Verteilen und Herabführen**
  Eine weitere wichtige Funktion der Lunge ist das Verteilen und Herabführen des Qi sowie die Regulation der Körperflüssigkeiten. Verteilungsstörungen des Lungen-Qi führen zu Husten, Druck und Beklemmungsgefühl im Thorax. Die Körperflüssigkeiten stehen in Zusammenhang mit der Magenfunktion, aus der die Flüssigkeiten gewonnen werden, um anschließend durch den Funktionskreis Lunge im Körper verteilt zu werden und ihn zu befeuchten.

Symptome: Flüssigkeitsansammlung, Ödem, Lidödem aber auch Trockenheit.

- **Kontrolliert die Haut**
  Trockenheit und Verunreinigungen der Haut, oft hervorgerufen durch innere Hitze, feuchte Hitze und Mangel an Körperflüssigkeiten sind eine Domäne der Ernährungstherapie.

Diätetik und Funktionskreis

Die Ernährungstherapie eignet sich ausgezeichnet sowohl präventiv zur Tonisierung des Lungen-Qi als auch zur Behandlung akuter und chronischer Störungen des Funktionskreises Lunge.

- Tonisierung des Lungen-Qi, für eine allgemein gute Versorgung des Qi,
- Kräftigung des Abwehr-Qi.
- In der akuten Phase von Erkältungskrankheiten, aber auch unterstützend bei chronischen Erkrankungen, z.B. Asthma in Kombination mit weiteren Therapien wie Akupunktur und Heilkräuter.
- Bei Trockenheitssymptomen von Haut und Schleimhäuten durch kühle und befeuchtende Nahrungsmittel.
- Bei Schleimerkrankungen im Respirationstrakt wie Bronchitis, Sinusitis, durch die Stärkung der Funktionskreise Lunge und Milz. Dies gilt besonders für chronifizierte Schleimerkrankungen, um weitere Schleimproduktion zu verhindern, aber auch um Schleim zu transformieren.
- Trauer als emotionaler Faktor für Lungenstörungen ist über den scharfen Geschmack mit seiner zerstreuenden Wirkung der Diätetik zugänglich.

Lungen-Syndrome und Chinesische Diätetik

Lungen-Qi-Mangel
Schleim behindert die Lunge
Lungen-Yin-Mangel

Lungen-Qi-Mangel (Fei Qi Xu)

Die Lunge gilt in der chinesischen Medizin als »zartes« Organ, sie hat als einziges Yin-Organ über den Respirationstrakt gewissermaßen eine Körperöffnung nach außen hin und steht mit den bioklimatischen Faktoren direkt in Verbindung. Die Anfälligkeit der Lunge gegenüber äußeren bioklimatischen Faktoren wie Wind-Hitze, Wind-Kälte etc., hängt maßgeblich von der Stärke des Wei Qi ab, welches von der Lunge kontrolliert und verteilt wird. Das Wei Qi bildet die Barriere gegen äußere bioklimatische Faktoren. Ist das Wei Qi stark genug, können diese Witterungseinflüsse den Lungenkreislauf nicht schädigen. Ein häufig in der Praxis zu findendes Syndrom ist der Lungen-Qi-Mangel.

Symptome: Kurzatmigkeit, leise Stimme, blasser Teint , Frieren, leichte Infektanfälligkeit, rezidivierende respiratorische Infekte wie Schnupfen, grippaler Infekt, Angina, Bronchitis, Asthma, Lungenentzündung, leichte Erschöpfung.

Ursachen

Allgemein: neben den äußeren bioklimatischen Faktoren, insbesondere Wind-Kälte, Wind-Hitze, kann auch eine vererbte Konstitution einen Lungen-Qi-Mangel bewirken. Schädlichen Einfluss auf das Lungen-Qi hat das Rauchen, aber auch lang anhaltende Trauer oder unverarbeitete Trauer. Ebenso schwächend auf das Lungen-Qi wirkt sich langes Sitzen mit gebeugtem Oberkörper und verschlossener Schulterhaltung aus, da hierdurch der Leitbahnfluss der Lunge blockiert wird. Günstig wirken sich regelmäßiges Recken und Strecken oder regelmäßige Qi-Gong-Übungen, die den Lungen-Qi-Fluss anregen, zur Unterbrechung langer Sitztätigkeiten aus. Diese Übungen wirken auch erfrischend auf den ermüdeten Geist.

Ernährung: zu viel kalte und kühle Nahrungsmittel, Yin-Produkte.

Therapie

Stärkung des Lungen-Qi

激 • Lu9 • Bl13 • Bl12 • Ren6

Anregung der Qi-Zirkulation

激 • Lu7

Da die Lunge im Fütterungskreislauf (Sheng-Zyklus) gewissermaßen ein Kind des Erdelementes und somit von Milz und Magen ist, ist es von Vorteil, bei jeglicher Lungendisharmonie Milz und Magen zu stärken, um das Kind zu füttern.

Zu empfehlen: alle Ernährungsempfehlungen, die den Mittleren Erwärmer tonisieren, Nahrungsmittel zur Behandlung eines Lungen-Qi-Mangels.

Geschmack	pikant-warm, ggf. leicht pikant-heiß, ebenso süß-warm zur Tonisierung von Milz und Magen
Fisch	Thunfisch, Karpfen
Fleisch	Ente, Wachteln
Früchte	Pfirsiche, Weintrauben
Gemüse	Blumenkohl, Kohlrabi, Möhren, Oliven, Zwiebeln
Getreide	Hafer, Hirse, Gerstenmalz, Reis (diesen vor der Zubereitung anrösten)
Gewürze	Ingwer, Knoblauch, Pilze, Thymian
Nüsse und Samen	Erdnüsse
Sonstiges	Alkohol, hochprozentig

Die während der kalten Herbst- und Wintermonate häufig auftretenden Erkältungskrankheiten wie z. B. Grippe und Bronchitis können durch eine rechtzeitige Stärkung des Lungen-Qi mit frühzeitigem Beginn einer wärmenden Ernährungsweise mit bevorzugt pikant-warmem Geschmack und einer tonisierend wärmenden Ernährung für den Mittleren Erwärmer erfolgreich verhindert werden. Unterstützt durch genügend Bewegung oder Bewegungsübungen an der frischen Luft lässt sich das Problem der rezidivierenden Erkältungskrankheiten und der Einsatz von Antibiotika effektiv eindämmen. Dies gilt insbesondere für Kinder, die dadurch weniger mit Antibiotika belastet werden müssen.

Täglich morgens Ingwertee, vermehrt scharf würzen

Schleim – Feuchtigkeit behindert die Lunge (Tan Shi Zu Fei)

Dieses Syndrom kann in der TCM in weitere Lungen-Schleim-Syndrome differenziert werden:
Nässe-Schleim behindert die Lunge, Schleim-Hitze belegt die Lunge, Schleimflüssigkeiten belegen die Lunge.
Das in der Praxis häufig vorkommende Syndrom von Schleim, Schleim-Kälte oder Schleim-Hitze belegt die Lunge, ist oft die Weiterentwicklung eines grippalen Infektes in den Zustand einer Bronchitis. Ursachen hierfür sind zum einen ein Wei-Qi- und Lungen-Qi-Mangel. Des Weiteren resultiert die Produktion von Schleim immer auf dem Boden einer geschwächten Milz, die zum anderen die Flüssigkeiten ungenügend umwandelt und weitertransportiert und somit eine Schleimbildung begünstigt. Diese Flüssigkeiten stauen sich an, werden in Schleim transformiert und in der Folge des Fütterungs-Zyklus vom »Mutterelement« Erde/Milz weiter an das »Kindelement« Metall/Lunge weitergegeben. Die energetische Schwäche der Milz wirkt sich im Fütterungs-Zyklus (Sheng-Zyklus) schwächend auf den Lungenfunktionskreis aus. Der von der Milz produzierte Schleim wird in der Lunge gespeichert. Neben der Bronchitis – sowohl die akut eitrige, als auch die chronische Bronchitis –, werden in der Traditionellen Chinesischen Medizin auch verschleimte Nebenhöhlen und Kieferhöhlen mit zu diesem Syndromenkomplex hinzugezogen. Insgesamt findet sich hierin der Oberbegriff für Erkrankungen eines verschleimten Respirationstraktes.
Relativ leicht mit Ernährungstherapie zu behandeln sind akute Schleimerkrankungen. Bei konsequentem Einsatz der diätetischen Empfehlungen ist sie aber auch bei rezidivierenden und chronischen Verschleimungserkrankungen im Respirationstrakt erfolgreich. Vielfach reicht hier in der Praxis eine alleinige Akupunkturbehandlung nicht aus.

In der chinesischen Pathophysiologie wird zwischen kaltem und heißem Schleimsyndrom differenziert.

Kalter Schleim ist leicht abzuhusten, von weißlicher, durchsichtiger Farbe, meist dünner Konsistenz und zeigt ein Kälte-Fülle-Erkrankungsmuster.
Heißer Schleim ist je nach Erkrankungsbild und Einwirkung der pathogenen Faktoren schwerer abzuhusten, zäh, gelblich bis grünlich, ggf. auch blutig gefärbt und kann übel bis faulig riechen. Hier zeigt sich im Erscheinungsbild deutlich ein Hitze-Fülle-Muster. Nach der Differenzierung dieser beiden Schleim-Muster ergeben sich unterschiedliche Behandlungsstrategien.

Kalter Schleim verlangt nach wärmenden Therapiemethoden, z.B. tonisierende Akupunktur, wärmenden yangisierenden Nahrungsmitteln oder Heilkräutern.
Heißer Schleim erfordert hingegen eine kühlende, sedierende Behandlung in der Akupunktur, kühlende Heilkräuter und kühlende Nahrungsmittel. Allerdings sollte auch bei Schleim-Hitze-Erkrankungen nur gezielt mit kühlenden Nahrungsmitteln therapiert werden, damit das schwache Milz-Qi oder auch die Lunge nicht weiter geschwächt werden (s.S. 67, Feuchtigkeits- und Schleimerkrankungen).

Husten mit Sputum, ggf. Dyspnoe, Asthma, Engegefühl des Thorax, Kopfschmerzen.

Ursachen

Neben den bereits besprochenen Faktoren für einen Lungen-Qi-Mangel (siehe Syndrom Lungen-Qi-Mangel und Mangel des Wei Qi) sind im Hinblick auf eine Verschleimung der Lunge alle schädlichen Einflüsse, die zu einer Schwächung von Milz und Magen führen können, mit zu beachten.

Therapie

Lösen des Schleims

激 • Ma40 • Lu5 • Ren22

Stärkung von Milz und Lunge

激 • MP3 • Bl20 • Bl21 • Ma36 • Lu9 • Bl13 • Lu7

Zu vermeiden: Nahrungsmittel, die die Flüssigkeits- und Schleimproduktion unterstützen, wie z. B. Milchprodukte, zu fette, zu süße und zu scharfe Speisen, Alkohol, Bananen, Junk-Food.

Zu empfehlen: Nahrungsmittel, die das Milz-Qi und das Lungen-Qi aufbauen:

Geschmack	süß-neutral, süß-warm (Milz-Qi), bitter-kühl (trocknet), scharf-warm (Lungen-Qi)
Früchte	Birnen, Sternfrucht, Mandarinen
Gemüse	Rettich, Spargel, Wasserkastanien, Lotuswurzeln, Löwenzahn, Chinakohl
Getreide	Hirse, Reis, Roggen, Buchweizen
Gewürze	frischer Ingwer, Majoran, Pfeffer, Kardamom
Nüsse und Samen	Aprikosensamen, Mandeln, Walnusskerne

Nahrungsmittel bei Hitze-Schleim-Erkrankungen

Gemüse	Brunnenkresse, weißer Rettich, Sellerie.
Getränke	Pfefferminztee, Zitrone
Gewürze	weniger scharf
Sonstiges:	Sojabohnen, Rotalge, Pampelmuse, Mandarine

Zitronensaft, grüner Tee, Birnensaft

Nahrungsmittel bei Kälte-Schleim-Erkrankungen

Getränke	Bitterliköre (wärmen den Organismus und trocknen Feuchtigkeit)
Gewürze	Knoblauch, Ingwer, Pfeffer, Zimt, Thymian, Kardamom
Sonstiges:	Kirsche, Hirse

Ingwertee

Nahrungsmittel bei Lungen-Hitze-Erkrankungen

Früchte	Apfel, Birne
Gemüse	Wirsing, Spargel, Rettich, Möhren, Löwenzahn, Tomaten, Pilze
Sonstiges:	grüner Tee, Pfefferminztee, Mungbohnen, Sojamilch, Salz, Algen

■ Lungen-Yin-Mangel (Fei Yin Xu)

Wenn lang anhaltende Hitze äußerer oder innerer Natur auf den Körper einwirkt, werden die Flüssigkeiten ausgetrocknet und das Yin der Lunge geschädigt. Weitere Ursachen können eine chronische Erkrankung anderer Organe oder lange bestehende Hitze-Schleim-Syndrome sein.

Westliche Diagnosen:
chronische Pharyngitis, Bronchiektasie, chronisch febrile Bronchitis, chronische Rhinitis, Sinusitis, chronischer Husten, TBC.

Symptome: durch die Schädigung der Körperflüssigkeiten tritt eine allgemeine Trockenheit auffällig in Erscheinung: trockener Husten, Mund- und Rachentrockenheit, Heiserkeit, Halsschmerzen, Nachtschweiß, subfebrile Temperaturen, vor allem am Nachmittag, Schlafstörungen mit Hitzewellen. Fünf heiße Stellen an Füßen, Händen und hinter dem Brustbein, raue Stimme, blasses Gesicht mit roten Wangen, ggf. rote Wangen am Spätnachmittag oder Abend.

Zunge: rot, trocken, rissig, wenig Belag. Je röter und rissiger die Zunge ist, desto ernster die Erkrankung.

Puls: schneller, oberflächlicher Puls, in dem das Yang auf der Oberfläche erscheint (leer).

Ursachen

Allgemein: Trockenheit, Mangel an Flüssigkeit, z. B. durch Yang-Hitze bei Überaktivität verursacht, Verbrauch des Yin, Rauchen.

Ernährung: zu viel an warm-bitterer Nahrung, z. B. Übermaß an Kaffee, an scharf-heißen oder scharf-warmen Nahrungsmitteln, die die Körperflüssigkeiten austrocknen, Übermaß an hochprozentigem Alkohol. Eine weitere Ursache ist ein Mangel des Magen-Yin, oft verursacht durch unregelmäßiges Essen, spät abendliches Essen oder gehetztes Essen.

Ältere Patienten leiden durch ein Defizit an Körperflüssigkeiten häufig an einem Lungen-Yin-Mangel.

Therapie

Stärkung des Lungen-Yin

激 • Lu9 • Bl13 • Ni6

Beseitigung der Hitze

激 • Lu5 • Lu6 • Lu10

Aufbau der Körperflüssigkeiten

激 • Ni6 • Ren12 • MP6

Zu vermeiden: alle wärmenden Speisen und Kochmethoden, die die Körpersäfte weiter austrocknen und Hitze im Körper erzeugen können. Der scharf-heiße, scharf-warme, sowie der bitter-heiße und bitter-warme Geschmack, Nahrungsmittel mit heißem Temperaturverhalten.

Zu empfehlen:
Nahrungsmittel mit leicht kühlendem und neutralem Temperaturverhalten.

Nahrungsmittel die befeuchten

Kochmethode	kühlend
Geschmack	süß, süß-neutral, süß-kühl.
Früchte	Banane (mit Honig), Birne, Mandarine, Honigmelone
Getränke	Hühnerbrühe, Mandelmilch, Kuhmilch
Nüsse und Samen	Erdnüsse, Mandeln, Sonnenblumenkerne, Sesam
Sonstiges	Marzipan, Quark, Butter Honig

Milch mit Honig

Das »Milch-mit-Honig-Rezept« aus Urgroßmutters Zeiten findet durchaus seine Berechtigung bei einem Lungen-Yin-Mangel, besonders bei einem trockenen Husten. In der damaligen Zeit waren die häufigen Tuberkuloseerkrankungen ein Lungen-Yin-Mangel-Syndrom. Allerdings ist es bei sämtlichen Schleimerkrankungen wie Bronchitis, Sinusitis, grippaler Infekt kontraindiziert und wird leider häufig falsch angewandt.

Funktionskreis:
• Niere – Blase
• Element Wasser

Zang-Organ: Niere (Shen)

Charakter: »Die rechte Hand des Ministers« Wurzel des Lebens, Bewahrer der vorgeburtlichen Essenz Jing, Fundament von Yin und Yang, Sitz von »Feuer und Wasser« im ganzen Körper.

Funktion in der TCM:
- Speichert die Essenz, dominiert Entwicklung, Reproduktion und Altern.
- Regiert das Wasser.
- Empfängt das Qi.
- Regiert die Willenskraft (den Durchhaltewillen).

In den fünf Wandlungsphasen:
- Emotion: Angst
- Klimafaktor: Kälte
- Jahreszeit: Winter
- Himmelsrichtung: Norden
- Farbe: blau, schwarz
- Geschmack: salzig
- Tageszeit: 17.00 – 19.00 Uhr

Fu-Organ: Blase (Pang Guan)

Funktion:
Nimmt die »trüben« Flüssigkeiten aus Dünndarm und Niere auf und scheidet sie als Urin aus.
Hält die unteren Wasserwege frei und offen.
- Tageszeit: 15.00 – 17.00 Uhr

Funktionskreis Niere – Blase

- **»Die Niere ist die Wurzel von allem Yang und allem Yin im Körper«**
  Dieses klassische Zitat beschreibt treffend die übergreifende Bedeutung des Nierenfunktionskreises. Langanhaltende Störungen und chronische Erkrankungen bewirken letztlich seine Schwächung, was therapeutisch bedeutet, dass er bei allen chronischen Erkrankungen gestärkt werden sollte.

- **Speichert die Essenz, regiert Geburt, Entwicklung, Reproduktion und Altern.**
  Das Nieren-Yin ist die materielle Grundlage für die Entstehung und Reifung von Eizellen und Spermien. Das Nieren-Yang liefert die Energie für die sexuelle Aktivität. Nieren-Schwäche führt zu einer Vielzahl von Störungen wie Impotenz, Libido-Schwäche, Infertilität, Schwangerschaftsproblemen sowie weiteren sexuellen und urologischen Dysfunktionen.
  Im Funktionskreis Niere ist das vorgeburtliche Jing (Essenz) gespeichert. Dieses Jing kann aber nur bewahrt und nicht nachgebildet werden. Durch die tägliche Ernährung wird nachgeburtliches Jing gewonnen, welches das vorgeburtliche Jing ergänzt.

- **Regiert das Wasser**
  Die Niere kontrolliert die gesamte Produktion und Bewegung der Körperflüssigkeiten und ist über die Funktion der Blase auch für deren Ausscheidung zuständig.
  Trockenheit im Übermaß z.B. durch Hitzeeinfluss, schwächen die Körperflüssigkeiten und das Yin der Niere. Der salzige Ge-

schmack, der dem Funktionskreis Niere zugeordnet ist, kann über seine hygroskopischen Kräfte Körperflüssigkeiten aufbauen.

- **Regiert Ming Men – das »Lebensfeuer«**
  Kälte reduziert und blockiert das Yang der Niere und führt dauerhaft zu einer Blockierung sämtlicher Körperfunktionen. Ursächlich kann dies sowohl durch äußere witterungsbedingte Kälte als auch durch eine energetisch zu kalte Ernährung entstehen. Als »Lebensfeuer« wärmt das Nieren-Yang das gesamte Yang des Organismus. »Ming Men« – das Tor der Vitalität (Du Mai 4) – gilt als das Tor des Feuers, die Wurzel des Feuers aller inneren Organe. Bei einer chronische Yang-Schwäche ist die Kältesymptomatik neben Moxibustion, Akupunktur und Heilkräutern ausgezeichnet über die Ernährungstherapie zu behandeln.

Diätetik und Funktionskreis

- Generell entstehen im Funktionskreis Niere nur Mangel-Muster. Gute Ernährung hat einen protektiven Einfluss auf das Jing und auf die Nierenenergie. Für den Funktionskreis Niere sollten allgemein präventive diätetische Maßnahmen im Vordergrund stehen, um sowohl das Nieren-Yang als auch das Nieren-Yin dauerhaft zu unterstützen, damit es nicht aufgezehrt wird.
- Zwischen dem Yang der Nieren besteht eine enge Beziehung zum Milz-Yang und zum Lungen-Qi. Dies sollte bei diätetischen Maßnahmen berücksichtigt werden, indem alle drei Funktionskreise Niere, Milz und Lunge gestärkt werden.

Nieren-Syndrome und Chinesische Diätetik

Disharmoniemuster im Bereich des Nierenfunktionskreises sind gekennzeichnet durch Mangel- bzw. Leerezustände. Die wichtigsten Syndrome für eine diätetische Behandlung sind:

Nieren-Qi-Mangel
Nieren-Yang-Mangel
Nieren-Yin-Mangel

Allgemein zeichnet sich ein Mangel der Nieren-Energie in einer allgemeinen körperlichen Schwäche sowie Überanfälligkeit gegenüber äußeren und inneren Krankheiten aus. Mit den Nieren-Schwäche-Syndromen sind häufig sexuelle Störungen, urologische Erkrankungen sowie Erkrankungen des unteren Rückenbereiches und der Knochen verbunden.

Westliche Diagnostik:
allgemeine Schwäche, Kälteempfindlichkeit, Kräfteverlust, Inkontinenz, Enuresis, Impotenz, Ejaculatio praecox, Knieschmerzen, chronische Harnwegsinfekte, Nephritis, Frigidität, Depressionen, Angstzustände, Gelenkerkrankungen, rheumatoide Arthritis.

Pathogenese: Unabhängig von dem Syndrom der Nierenstörung sind die Faktoren, die zu einer Schwächung der Nieren-Energie führen, ähnlich. Lediglich im Schweregrad sowie in der Auswirkungsdauer zeichnen sie sich durch eine mehr oder weniger tiefe Störung und Pathologie des Funktionskreises aus. So ist beispielsweise ein Qi-Mangel eine noch leichte Störung des Funktionskreises, die bei längerem Anhalten und massiverer Schädigung in eine stärkere Schädigung mit einer Yang-Mangel-Symptomatik übergehen kann. Bei noch massiveren, schädlichen Einflüssen kann das Organsystem in seiner Struktur verletzt werden und zeigt sich symptomatisch

als Yin-Mangel. Neben diesem vereinfachten Stufenprinzip gibt es fließende Übergänge und Kombinationen mit anderen Organstörungen.
Häufigste Ursache für die Schwächung des Energiehaushaltes der Nieren ist die starke Beanspruchung des Organismus in unserer so genannten »zivilisierten Welt«. Sowohl auf geistiger wie auf körperlicher Ebene kommt es häufig durch Überanstrengung zunächst zu einem Nieren-Qi-, dann zu einem Nieren-Yang-Mangel und bei langanhaltender Überanstrengung unter Stressbedingungen letztendlich zu einem Nieren-Yin-Mangel. Überarbeiten unter Zeitdruck, gehetzte, unausgewogene und unzureichende Ernährung, zu geringe Entspannungs- und Erholungsphasen schwächen innerhalb von Wochen und Monaten die Nieren-Energie. Findet nach einer solch stetigen Erschöpfung kein Ausgleich statt, kommt es über die Jahre zu tiefgreifenden Störungen.
Weitere ungünstige Faktoren sind übermäßige sexuelle Aktivität, aber auch emotionale Einflüsse wie Angst oder ein plötzliches psychisches Schockereignis. Sie alle können die Nieren-Energie untergraben. Auch schwächt jede chronische Erkrankung, unabhängig von welchem Funktionskreislauf, ab einem bestimmten Zeitpunkt die Nieren-Energie, da die Niere die Wurzel des gesamten Yin und Yang im Körper ist. Physiologisch nimmt die Nieren-Energie mit zunehmendem Alter ab. Dieser Alterungsprozess verläuft schneller, wenn die Nieren-Energie unachtsam vergeudet wird.
Aus Sicht der Traditionellen Chinesischen Medizin wird die Qualität der Nierenkraft vom Gesundheitszustand der Eltern zum Zeitpunkt der Befruchtung für das neue Leben festgelegt. Bei schwacher Nieren-Energie der Eltern zum Zeitpunkt der Befruchtung resultiert hieraus eine konstitutionelle Schwäche für das neue Leben.

Nahrungsmittel zur allgemeinen Stärkung Funktionskreis Niere

Fisch	geräucherter Fisch, Austern, Hummer, Lachs, Shrimps, Thunfisch
Fleisch	Wildfleisch: Hirsch, Weintrauben, Wildschwein
Gemüse	Linsen
Getreide	Hafer, Hirse, Weizen, schwarze Sojabohnen
Gewürze	schwarzer Sesam
Nüsse und Samen	Walnüsse

Nieren-Qi-Mangel (Shen Qi Xu)

Dieses Syndrom ist ein milder Vorläufer des Nieren-Yang-Mangels.

Symptome: Müdigkeit, schnelle Erschöpfung, Antriebsmangel, Depressionen, bedrückte Stimmung, Ängste, Schwächegefühl mit Schmerzen in der Lumbalregion, Inkontinenz, Enuresis, Libido-Mangel, Frigidität, Ejaculatio praecox.

Therapie

Stärkung des Nieren-Qi

激 • Ni7 • Ni3 • Du4 • Ren4 + Moxa

Bewahrung des Jing

Um das Qi der Nieren aufzubauen, empfehlen sich die gleichen Nahrungsmittel wie bei einem Nieren-Yang-Mangel.

Nieren-Yang-Mangel (Shen Yang Xu)

Aus einem Qi-Mangel der Nieren entwickelt sich ein Nieren-Yang-Mangel.
Ein Mangel an Nieren-Yang zeigt sich typischerweise in der entsprechenden Kältesymptomatik. Da das Nieren-Yang die Wurzel aller Yang-Energien in unserem Körper ist, kommt es zu weitreichenden Kältesymptomen in den Zang-Fu-Organen mit Antriebslosigkeit und Schwächegefühl. Eine Störung der Verdauungsfunktion von Magen und Milz kann durch mangelnde Erwärmung (Symptome: Appetitlosigkeit, weiche Stühle) entstanden sein. Ist das Nieren-Yang schwach, kann die Essenz (Jing) nur ungenügend erwärmt werden und es kommt zu einer Schwächung der Sexualenergie.

Westliche Diagnosen:
urologische Störungen wie chronische Harnwegsinfekte, Nephritis, Prostatitis, Urethritis, sexuelle Störungen wie Frigidität, Impotenz, Ejaculatio praecox. Depressionen, Angstzustände, rezidivierende Lumbago, Ischialgie, degenerative Gelenkerkrankungen, rheumatoide Arthritis, Schwerhörigkeit, Tinnitus.

Symptome: allgemeine Kälteempfindlichkeit, Schwäche, Antriebslosigkeit, leichte Krankheitsanfälligkeit, Kälte- und Schwächegefühl im unteren Rücken sowie in den Knien, verbunden mit Kreuz- und Knieschmerzen. Gedrückte Stimmung, Depression, Zurückgezogenheit, Ängstlichkeit, häufiges Wasserlassen mit klarem Urin, Nykturie, Inkontinenz, Libidoverlust, Impotenz, Frigidität, Amenorrhö, Fertilitätsstörungen, Schwerhörigkeit, Schwindel, Tinnitus, morgendliche Diarrhö, Appetitlosigkeit, weiche Stühle.

Therapie

Stärkung der Nieren

激 • Ni7 • Du4 • Ren4 • Ren6 • Bl23 + Moxa

Stärkung des Ming Men (»Tor der Vitalität«)

激 • Du4 + Moxa

Für den Nieren-Qi-Mangel und den Nieren-Yang-Mangel gelten die gleichen Ernährungsempfehlungen.

Zu vermeiden: alle thermisch kühlen oder kalten Nahrungsmittel, Tiefkühlkost, Rohkost, thermisch kalte Obstsorten, Salate, Sauermilchprodukte, übermäßiges Trinken, besonders von thermisch kalten Getränken.
Stark Nieren-Energie schwächend wirken folgende Nahrungsmittel: Industriezucker, Alkohol, besonders hochprozentiger Alkohol.

Zu empfehlen:

Energetisches Temperaturverhalten	mäßig heiße, warme, neutrale Nahrungsmittel
Kochmethode	wärmend
Geschmack	heiß-salzig, warm-salzig, neutral-salzig
Fisch	Austern, alle geräucherten Fischsorten, besonders Lachs, Muscheln, Shrimps, Thunfisch
Fleisch	besonders Hirsch, Lammfleisch, Wildfleisch, Tauben, Ente, Schwein

Gemüse	Fenchel, Kohl mit wärmenden Gewürzen zubereitet, Lauch, Meerrettich, Wurzelgemüse, Zwiebeln
Früchte	Kirsche, Weintrauben
Getränke	Getreidekaffee, Gewürztee, Yogitee
Getreide	Buchweizen, Hafer, Hirse, Reis (zuvor angeröstet)
Gewürze	Ingwer, Knoblauch, schwarzer Pfeffer, Zimt
Hülsenfrüchte	Azukibohnen, Linsen, schwarze Sojabohnen
Samen und Nüsse	Kastanien, Lotussamen, besonders angerösteter schwarzer Sesam, Sonnenblumensamen, geröstete Walnüsse

Meistersuppe mit wärmenden Fleischsorten, Gemüse und Gewürzen

Thermisch heiße Nahrungsmittel, insbesondere heiße Kräuter, sollten nicht im Übermaß eingesetzt werden, da sie die Säfte austrocknen können und das Yin schwächen. Ratsam ist es, besonders beim Nieren-Yang-Mangel 2- bis 3-mal täglich warm zu essen und den Körper mit den nierenwärmenden Nahrungsmitteln aufzubauen. Es empfiehlt sich, diese Ernährungstherapie mit Nahrungsmitteln zur Stärkung des Mittleren Erwärmers zu kombinieren.

Kommentar/Prognose: Mangelerkrankungen im Bereich des Nierenfunktionskreises sind aus Sicht der TCM ernst zu nehmende Krankheitssymptome, die einer sorgfältigen Behandlung bedürfen. Es ist ratsam, die schädigenden Lebensumstände, die zu derartigen Störungen geführt haben, zu ändern. Nach einer gründlichen Diagnosestellung sollte die Behandlungsstrategie auf allen vier Säulen der TCM erfolgen. Akupunkturbehandlungen sind sinnvoll mit der Ernährungstherapie zu ergänzen. Stärkende und wärmende Nahrungsmittel für die Nieren mit entsprechenden Zubereitungsmethoden beschleunigen den Behandlungserfolg. Neben der Stärkung der Nieren-Energie sollte hierbei unbedingt eine aufbauende und flankierende Ernährungstherapie für Magen und Milz erfolgen. Bei schwerwiegenden Störungen, wie einem Nieren-Yang- oder auch Nieren-Yin-Mangel kann es erforderlich sein, chinesische Heilpflanzen in die Behandlung mit einzubeziehen. Je nach Schweregrad des Erkrankungssyndroms sind Behandlungszeiten von Wochen bis Monaten mit konsequenter Therapie erforderlich. Tiefliegende Störungen im Nierenfunktionskreislauf können sogar Behandlungen über Jahre erfordern. Bei richtiger Diagnose und Therapie lassen sich gute bis sehr gute Resultate erzielen. Bei konstitutioneller Schwäche der Nieren-Energie, einem Essenz- oder Jing-Mangel, ggf. auch verursacht durch massive äußere Schädigung wie beispielsweise Schock, Drogen, ist die Prognose eher ungünstig und die Behandlung schwierig. Linderung oder leichte Erfolge lassen sich hier mitunter erst über Jahre erzielen. Ernährungs- und Heilpflanzentherapie haben zur Stärkung der Nieren-Energie neben einer Veränderung der Lebensumstände entscheidenden Einfluss. Ein Mangel des Nieren-Yin lässt sich wie eine allgemeine Yin-Schwäche nur mäßig bis schlecht mit Akupunkturbehandlung verbessern. Hierbei ist eine Ernährungstherapie und Kräutertherapie unbedingt erforderlich.

Nieren-Yin-Mangel und Herz-Yin-Mangel, Nieren und Herz harmonieren nicht (Shen Yin Xu, Xin Yin Xu, Xin Shen Bo Yiao)

Bei diesem Syndrom sind zwei wichtige Organkreisläufe stark geschwächt. Es besteht eine Nieren-Yin- und eine Herz-Yin-Schwäche. Dieses sehr ernst zu nehmende Krankheitsbild tritt häufig bei starker körperlicher und psychischer Belastung auf und führt die Patienten mit unterschiedlichen Beschwerden in die Praxis.

Wenn das Yin eines Organs reduziert ist, insbesondere das Nieren-Yin als Wurzel allen Yins, kann das Yang nicht mehr genügend kontrolliert werden. Das emporschlagende Yang mit der erzeugten Hitze führt weiter zu einer Reduzierung des ohnehin schon angeschlagenen Yin. Eine Schwäche des Yin lässt das Yang emporlodern. Wenn neben dem Nieren-Yin auch das Herz-Yin geschwächt ist, kann der Yang-Charakter des Feuers deutliche Symptome auf der Ebene des Shen zeigen. Beispielsweise: Schlafstörungen, Palpitation, psychische Unruhe. Das Yin der Niere reicht nicht aus, um das Herz-Feuer zu kühlen. Die Assoziation dieser beiden einzelnen Symptome Nieren-Yin- und Herz-Yin-Mangel ergeben sich aus einer tiefen und empfindlichen Achse, der Jue-Yin-Achse. Wird diese Achse zwischen Herz und Nieren gänzlich durchtrennt, so tritt aus Sicht der chinesischen Medizin der Prozess des Todes ein. Die Folgen unserer modernen Zivilisation wie starke körperliche Belastung mit mangelnden Regenerationsphasen, psychischer Stress, finanzielle Sorgen, Beziehungssorgen, Existenzängste und eine falsche Ernährungsweise, lassen dieses Syndrom leider immer häufiger werden.

Westliche Diagnosen:
stark erschöpfte Patienten, Burn-out-Syndrom, chronisch konsumierende Erkrankungen, Spermatorrhö, sexuelle Hyperaktivität, Reizbarkeit, Schlafstörungen.

Pathogenese: Dieser Symptomkomplex wurzelt auf dem Boden eines Nieren-Yin-Mangels und wird durch extreme emotionale Belastungen wie Ängstlichkeit, Trauer, Depressionen erweitert. Schwerwiegende emotionale Veränderungen, wie z. B. das plötzliche Ende einer Beziehung, schwächen das Herz-Yin und können gekoppelt mit Angst die wichtige und tiefe Achse zwischen Herz und Niere (Jue-Yin-Achse) durchtrennen.

Symptome: Potenzstörungen, Fertilitätsstörungen, Amenorrhö, starkes Erschöpfungsgefühl, Schwindelgefühl, Vergesslichkeit, Schlafstörungen, psychische Unruhe, Palpitation, Lumbalgien, nächtlicher Samenverlust, erotische Träume, starkes sexuelles Verlangen, Rückenschmerzen, Reizbarkeit.

Therapie

Stärkung des Nieren-Yin und des Herz-Yin

激 • Ni3 • Ren4 • MP6 • He5

Beruhigung des Shen

激 • He7 • Du20

Beseitigung der Leere-Hitze des Herzens

激 • He6 • Pe8 • Pe7

Zu vermeiden: thermisch heiße und warme Nahrungsmittel, yangisierende Kochmethoden, hochprozentiger Alkohol, Süßigkeiten, extreme Lebensgewohnheiten, geistige Überarbeitung, sexuelle Ausschweifung, aufputschende Drogen wie Amphetamine und Ecstasy.

Zu empfehlen:

Energetisches Temperaturverhalten	neutrale, kühle und erfrischende Nahrungsmittel.
Kochmethode	kühlend
Geschmack	bitter-neutral, bitter-kühl, salzig-neutral, salzig-kühl
Fleisch	Schwein, Rind, Huhn
Früchte	Apfel, Banane, erfrischende Obstsorten
Gemüse	erfrischende Gemüsesorten, Pilze, Spargel, Spinat, Tomaten
Getreide	Gerste, Weizen, Weizenkeime, Reis, Mais
Getränke	Melissentee, Pfefferminztee, Weizenbier

Kommentar/Prognose: Dieses sehr ernst zu nehmende Syndrom bedarf einer sofortigen Veränderung der Lebensbedingungen, mitunter auch psychotherapeutischer Unterstützung. Diätetische Maßnahmen können hier nur unterstützend in der Therapie mit eingesetzt werden. Linderung wird insbesondere dadurch verschafft, dass wärmende Nahrungsprodukte vermieden werden. Unbedingt notwendig ist die Kombination von Akupunktur und Heilpflanzentherapie, wodurch eine effektive Sedierung des emporschießenden Yang erreicht werden kann. Begleitend muss der gesamte Organismus ernährungstherapeutisch tonisiert werden.

Nieren-Yin-Mangel (Shen Yin Xu)

Der Nieren-Yin-Mangel, als tiefgreifende Störung des Nierenfunktionskreislaufes, ist vergesellschaftet mit einem Essenz-Mangel (Jing-Mangel), da die Essenz ein Teil des Nieren-Yins ist.

Ein Nieren-Yin-Mangel führt zu einem Flüssigkeits-Mangel. Durch die Schwäche des Nieren-Yin können Leere-Hitze-Symptome im Körper entstehen, die wiederum die Yin-Flüssigkeiten weiter erschöpfen. Ein wichtiges Symptom einer Yin-Schwäche mit leerer Hitze ist Nachtschweiß, in der TCM auch als »räuberisches Schwitzen« bezeichnet. Über den Nachtschweiß geht dem Körper Yin-Nähr-Essenz verloren. Aus Sicht der Traditionellen Chinesischen Medizin sind jegliche Körperflüssigkeiten, wie z.B. Blut oder Schweiß, wertvolle Nährsubstanzen, die es zu bewahren gilt. Ein Nieren-Yin-Mangel ist Ursache für Depressionen, Antriebsmangel, geistige Retardierung, Vergesslichkeit, vorzeitiges Altern.

Westliche Diagnosen:
starke Erschöpfungszustände, Burn-out-Syndrom, chronisch konsumierende Erkrankungen, Spermatorrhö, konstitutionelle Schwäche, chronische LWS-Beschwerden.

Pathogenese: Sämtliche Einflüsse, die einen Nieren-Qi- oder Nieren-Yang-Mangel hervorrufen und länger bestehen, führen letztlich zu einem Nieren-Yin-Mangel. Starken Einfluss zur Ausbildung dieses Syndroms haben chronisch konsumierende Erkrankungen, längere fieberhafte Verläufe, exzessiver Gebrauch von Drogen und Alkohol, starke Blutverluste, extreme Stressbelastungen und chronischer Schlafmangel (cave: Nachtschichten, Nachtarbeit).

Symptome: charakteristisch für die Yin-Schwäche, insbesondere den Nieren-Yin-Mangel, ist der bereits erwähnte Nachtschweiß, häufig begleitet von den fünf heißen Flächen: heiße Füße, heiße Hände, Hitze und Brennen hinter dem Brustbein. Hinzu kommen Mundtrockenheit, trockener Hals, Durst, Rücken- und Knochenschmerzen, Tinnitus, Schwerhörigkeit, Schwindel, Vergesslichkeit, Potenzstörungen, Fertilitätsstörungen, Ejaculatio praecox, tiefe und dunkle Augenränder.

Zunge:	rot, rissig, belaglos,
Puls:	leer, schnell, fadenförmig.

Therapie

Stärkung des Nieren-Yin

激 • Ni3 • Bl23 • Ni6 • Ni7 • Ni10

Bewahrung und Stützung des Yin

激 • Ren4 • MP6

Zu vermeiden: wärmende Speisen.

Kochmethode	wärmend
Geschmack	bitter-heiß, bitter-warm, scharf-heiß, scharf-warm
Getränke	Kaffee, Rotwein, schwarzer Tee und grüner Tee im Übermaß
Gewürze	scharfe Gewürze, Salz

Zu meiden sind auch starke geistige und körperliche Überarbeitung, Schlafmangel, Stress, übertriebene sexuelle Aktivität.

Zu empfehlen:

Energetisches Temperaturverhalten	neutrale, kühlende Nahrungsmittel, die befeuchten und Säfte produzieren
Kochmethode	kühlend
Geschmack	salzig-neutral, salzig-kühl, süß-neutral, süß-kühl
Fleisch	Schwein, Ente, Tauben
Fisch	Austern, Tintenfisch, Barsch, Karpfen
Früchte	Birnen, erfrischendes Obst, Weintrauben
Gemüse	erfrischende Gemüse, Kohl, Spargel, Karotte
Getreide	Gerste, Reis, Weizen.
Nüsse und Samen	schwarzer Sesam, Walnüsse.
Sonstiges	Butter, Sahne, Schaf- und Ziegenmilch

Kommentar/Prognose: Bei diesem Syndrom ist ein weiterer Hitzeeinfluss durch Ernährung oder andere Faktoren, beispielsweise Stress, chronische Überlastung, unbedingt zu vermeiden, damit das Yang nicht emporlodern kann und das Yin regeneriert wird. Wichtig sind kühlende und befeuchtende Nahrungsmittel, die das Nieren-Yin aufbauen und den Körper tonisieren. Neben der Akupunkturbehandlung sollten in die Therapiestrategie unbedingt die Ernährung und Heilkräuter einbezogen werden. Eine Besserung der Symptomatik ist erst über Monate zu erwarten, da es sich um eine tiefgreifende Störung handelt. Bei einer Essenz-Schwäche (Jing-Schwäche) kann die Ernährungstherapie über Monate bis Jahre unterstützend einwirken. Das Syndrom einer Jing-Schwäche ist prognostisch ungünstig einzustufen.

! Der schädigende Einfluss von der bitter-warmen Droge Kaffee wird in unseren Breiten oftmals unterschätzt. Gerade große Mengen an Kaffee (6–8 Tassen täglich) trocknen die Säfte aus und schädigen über einen längeren Zeitraum das Nieren-Yin.

! Durch die Stärkung und den Aufbau des Nieren-Yin und durch die Erwärmung des Nieren-Yang mit geeigneten Nahrungsmitteln wird das gesamte Yin und Yang im Organismus tonisiert. Da letztlich alle Erkrankungen mit chronischem Verlauf in einer Schwäche der Nieren-Energie münden, empfiehlt es sich, die Nieren-Energie vielfach in das Behandlungskonzept mit einzubeziehen.

Funktionskreis:
• Leber – Gallenblase
• Element Holz

Zang-Organ: Leber (Gan), Le

Charakter: »Der General-Innenminister«
Liebt den ungehinderten, harmonischen Qi-Fluss und sorgt damit für einen reinen Ablauf sämtlicher Körperfunktionen, zeichnet sich durch das strategische Planen aus.

Funktion in der TCM:
- Reguliert den freien Qi-Fluss.
- Speichert Blut (Xue).
- Beherbergt die Wander-Seele (Hun).
- Kontrolliert Muskeln, Bänder und Sehnen.
- Öffnet sich in den Augen.

In den fünf Wandlungsphasen:
- Emotion; Wut Zorn
- Klimafaktor: Wind
- Jahreszeit: Frühling
- Himmelsrichtung: Osten
- Farbe: grün
- Geschmack: sauer
- Tageszeit: 1.00 Uhr bis 3.00 Uhr

Fu-Organ: Gallenblase (Dan), Gb

Charakter: »Der Beamte, der Entscheidungen fällt«

Funktion:
- Unterstützt die Verdauung.
- Sorgt für den »inneren Lebensplan«.
- Verleiht Mut und Initiative.

Tageszeit:
- 23.00 Uhr bis 1.00 Uhr

Funktionskreis Leber – Gallenblase

- **Reguliert den freien Qi-Fluss**
  Die wichtigste Funktion der Leber besteht darin, für den freien und glatten Qi-Fluss im Körper zu sorgen. Sie koordiniert und kontrolliert die Menge und Geschwindigkeit des zirkulierenden Qi und sorgt für eine ungehinderte Bewegung der Substanzen im Körper. Ausgeglichenheit und Harmonie sind Grundbedingungen für den freien Qi-Fluss. Bei emotionalen Störeinflüssen wie z.B. Zorn, Ärger und Wut kommt es schlagartig zu einer Blockierung des Qi- Flusses (Leber-Qi-Stagnation).
  Symptome: Muskelverspannungen, Beklemmungsgefühl, Druckgefühl in der Brust, prämenstruelles Syndrom, abdominale Spannungen.

- **Speichert das Blut (Xue)**
  Eine weitere Funktion der Leber ist es, das Blut (Xue) zu speichern. In Ruhe, also beim Liegen und während des Schlafens, fließt das Blut zur Leber und wird dort gespeichert und regeneriert. Für die Blutproduktion ist der Funktionskreis Milz verantwortlich, während der Funktionskreis Herz das Blut in Bewegung hält.
  Im besonderen Maße beeinflussen Emotionen wie Ärger, Wut und Zorn den freien Leber-Qi Fluss und können leicht zu Blockaden und Stagnationen führen. Bestehen diese ungelösten Blockaden über einen län-

geren Zeitraum hinweg, entwickelt sich aus solch »hitzigen Emotionen« so genannte innere Hitze die zu einer Reihe von Syndromen führen kann wie aufsteigendes Leber-Yang, Leber-Feuer, Aufzehrung des Leber-Yin, ggf. Leber-Wind.

Diätetik und Funktionskreis

Der der Leber zugeordnete saure Geschmack hat adstringierende und zusammenziehende Wirkung, welche die Körperflüssigkeiten sammelt und das Blut schützt. Neben den genannten Faktoren wie Wut und Zorn kann eine hektische, hitzige Lebensweise die Leberfunktion beeinträchtigen.

- Ein blockierter Qi-Fluss kann diätetisch im gewissen Maße mit scharfen Nahrungsmitteln wie Gewürze oder auch Alkohol bewegt werden. Insgesamt bestehen aber nur beschränkte Möglichkeiten mit rein diätetischen Maßnahmen Stagnationen zu lösen. Geeigneter dazu sind Akupunktur, Heilkräuter und Bewegungstherapie.
- Bei Leber-Hitze, unbedingt energetisch heiße Nahrungsmittel reduzieren, vermehrt kühlende Nahrungsmittel bevorzugen.
- Bei Blut- und Leber-Yin-Mangel über den Funktionskreis Leber und Milz das Blut und Yin stärken.
- Wut, Ärger und hitzige Emotionen können durch kühlende Nahrungsmittel »besänftigt« werden.

Leber-Syndrome und Chinesische Diätetik

Leber-Qi-Stagnation
Leber-Blut-Mangel
aufsteigendes Leber-Yang
emporloderndes Leber-Feuer
Leber-Yin-Mangel
Leber-Blut-Mangel

Disharmonien im Leberfunktionskreis sind in der Praxis ausgesprochen häufige Erscheinungen. Die wichtigste Aufgabe dieses Funktionskreises ist ein geschmeidiger und regelmäßiger Qi-Fluss. Die Leber ist aus Sicht der TCM das wichtigste Organ zur Blutspeicherung. Große Mengen des zirkulierenden Blutes gehen nachts in die Leber zurück und werden dort regeneriert. Die Leber öffnet sich im Sinnesorgan Auge und zeigt dort Störungen an.

Westliche Diagnosen:
temporaler Kopfschmerz, Bluthochdruck, Schlafstörungen, gynäkologische Probleme wie Dysmenorrhö und prämenstruelles Syndrom. Emotionale Unausgeglichenheit mit Gereiztheit und Aggressivität.

Ursachen

Ernährung: besonders wärmende Speisen und Kochmethoden, insbesondere scharfe Gewürze, hochprozentiger Alkohol und stark fettige und ölige Speisen haben einen schädigenden Einfluss auf die Leber. Sie wirken auf der einen Seite erhitzend und feuern so gewissermaßen das Leber-Yang an, wodurch wiederum das Yin der Leber geschädigt werden kann. Ein häufiges Syndrom ist ein aufsteigendes Leber-Yang oder in seiner extremeren Form ein emporloderndes Leber-Feuer, wobei sich oft ein Leber-Yin-Mangel miteinstellt. Ein Leber-Yin-Mangel drückt sich bei Frauen häufig in einer Blut-Schwäche aus.

Allgemein: neben äußeren pathogenen Faktoren wie Wind und Feuchtigkeit ist die Leber vor allen Dingen für emotionale Störungen empfindlich. Sie gilt in der chinesischen Medizin gewissermaßen als Filter für alle emotionalen Eindrücke und leitet sie im Körper weiter. Zorn, Wut und Groll »verkrampfen« die Leber und verhindern so einen geschmeidigen Fluss des Qi. Eines der häufigsten Syndrome in der klinischen Praxis ist die Leber-Qi-Stagnation, die überwiegend in emotionaler Unausgeglichenheit wurzelt. Dabei können kurze emotionale Eindrücke wie Streitgespräche, Frustrationen, etc. das Leber-Qi blockieren. Über längere Zeit (Monate bis Jahre), akkumulieren sich solche Beschwerden und graben sich als Funktionsstörung tief im Organismus ein. Neben »unverdauten« Gefühlen wird die Leber insbesondere durch eine hektische und stressige Lebensweise erhitzt.

Als Ausgleich für einen gestörten Leberfunktionskreis sind neben der Ernährung vor allen Dingen Veränderungen in der Lebensweise, wie Stressreduktion, regelmäßige Entspannungsübungen, Ruhe- und Meditationsphasen, sowie ein angemessener Ausdruck des Gefühlslebens von großer Bedeutung.

■ Leber-Qi-Stauung (Gan Qi Yu Jie)

Westliche Diagnosen: Menstruationsstörungen, Dysmenorrhö, vegetatives Syndrom, prämenstruelles Syndrom, Depression.

Symptome: Stauungsgefühle im Thorax, Schwellung der Brust, Völlegefühle im Oberbauch, Blähungen, Reizbarkeit, Depressionen, Frustrationen, Stimmungslabilität mit plötzlichen Gefühlsausbrüchen, Appetitstörungen, prämenstruelles Syndrom, Übelkeit, Brechreiz, Bauchschmerzen, Diarrhö (Ko-Zyklus-Leber-Fülle greift den Magen an).

Zunge: livide gefärbt, ggf. an den Rändern aufgerollt.

Puls: gespannt

Therapie

Beseitigung der Stagnation

激 • Le3 • Le14 • Gb34 • Le13

Zu vermeiden:
es sollten Nahrungsmittel gemieden werden, die die Leber belasten.

Getränke	Alkohol, Kaffee
Sonstiges	Drogen, Farbstoffe, Konservierungsmittel, stark gewürzte Speisen, Zucker

Zu empfehlen: nur einige wenige Nahrungsmittel haben eine entspannende Wirkung auf die Leber.

Früchte	Pflaumen
Gemüse	Rettich, chinesischer Lauch, Stangensellerie, Brauntang
Nüsse und Samen	schwarzer Sesam
Sonstiges	Krebse, Garnelen, Essig

Zur Anregung des Qi-Flusses:

Geschmack	mild-scharf
Gewürze	Ingwer, Knoblauch, Pfeffer (diese Gewürze sind nur in geringer Dosis zu verwenden, da sie sonst die Leber schädigen können), Majoran
Gemüse	Kohlrabi, Lauch, Rettich
Sonstiges	Alkohol, Koriander, Chili (cave! heiß)

Dieses in der Praxis überaus häufige Syndrom mit unterschiedlicher Ausprägung ist eine hervorragende Akupunkturindikation, aber auch gut zur Behandlung mit der chinesischen Phytotherapie geeignet. Akupunkturbehandlungen wie beispielsweise die Kombination »vier Türen Di4 und Le3« eignen sich sehr gut zur Auflösung einer Leber-Qi-Stagnation.

Aufsteigendes Leber-Yang (Gan Yang Shang Kang)

Westliche Diagnosen:
Zephalgie, Hypertonie, Migräne, Vertigo, Konjunktivitis, Glaukom, Morbus Menière, Tinnitus.

Symptome: Reizbarkeit, Wutausbrüche, temporale Kopfschmerzen, Druckgefühl hinter den Augen, Schwindel, Tinnitus, Schwerhörigkeit, Schlafstörungen, trockener Mund.
Zunge: rot, besonders an den Rändern
Puls: seitenförmig, gespannt.

Ursachen

Ernährung: stark wärmende Speisen wie Alkohol und scharfe Gewürze, sowie yangisierende Kochmethoden erzeugen Hitze und lassen das Yang emporsteigen. Dies führt auch zu einer Schwächung des Leber-Yin. Übermaß an Fettigem und Öl blockiert den Qi-Fluss, aus Stagnation kann Hitze entstehen.

Allgemein: emotionale Einflüsse wie unterdrückter Zorn, Wut, Groll, Frustrationen, sind die häufigsten Ursachen für ein aufsteigendes Leber-Yang. Neben einem Leber-Yin-Mangel kann auch ein Nieren-Yin-Mangel Ursache für das aufsteigende Leber-Yang sein. Ausschweifende Lebensweise, emotionale Unausgeglichenheit, Frustrationen, Leben unter ständigem Zeitdruck, falsche Essgewohnheiten zeigen sich immer häufiger in der Praxis. Eine Vielzahl von Beschwerden im Oberen Erwärmer wie Tinnitus, Kopfschmerzen, Schwindel, Schlafstörungen sind darauf zurückzuführen.

Therapie

Stärken des Leber-Yin

激 • Le8 • MP6 • Ni3

Kühlung der Hitze

激 • Le2 • Le3

Besänftigung des Yang

激 • Le3 • Gb20 • Gb34 • Du20

Zu vermeiden:

Energetisches Temperaturverhalten	warme und heiße Nahrungsmittel
Kochmethode	wärmend
Geschmack	bitter-heiß, bitter-warm, scharf-warm, scharf-heiß, süß-heiß, salzig-heiß und sauer-heiß
Gewürze	scharfe Gewürze, Ingwer, Knoblauch, Pfeffer, Chili
Getränke	hochprozentiger Alkohol, Kaffee
Sonstiges	Farbstoffe, Konservierungsstoffe, Salz, stark fettige und ölige Speisen, Zucker

Tipp Fleischkarenz für 6 Wochen!

Zu empfehlen: generell alle Nahrungsmittel, die eine absteigende Wirkrichtung haben und das Yin aufbauen.

Energetisches Temperaturverhalten	neutral-kühl, kalte Nahrungsmittel
Kochmethode	kühlend, Rohkost
Geschmack	sauer-kühl, sauer-kalt, bitter-kühl, bitter-kalt
Früchte	Rhabarber, Zitrone, Apfel, Mango, Maulbeerfrüchte
Gemüse	Spinat, Sprossen, Tomaten, Rohkost, Löwenzahn, Enzian, Chicoreé, Staudensellerie
Getränke	grüner Tee, Pfefferminztee, Weizenbier, Brottrunk, Apfelsaft
Getreide	Dinkel, Weizen, Weizenkeime, Mungbohnen, Mungbohnenkeime
Milchprodukte	Sauermilchprodukte, Joghurt
Sonstiges	Salz

Weizenbier hat trotz seines Alkoholgehaltes eine ausgeprägt kühlende Wirkung auf die Leber und vermag das Yin gut zu tonisieren.

Kommentar/Prognose: Bei diesem Syndrom sollten sämtliche Hitze erzeugenden Nahrungsmittel gemieden und mit einer kühlenden und Yin tonisierenden Ernährungsweise begonnen werden (4–6 Wochen vegetarisch). Neben einer Akupunkturbehandlung, ergänzt mit chinesischen Heilkräutern, ist es wichtig, dem Patienten klarzumachen, dass eine dauerhafte Stabilisierung seiner Beschwerden mit einer Lebensumstellung verbunden werden muss (kein Stress, nicht ärgern!). Mit der unterstützenden Therapie der TCM werden je nach Veränderung der Ursachen gute bis sehr gute Resultate erzielt. Bewegungstherapie im Freien!

Emporloderndes Leber-Feuer (Gan Huo Shang Yan)

Westliche Diagnosen:
Zephalgie, Migräne, Hypertonie, Morbus Menière, Tinnitus, chronische Konjunktivitis.

Symptome: Unruhe, Schlaflosigkeit, Gereiztheit, plötzliche Wutausbrüche, Schwindel, starke Kopfschmerzen, Augenrötungen, Augendruck, Mundtrockenheit, bitterer Mundgeschmack, Nasenbluten, Tinnitus.
Zunge: trocken, rot, rote Ränder, gelber Belag.
Puls: gespannt, schnell.

Ursachen

Ernährung: Übermaß an Alkohol, zu scharfen und zu fettigen Speisen. Übermaß an wärmenden Kochmethoden wie Grillen, scharfes Anbraten etc.
Allgemein: häufige Ursachen sind Leber-Qi-Stagnationen durch lang bestehende emotionale Disharmonie wie Zorn, Frustration, Ärger.

Therapie

Kühlung des Leber-Feuers

激 • Le2 • Le3 • Gb20 • Gb34 • Le8 • Gb13

Zu vermeiden:

Energetisches Temperaturverhalten	heiße, warme Nahrungsmittel
Kochmethode	wärmend
Geschmack	scharf-heiß, scharf-warm, salzig-heiß, süß-heiß, bitter-heiß, sauer-heiß
Nahrungsmittel	hochprozentiger Alkohol, stark gewürzte Speisen, stark fettige und stark ölige Speisen

Zu empfehlen:

Energetisches Temperaturverhalten	kühle, kalte Nahrungsmittel
Kochmethode	kühlend, Rohkost
Geschmack	sauer-kühl, sauer-kalt, bitter-kühl, bitter-kalt
Nahrungsmittel	Salzreduktion, Fleischreduktion, für einige Tage bis Wochen vegetarische Ernährung, kein Alkohol, keinen Zucker, keinen Kaffee, ansonsten siehe Ernährungsempfehlungen bei aufsteigendem Leber-Yang.

Bei emporloderndem Leber-Feuer werden Nahrungsmittel mit absteigender Wirkung und stark kühlender Wirkung bevorzugt.

Früchte	Banane, Rhabarber, Wassermelone, Zitrone, Südfrüchte
Gemüse	Gurke, Wasserkastanie, Spinat, Tomate, Staudensellerie
Getränke	Mate, Weizenbier, Wermut
Milchprodukte	Joghurt
Sonstiges	Salz, Löwenzahn, Enzian

Kommentar/Prognose: Bei diesem Syndrom ist es erforderlich, erhitzende Nahrungsmittel strikt zu meiden. Bei den oft plötzlich einsetzenden Beschwerden ist eine sofortige Akupunkturbehandlung indiziert. Unterstützt mit chinesischen Heilkräutern zeigen sich über längerfristige Behandlungen gute Ergebnisse.

■ Leber-Yin-Mangel (Gan Yin Xu)

Der Leber-Yin-Mangel tritt selten als Einzelsyndrom symptomatisch in Erscheinung. Vielfach ist er mit den folgenden Syndromen kombiniert: aufsteigendes Leber-Yang, emporloderndes Leber-Feuer und Blut-Schwäche bzw. Leber-Blut-Schwäche.

Westliche Diagnosen:
Hypertonie, chronische Konjunktivitis, Zephalgien, chronische Migräne.

Symptome: Nervosität, innere Unruhe, trockene Augen, Schwindel, Kopfschmerzen, rotes Gesicht, rote Wangen, heiße Hand und Fußsohlen (typisches Zeichen einer Yin-Schwäche), Sehstörungen, Depressionen.
Zunge: rötlich, trocken.
Puls: dünn, schnell, drahtförmig.

Ursachen

Ernährung: zu scharfe Speisen, zu yangisierende Kochmethoden, überwiegend fettiges, öliges Essen.
Allgemein: starke körperliche und psychische Belastungen können das Yin der Leber schwächen. Exzessives Arbeiten in den Nachtstunden (Nachtarbeit) schwächt das Leber-Yin und konsekutiv auch das Blut, da nach Vorstellung der TCM das Blut nachts in der Leber gespeichert und regeneriert wird. Das Syndrom wird in neuerer Zeit häufiger beobachtet, da langes Arbeiten am Bildschirm das Leber-Yin schwächen kann.

Bei einem Übermaß an Yang-Energie, beispielsweise durch hitzige emotionale Belastungen oder heiße Nahrungsmittel werden Syndrome wie aufsteigendes Leber-Yang oder Leber-Feuer provoziert.

Therapie

Nähren des Leber-Yin

激 • Le8 • MP6 • Ni3 • Bl18

Zu vermeiden:

Energetisches Temperaturverhalten	heiße und warme Nahrungsmittel
Geschmack	bitter-heiß, scharf-heiß, sauer-heiß
Kochmethode	wärmend
Nahrungsmittel	alle Nahrungsmittel, die das Yin weiter schwächen, besonders scharfe Gewürze, Kaffee, hochprozentiger Alkohol, Rotwein, Rauchen

Zu empfehlen:

Energetisches Temperaturverhalten	kühle, kalte und neutrale Nahrungsmittel
Kochmethode	kühlend
Geschmack	sauer-erfrischend, sauer-kühl, sauer-neutral, süß-kühl, süß-kalt
Gemüse	Gurke, Sauerkraut, Sellerie, Spinat, Tomate
Getränke	Brottrunk
Getreide	Dinkel, Gerste, Weizen.
Milchprodukte	Sauermilchprodukte
Sojaprodukte	Tofu

Kommentar/Prognose: Eine ausgewogene Ernährung mit neutral und leicht kühlenden Nahrungsmitteln sowie das Vermeiden eines Übermaßes an wärmenden Speisen können, neben einer sonstigen Umstellung der Lebensgewohnheiten, die Symptomatik gut beeinflussen.

Leber-Blut-Mangel (Gan Xue Xu)

Das Symptom tritt meist mit einem Leber-Yin-Mangel auf.

Westliche Diagnosen:
Anämie, Neurosen, Menstruationsstörungen wie Dysmenorrhö, Amenorrhö.

Symptome: Schwindel, unklares Sehen, trockene Augen, glanzloses Gesicht, ausgeprägte Blässe, Nachtblindheit, allgemeine Schwächegefühle, Taubheit der Extremitäten, Tremor, Krämpfe, Menstruationsstörungen, Amenorrhö, Schlaflosigkeit.

Ursachen

Ernährung: ein Übermaß an zu scharfen und wärmenden Speisen schwächen das Yin des Körpers. Zu kalte Speisen reduzieren das Milz-Qi und beeinträchtigen den Blutaufbau.

Allgemein: Blutverluste, z. B. bei Operationen oder Geburten. Übertriebene Aktivität während der Nachtzeit, da die Leber in der Nacht das Blut des Körpers speichert und regeneriert. Blut ist eine wichtige Yin-Substanz, die primär durch eine gute Milzfunktion, aber auch durch eine gute Nierenfunktion aufgebaut wird. Störende Einflüsse auf die drei Organe Milz, Niere, Leber bewirken über einen längeren Zeitraum eine Blut-Schwäche. Da das Blut das Transportmittel für das Qi ist, wird der gesamte Organismus geschwächt. Sehnen-, Muskel- und Nagelprobleme resultieren aus einer Mangelernährung durch die Blut-Schwäche. Für den Shen bietet das Blut das Ruhebett, sodass er bei einem Leber-Blut-Mangel nicht fest verankert werden kann (Symptome: Schlaflosigkeit, Schlafwandeln, psychische Labilität).

Therapie

Aufbau des Leber-Blutes

激 • MP10 • MP6 • Bl17 • Bl18 • Le8

Stärkung des Nieren-Yin

激 • Ni3 • Ni6 • MP6

Stärkung des Milz-Qi

激 • MP3 • Bl20 • Bl21

Zu vermeiden: wärmende Zubereitungsformen, thermisch heiße Nahrungsmittel. Alle bitteren Nahrungsmittel, besonders die Geschmacksrichtungen bitter-heiß und bitter-warm. Der scharf-heiße und der scharf-warme Geschmack, da diese das Blut austrocknen. Schwarzer Tee, Kakao; scharfe Gewürze wie z. B. Knoblauch, Ingwer, Pfeffer, Curry, Zimt etc., energetisch heiße Getränke wie **Kaffee,** hochprozentiger Alkohol, Yogitee.

Zu empfehlen:

Kochmethode	kühlend
Geschmack	süß-neutral, süß-warm, sauer-neutral, sauer-kühl
Getreide	Amarant, süßer Reis, Reis, Sesam, Sonnenblumenkerne
Gemüse	alle thermisch neutralen und erfrischenden Gemüse, insbesondere mit roter Farbe wie Rote Bete, Rotkohl, Karotten, Spinat, Fenchel
Fleisch	Hühnerfleisch, Hühnerleber, Rindfleisch, Rindfleischbrühe, Rinderleber, Kalbsleber, Lammleber
Fisch	Austern, Muscheln, Tintenfisch, Barsch, Aal
Früchte	rote Obstsorten wie rote Trauben, süße Kirschen, Longane, Pflaumen
Getränke	Rote-Bete-Saft, süßer Kirschsaft, Pflaumensaft, roter Tee (z. B. Hagebutte, Hibiskus), roter Traubensaft, in mäßigen Mengen Rotwein

Bei Leber-Blut-Schwäche zu empfehlen:

Fleisch	Huhn, Ente, Kaninchenleber, Hasenleber, Schweineleber
Fisch	Auster, Krabbe, weißer Fisch, Barsch
Früchte	Äpfel, Litschis, Pflaume, Weintrauben, Longane
Gemüse	thermisch neutrale und kühlende Gemüse, aus dem Holzelement mit grüner Farbe: wie Bohnen, Brokkoli, Feldsalat, Lotuswurzel, Mangold, Spinat, Sprossen, Tomaten
Getränke	Karottensaft, Tomatensaft
Getreide	Weizen, süßer Reis, Sesam, Sonnenblumenkerne
Gewürze	Brunnenkresse, Majoran, Petersilienwurzel
Sonstiges	Eigelb

Funktionskreis:
• Herz – Dünndarm
• Element Feuer

Zang-Organ: Herz (Xin)

Charakter: »Herrscher und gottgleicher Kaiser«
Alle psychischen, intellektuellen und spirituellen Fähigkeiten und Aktivitäten, die die unverwechselbare Persönlichkeit eines Menschen ausmachen.

Funktion in der TCM:
- Regiert Blut-Xue und Blutgefäße.
- Reguliert Blutzirkulation.
- Beherbergt den Geist (Shen).
- Öffnet sich in der Zunge (Sprachfähigkeit, Geschmackssinn)

In den 5 Wandlungsphasen:
- Emotion: Freude
- Klimafaktor: Hitze
- Jahreszeit: Sommer
- Himmelsrichtung: Süden
- Farbe: rot
- Geschmack: bitter
- Tageszeit: 11.00 – 13.00 Uhr

Fu-Organ: Dünndarm (Xiao Chang)

Funktion:
- Empfängt den vorverdauten Nahrungsbrei aus dem Magen.
- Trennt die »trüben« von den »klaren« Flüssigkeiten.
- Auf der psychischen Ebene: Funktion des Trennens von Wichtigem und Unwichtigem (Urteils- und Unterscheidungskraft)
- Tageszeit: 13.00 – 15.00 Uhr

Funktionskreis Herz – Dünndarm

- **Beherbergt den Geist (Shen)**
  Shen beinhaltet im weitesten Sinne das Bewusstsein: die mentalen, intellektuellen, emotionalen und spirituellen Fähigkeiten des Menschen. Diese sind aus Sicht der TCM eng mit Herz, Blut und Yin verbunden. Blut dient dabei dem Shen gewissermaßen zur materiellen Verankerung. Störungen des Shen (Schlaflosigkeit oder Verwirrtheit) können durchaus mit materiellen Aspekten wie z. B. Herz-Blut-Mangel in Verbindung stehen. Durch Verzicht auf energetisch sehr heiße Nahrungsmittel (Knoblauch, Ingwer, Alkohol) kann der Shen beruhigt werden. Häufig finden sich darin Übereinstimmungen zu religiösen oder spirituellen Ernährungsempfehlungen, die den Geist zur Ruhe bringen sollen. Bestimmte Formen der Schlaflosigkeit können durch einen Blutaufbau therapiert werden.
- **Regiert das Blut**
  Das Herz ist verantwortlich für die Verankerung des Nahrungs-Qi in das Blut und weiterhin für die Blutzirkulation durch den Organismus.

Diätetik und Funktionskreis

- Ein Übermaß an heißen Nahrungsmitteln sollte vermieden werden, um Shen und das Herz nicht in Unruhe zu versetzen.
- Äußere Hitze (Klimafaktor) aber auch »innere« Hitze, die durch Stress und Hektik entsteht, sollte durch hitzige Nahrungsmit-

tel wie Kaffee, scharfe Gewürze, etc. nicht noch zusätzlich stimuliert werden.

- Der bittere Geschmack kann im Übermaß das Blut und die Körperflüssigkeiten austrocknen.
- Über den diätetischen Aufbau des Herz-Yin kann das Blut unterstützt werden.
- Stagnationen von Blut lassen sich ähnlich der Qi-Stagnation über die Ernährung nur in Maßen lösen. Besser geeignet sind hierzu Akupunktur und Heilkräuter.

Herzsyndrome und Chinesische Diätetik

Herz-Qi-Mangel, Herz-Yang-Mangel, Herz-Blut-Mangel, Herz-Yin-Mangel. loderndes Herz-Feuer.

Aus Sicht der Traditionellen Chinesischen Medizin ist das Herz der Kaiser des Körpers. Seine wichtigste Funktion ist es, den Shen (Geist, Bewusstsein) zu beherbergen. Dieser wiederum residiert im Blut bzw. im Yin, sodass vom Herz naturgemäß eine enge Beziehung zum Blut besteht. Neben den geistigen und spirituellen Verbindungen ist die Aufgabe des Herzens (Feuerelement), dem Körper Wärme zu geben und ihm Lebendigkeit zu verleihen. Die Emotion Freude wird dem Herz zugeordnet. Weitere wichtige Aufgaben des Herzfunktionskreises sind das Blut (Xue) und die Blutgefäße zu regieren und das Schwitzen zu kontrollieren. Disharmonien im Herzfunktionskreis werden durch Emotionen wie übermäßige Freude, aber auch Traurigkeit und Zorn verursacht. Andere auslösende Faktoren können Belastungen unter starkem Zeitdruck, äußere pathogene Faktoren, besonders Hitze, Mangel an Freude oder Liebe sein.

Westliche Diagnosen:
Schlaflosigkeit, Unruhe, Palpitation, paroxysmale Tachykardie, Tachyarrythmien, Schwindel, Nachtschweiß, Alpträume, kardiovaskuläre Erkrankungen.

Therapie

Allgemein: Disharmoniemuster im Herzfunktionskreis sind einer speziellen Ernährungstherapie nur begrenzt zugänglich. Als allgemein gültige Behandlungsstrategie bei Fülle-Syndromen, die mit eindeutiger Hitzesymptomatik verbunden sind, wird empfohlen, Yang-Speisen und Kochmethoden zu vermeiden und sedierend mit Yin-Produkten und kühlenden Kochmethoden zu behandeln. Leere-Muster können mit warmen und neutralen Nahrungsmitteln behandelt werden. Die Geschmacksrichtungen bitter-warm und bitter-neutral aus dem Feuerelement sind zu empfehlen.

Zur Behandlung der Herzdisharmoniemuster sollten zu heiße und wärmende Nahrungsmittel, wie scharfe Gewürze oder hochprozentiger Alkohol, äußerst zurückhaltend verwendet werden, da dieses Organsystem besonders empfindlich gegenüber äußerer und innerer Hitze ist. Mitunter können schon kleine Mengen von scharfen Nahrungsmitteln, beispielsweise Knoblauch oder Pfeffer zur späteren Abendstunde genossen, Schlafstörungen, Unruhe etc. hervorrufen.

Bei dem Syndrom »loderndes Herz-Feuer« empfiehlt sich eine Restriktion aller Yang-Speisen und Kochmethoden. Hier sollte mit bitter-kühlen Nahrungsmitteln therapiert werden. Bei den Syndromen »Schleim-Feuer greift das Herz an« und »Schleim benebelt den Geist« sind die Ernährungsempfehlungen bezüglich einer Schleimreduktion und Schleim lösende Nahrungsmittel zu berücksichtigen. Diese Syndrommuster sind besser der Kräutertherapie und Akupunktur zugänglich. Gleiches gilt für die »Blut-Stagnation im Herzen«.

Der Chinesischen Diätetik gut zugänglich sind folgende Syndrome: Herz-Yang-Mangel, Herz-Blut-Mangel, Herz-Yin-Mangel.

■ Herz-Yang-Mangel (Xin Yang Xu)

Der Herz-Qi-Mangel und Herz-Yang-Mangel werden diätetisch gleich therapiert. In der Symptomatik unterscheidet sich der Herz-Yang-Mangel durch die zusätzliche Kältekomponente.

Westliche Diagnosen:
vegetatives Herzsyndrom, Rekonvaleszenz, Herzrhythmusstörungen, Erschöpfungszustände.

Symptome: Lustlosigkeit, Müdigkeit, Abgeschlagenheit, kalte Extremitäten, blasses leuchtendes Gesicht, Belastungsdyspnoe, Engegefühl in der Herzgegend, zum Teil Herzrasen mit übermäßig empfundenem Herzklopfen, Kurzatmigkeit, Spontanschweiß.
Zunge: blass, leicht geschwollen.
Puls: schwach

Ursachen

Allgemein: starke emotionale Belastungen, insbesondere Traurigkeit können einen Herz-Qi- und später einen Herz-Yang-Mangel hervorrufen. Blutverluste schwächen zunehmend das Herz-Qi und später das Herz-Yang. Ein Herz-Yang-Mangel kann durch einen Nieren-Yang-Mangel mitverursacht sein, da die Niere die Wurzel des Yang im Körper bildet. Die Symptome zeigen sich in der Peripherie des Körpers, im Kopf und den Extremitäten, da der Organismus nicht mehr über genügend Yang-Energie verfügt, um diese Bezirke ausreichend zu versorgen.

Therapie

Stärkung und Aufbau des Herz-Yang
Tonisierung des Yang

激 ● He5 ● Bl15 ● Ren4 ● Ren6 + Moxa

Zu vermeiden:
alle Yang reduzierenden und Yang schwächenden Nahrungsmittel.

Energetisches Temperaturverhalten	alle kühlen und kalten Nahrungsmittel
Kochmethode	kühlend
Geschmack	bitter-kühl, bitter-kalt
Gemüse	Rohkost
Früchte	Zitrusfrüchte
Milchprodukte	Joghurt
Sonstiges	Eiscreme, eisgekühlte Getränke, Produkte aus der Tiefkühltruhe, in der Mikrowelle erwärmte Nahrungsmittel, da sie über zu wenig Qi verfügen

Zu empfehlen:

Energetisches Temperaturverhalten	warm-neutral, in geringer Menge auch heiß
Kochmethode	wärmend
Geschmack	bitter-warm, in Maßen bitter-heiß, sauer-heiß/warm, süß-heiß/warm, scharf-heiß/warm
Fleisch	Lammfleisch, Rindfleisch
Getreide	Buchweizen, Grünkern, Mais, süßer Reis, Hafer
Getränke	Yogitee, warmes Weizenbier, Kaffee, Kakao
Sonstiges	Anis, Chili

Kaffee (trocknet das Blut aus) sollte trotz seiner bitter-heißen Wirkung nur in Maßen und wenn möglich mit pikanten Gewürzen wie Kardamom und Zimt getrunken werden.

Kommentar/Prognose: Allgemeine Verhaltensweisen, wie Nachtruhe vor 23.00 Uhr, ausreichende Ruhe- und Entspannungsphasen. Längere Erholungsphasen und Beachtung der entsprechenden Ernährungsempfehlungen vermögen das Herz-Yang und -Qi innerhalb von Wochen bis Monaten gut zu regenerieren.

Herz-Blut-Mangel (Xin Xue Xu)

Westliche Diagnosen:
Anämie, vegetatives Herzsyndrom, Erschöpfungszustände, Rekonvaleszenz.

Symptome: blasses Gesicht, blasse Lippen, Palpitation, Müdigkeit, Kraftmangel, innere Unruhe, Vergesslichkeit, Schreckhaftigkeit, häufiger Lidschlag, Schlafstörungen mit vielen Träumen, Schwindel, Einschlafstörungen, Alpträume, Depressionen, Rastlosigkeit

Zunge: blass, Riss in der Mitte, ggf. Schwellungen an der Spitze.

Puls: dünn

Ursachen

Ernährung: zu scharfe Nahrungsmittel, die das Yin schädigen. Stark austrocknende Nahrungsmittel wie Kaffee oder hochprozentiger Alkohol. Fehler in der Ernährung, die einen Milz-Mangel hervorrufen und damit einen genügenden Blutaufbau nicht ermöglichen.

Allgemein: grundsätzlich kommen die gleichen Ursachen wie für eine allgemeine Blut-Schwäche bzw. einen Leber-Blut-Mangel in Betracht. Blutverluste, zum Beispiel bei einer Geburt, Übermaß an Stress, Übermaß an sportlicher Aktivität (Schwitzen bedeutet eine Schwächung des Qi und der Yang-Energie im Körper), länger bestehende seelische Belastungen, besonders Trauer und Zorn schädigen das Yin.

Therapie

Aufbau des Herz-Blutes

激 • Bl15 • Ren14 • Ren15

Tonisierung der Milz

激 • MP6 • Bl20 • Ma36 • MP3

Tonisierung des Körper-Yin

激 • MP6 • Ni6 • Ni3 • Ren4

Zu vermeiden:

Energetisches Temperaturverhalten	zu heiße und zu warme Nahrungsmittel
Kochmethode	wärmend
Nahrungsmittel	mit einer stark trocknenden Wirkung wie Kaffee, Rotwein, scharfe Gewürze

Zu empfehlen:

Energetisches Temperaturverhalten	neutral-warm, kühl
Geschmack	süß-warm, süß-neutral, sauer-neutral
Fleisch	Blutwurst, Hühnerfleisch, Rindfleisch, Fasan

Fisch	Austern
Früchte	Kirschen, Longane, rote Weintrauben
Getreide	süßer Reis, Weizen, Hafer
Getränke	Ziegenmilch, Schafmilch, Kuhmilch

Ebenso alle Nahrungsmittel, die zu einer allgemeinen Blutstärkung empfohlen werden.

Herz-Yin-Mangel (Xin Yin Xu)

Westliche Diagnosen:
Anämie, chronische Erschöpfungszustände, Hypertonie, Menopause, chronische Schlafstörungen.

Symptome: innere Unruhe, Rastlosigkeit, Einschlafstörungen mit vielen Träumen, Durchschlafstörungen, Durst, trockener Mund, Erregungszustände, rote Wangen, subfebrile Temperaturen abends. Besonders wichtiges Differenzialsymptom: Nachtschweiß, Hitzewellen, heiße Füße und Fußflächen.

Zunge: rot, kein Belag, rote Punkte an der Spitze, Riss an der Spitze.

Puls: leer, oberflächlich, schnell.

Ursachen

Allgemein: Fieber, zu viel Reden, Stress, dauernd auf dem Sprung sein, hektischer Lebenswandel, übermäßige sexuelle Aktivität zu späten Nachtstunden.

Differenzialdiagnose

Herz-Yang-Mangel, Herz-Yin-Mangel: beim Herz-Yin-Mangel vermehrt Durchschlafstörungen. Häufig bei Menschen mittleren und höheren Alters.

Therapie

Stärkung des Herz-Yin

激 • He6

Beruhigung des Shen

激 • Du20 • Ren15

Tonisierung des Körper-Yin

激 • MP6 • Ni6 • Ni3

Zu vermeiden:

Energetisches Temperaturverhalten	heiße und warme Nahrungsmittel
Kochmethode	wärmend
Geschmack	scharf-heiß, scharf-warm, bitter-heiß, bitter-warm
Nahrungsmittel	alle trocknenden und wärmenden Nahrungsmittel

Zu empfehlen:

Energetisches Temperaturverhalten	neutrale, kühlende, ggf. leicht warme Nahrungsmittel
Geschmack	süß-neutral, süß-warm, süß-kühl, bitter-neutral, sauer-neutral, sauer-kühl
Fleisch	Rindfleisch, (Schweinefleisch)
Früchte	rote Weintrauben
Getreide	Weizen (Spaghetti)
Milchprodukte	Schafskäse, Ziegenkäse

Nüsse und Samen	Mohn, schwarzer Sesam
Sonstiges	Mohnkuchen

Auflodferndes Herz-Feuer (Xin Huo Shang Yang)

Westliche Diagnosen:
Hypertonie, vegetatives Herzsyndrom, Glossitis.

Symptome: starke emotionale Symptome wie innere Unruhe, Angstzustände, Schlafstörungen mit Alpträumen, emotionale Labilität und Impulsivität, rotes Gesicht, Erosion und Ulzeration im Bereich des Mundes (Aphthen), bitterer Mundgeschmack, dunkler Urin.

Zunge: rote Spitze, gelber Belag, rote Punkte.

Puls: schnell, kräftig.

Ursachen

Ernährung: Übermaß an zu scharfen Speisen und wärmenden Nahrungsmitteln.

Allgemein: starke psychische Erregung und Belastungen wie lang unterdrückte Ängste und Sorgen können sich als loderndes Herz-Feuer impulsiv entladen.

Häufig ist dieses Syndrom mit einem Nieren-Yin- und Herz-Yin-Mangel vergesellschaftet, wodurch das Herz-Yang nicht mehr kontrolliert werden kann.

Therapie

Kühlung des Herz-Feuers

激 • He7 • He8 • Pe5

Beruhigung des Shen

激 • Du20 • He9

Zu vermeiden:

Energetisches Temperaturverhalten	wärmende Nahrungsmittel und Kochmethoden
Geschmack	bitter-heiß, scharf-heiß
Nahrungsmittel	hochprozentiger Alkohol, scharfe Gewürze

Zu empfehlen:

Energetisches Temperaturverhalten	kühle, kalte Nahrungsmittel
Geschmack	bitter-kühl, bitter-kalt, sauer-kühl, sauer-kalt
Früchte	Rhabarber, Wassermelone, Zitrone
Gemüse	Rohkostsalate, Tomate, Löwenzahn
Getränke	Brottrunk, schwarzer Tee
Milchprodukte	Sauermilchprodukte
Sonstiges	Enzian, Wermut, grüner Tee

Kommentar/Prognose: Dieses Syndrom ist mit der Ernährungstherapie gerade im akuten Geschehen nur unzureichend zu beeinflussen, längerfristig jedoch förderlich mit der Diätetik zu behandeln. Im Vordergrund steht die Akupunkturbehandlung und die chinesische Heilkräutertherapie.

Klassifizierung der Nahrungsmittel

Gemüse

Gemüse repräsentiert sämtliche Geschmacksrichtungen und alle Variationen des Temperaturverhaltens. Daher ist Gemüse aus Sicht der Chinesischen Diätetik die ideale Ergänzung für die Getreidearten. Im Klassiker Su Wen heißt es dazu: »Die fünf Getreidearten nähren, die fünf Gemüsearten vervollständigen.«

- **Bei Fülle** (robuste Person, laute kräftige Stimme, Hitzegefühl, Überaktivität, cholerische Züge, extrovertiert, Zunge mit dickem Belag, voller Puls): Sellerie, Salat, Spinat, Aubergine, Tomate.
- **Bei Mangel** (schwache Person, schwache leise Stimme, Frieren, häufig müde und abgeschlagen, introvertiert, geschwollene Zunge, schwacher Puls): Fenchel, Süßkartoffel, Kartoffel, Möhren, Kohl.
- **Bei Hitze** (rotes Gesicht, Durst nach kalten Getränken, Verschlechterung des Befindens und der Schmerzen durch Wärme, rote Zunge, schneller Puls): Tomate, Gurke, Sprossen (Bambus, Soja, Mungbohnen), Löwenzahn.
- **Bei Kälte** (Frösteln, Abneigung gegen Kälte, Verschlechterung des Befindens und der Schmerzen durch Kälte, blasse, geschwollene Zunge, schwacher, langsamer Puls): Lauch, Zwiebel, Frühlingszwiebel, Fenchel, Möhren.
- **Bei Feuchtigkeit** (allgemeines Schweregefühl, pathologische Schwellungen, Ödeme, chronische Schleimerkrankungen, z. B. Stirnhöhlenentzündungen, Bronchitis, Zysten, Tumoren): Chicorée.
- **Bei Trockenheit** (trockener Mund, Lippen und rissige Haut, trockene Schleimhäute): Tomate, Gurke.

Auberginen

Energetisches Temperaturverhalten	kühl
Geschmack	süß
Funktionskreisbezug	Magen und Milz, Dickdarm
Wirkrichtung	absteigend
Element	Erde
Wirkung	kühlt Hitze, bewegt und kühlt das Blut, zerstreut Blut-Stagnationen, beseitigt Schwellungen, lindert Schmerzen, harmonisiert Leber und Uterus, insbesondere bei unterdrückten Emotionen
Zubereitungsarten	gekocht, angebraten, als Saft, Dekokt oder in Wein eingelegt
Inhaltsstoffe	Wasser, Kohlenhydrate, Vitamin C, Kalzium, Niacin, Eisen, Phosphor; überdurchschnittlich viel Kalium, Bitterstoffe, ätherische Öle

Indikation

- *Hitze im Blut:*
  Hauterkrankungen mit juckenden und roten Hauteffloreszenzen, Hautgeschwüre, Brustdrüsenentzündungen (Mastitis), Karbunkel (ggf. äußere Anwendung), blutiger Stuhl, Hämorrhoiden.

Bambussprossen

Geschmack	süß
Funktionskreisbezug	Magen, Lunge
Wirkrichtung	absteigend
Element	Erde
Wirkung	kühlt Hitze, tonisiert das Yin, beseitigt Unruhe, transformiert Schleim, senkt das Qi, diuretisch und laxierend
Zubereitungsarten	salatähnlich, kalt, gekocht, angebraten oder als Dekokt
Inhaltsstoffe	reichlich Wasser, Eiweiß, Fett, Kalzium, Phosphor, Kalium, Vitamin B_1, B_2, Niacin

Indikation

- *Hitze im Magen:*
  Sodbrennen, Gastritis, Ulzeration im Magen und Darmtrakt, Durst, trockener Mund.
- *Hitze-Schleim-Erkrankungen der Lunge*
  Bronchitis, Sinusitis mit zähem gelbem Schleim.

Frische Bambussprossen kochen, mit etwas Ingwer, Salz und Essig vermischt kalt verzehren

Chinakohl

Energetisches Temperaturverhalten	neutral, Tendenz zur Kühle
Geschmack	süß
Funktionskreisbezug	Magen, Dickdarm
Wirkrichtung	absteigend
Element	Erde
Wirkung	kühlt Hitze, fördert die Verdauung, bildet Körperflüssigkeiten, diuretisch und laxierend
Zubereitungsarten	Saft, gekocht oder als Dekokt
Inhaltsstoffe	reich an Vitamin A, B_1 und C, Niacin, Kalzium und Eisen, β-Carotin, Magnesium, Phosphor, hochwertige Aminosäuren, Senföle

Indikation

- *Hitze im Magen:*
  Gastritis, Magen- und Zwölffingerdarmgeschwüre, Durst, trockener Mund.
- *Hitze in der Lunge:*
  fiebrige Erkältungen, Husten.

Dekokt aus Chinakohlsaft, Rettich und Honig

- *Trockenheit und Hitze im Darm:*
  Obstipation, Blähungen.

Frühlingszwiebeln

Energetisches Temperaturverhalten	warm
Geschmack	scharf
Funktionskreisbezug	Lunge, Magen.
Wirkrichtung	aufsteigend
Element	Metall
Wirkung	befreit die Oberfläche von äußeren pathogenen Witterungsfaktoren, bewegt das Yang und zerstreut Kälte, entgiftet
Zubereitungsarten	Dekokt, Saft, Brei, angebraten, gedünstet oder Gewürz. Wirkungsminderung bei zu langem Kochen
Inhaltsstoffe	reich an ätherischen Ölen, überwiegend Allicin, reich an Vitamin C und A, Kalzium und weiterhin Vitamin B_1, B_2, Kalium, Phosphor, Eisen, Jod und Selen

Indikation

- *Erkältungen aufgrund von äußeren Wind-Kälte-Einflüssen:*
  Schüttelfrost, Kälteabneigung, Fieber ohne Schwitzen, Kopfschmerzen, verstopfte Nase.
- *Kältesymptomatik im Mittleren Erwärmer:* abdominelle Schmerzen und Diarrhö.

Dekokt aus Frühlingszwiebeln und Ingwer

- Abdominelle Schmerzen aufgrund von Parasitenbefall.

Ca. 30 g Frühlingszwiebelsaft + 30 g Sesamöl 2 x täglich

- Akute Ulzerationen im Anfangsstadium.

Ca. 2–3 Suppenlöffel Frühlingszwiebelsaft mit etwas braunem Zucker abschmecken und heißem Wasser 1 x täglich einnehmen

Kontraindikation

- Allgemeine Schwäche und Neigung zu spontanem Schwitzen.

Gurke

Energetisches Temperaturverhalten	kühl
Geschmack	süß
Funktionskreisbezug	Milz, Magen, Dickdarm
Wirkrichtung	absteigend
Element	Erde
Wirkung	kühlt Hitze, sediert Yang, diuretisch, abschwellend, entgiftend, reinigt die Haut
Zubereitungsarten	salatähnlich, roh, gekocht, gebraten oder als Dekokt
Inhaltsstoffe	Wasser, Vitamin B_1, B_2, Niacin, β-Carotin, Rutin, reichlich Kalium, Magnesium, Bitterstoffe

Indikation

- *Allgemeine Hitzesymptome:*
  Durst, Unruhe, Schwellungen und Schmerzen im Hals, Heiserkeit, gerötete und

geschwollene Augen, Akne, Hautentzündungen.

- *Sommer-Hitze:*
  Gute Nahrungsergänzung während der heißen Jahreszeit, insbesondere bei Krankheiten, die durch äußere Hitze ausgelöst werden.
- *Zur äußeren Anwendung:*
  Bei roten, entzündeten, geschwollenen und trockenen Augen, zur Regeneration der Gesichtshaut (im Orient wurde Gurkensaft häufig Gesichtsseifen beigemischt), bei Hautverbrennungen 1. Grades (Sonnenbrand).
- *Feuchte Hitze im Dickdarm:*
  Reisediarrhö.

Kontraindikation

- *Kälte- und Schwächesymptomatik im Mittleren Erwärmer:*
  Magenschmerzen und Durchfälle, die sich bei Kälte verschlimmern.

Kohl

Energetisches Temperaturverhalten	neutral
Geschmack	süß
Funktionskreisbezug	Dickdarm, Magen
Wirkrichtung	aufsteigend
Element	Erde
Wirkung	tonisiert den Mittleren Erwärmer, lindert akute Schmerzzustände, fördert die Verdauung
Zubereitungsarten	roh, salatähnlich oder als Saft (gut geeignet bei Darmgeschwüren)
Inhaltsstoffe	reich an Vitamin B_1, B_2 und C, A, β-Carotin, Flavonoid, Kalzium, Phosphor, Kalium, Eisen, Zink

Indikation

- *Disharmonie und Stagnation von Magen und Milz:*
  Krampfartige Schmerzen im mittleren Abdomen, Obstipation.
- Magen- und Zwölffingerdarmgeschwüre (übereinstimmende Vorstellung der westlichen und chinesischen Medizin).

Kopfsalat

Energetisches Temperaturverhalten	kühl
Geschmack	süß, bitter.
Funktionskreisbezug	Dickdarm, Magen
Wirkrichtung	absteigend
Element	Feuer, Erde
Wirkung	kühlt Hitze, diuretisch, regt den Milchfluss an
Zubereitungsarten	roh, gekocht oder als Dekokt
Inhaltsstoffe	Kalzium, Vitamin A und C, Chlorophyll (vor allem in den Außenblättern gespeichert)

Indikation

- *Allgemeine Hitzesymptomatik und Hitze in der Blase:*
  Unruhe, Durst, Nervosität, Miktionsstörungen, Brennen beim Wasserlassen, spärlicher dunkler Urin.
- Störung des Milchflusses nach der Geburt.

Lauch

Energetisches Temperaturverhalten	warm
Geschmack	scharf
Funktionskreisbezug	Lunge, Leber, Magen, Niere
Wirkrichtung	aufsteigend und absteigend
Element	Holz, Metall
Wirkung	reguliert und bewegt das Qi, löst Blut-Stagnationen, tonisiert, unterstützt das Nieren-Yang, erwärmt den Mittleren Erwärmer, vertreibt Kälte, vertreibt Wind-Kälte-Einflüsse, entgiftet
Inhaltsstoffe	Vitamin B_1, viel Vitamin C, Eisen, Magnesium, Kalzium, Phosphor, Bitterstoffe

Indikation

- *Kältesymptome im Mittleren Erwärmer:* Dysphagie, Schmerzen im Abdomen, verminderter Appetit, Durchfall.
- *Nieren-Yang-Mangel:* Libidoverlust, Impotenz, frühzeitiger Samenerguss, Rückenschmerzen, unwillkürliches Wasserlassen, Schwäche im Rücken und in den Beinen.
- *Blut-Stagnationen:* Abdominelle Schwellungen und Schmerzen.
- *Äußere Wind-Kälte-Einflüsse:* Beginnende Erkältungskrankheit, grippaler Infekt mit Frösteln, Abneigung gegen Kälte.

Kontraindikation

- *Hitze-Symptomatik*
- *Allgemeine Yin-Schwäche*

Lotuswurzel

Energetisches Temperaturverhalten	roh: kühl, gekocht: erwärmend
Geschmack	süß
Funktionskreisbezug	Magen, Milz, Herz
Wirkrichtung	absteigend
Element	Erde
Wirkung	im rohen Zustand Hitze kühlend, Säfte erzeugend, Blut kühlend, Stagnationen zerstreuend, in gekochtem Zustand den Mittleren Erwärmer unterstützend, das Blut tonisierend, Durchfall lindernd

Indikation

- *Hitzesymptome:* Fieber, Durst, Unruhe.

Lotuswurzel roh

- *Blut-Hitze-Symptome:* Nasenbluten, blutiger Stuhl.

Lotuswurzel roh

- *Schwäche des Mittleren Erwärmers:* Appetitlosigkeit (Anorexie), Übelkeit, Dysphagie, Diarrhö.

Lotuswurzel gekocht

- *Blut-Schwäche:* allgemeine Abgeschlagenheit, Schwindel, rezidivierende Kollapszustände; insbesondere nach der Geburt kann die Lotuswurzel zusammen mit der Radix angelicae sinensis gekocht und gegessen werden (Blutaufbau).

Spinat

Energetisches Temperaturverhalten	kühl
Geschmack	süß
Funktionskreisbezug	Magen, Leber, Dick- und Dünndarm
Wirkung	kühlt Hitze, befeuchtet Trockenheit, fördert die Bildung von Körperflüssigkeiten, nährt das Blut, nährt die Leber, stützt das Yin, senkt das Qi (insbesondere von Leber und Magen)
Zubereitungsarten	blanchiert, als Salat oder Beilage, gekocht
Inhaltsstoffe	reich an Vitamin A und C, β-Carotin, Folsäure, Vitamin B_1, Aminosäuren, Phosphor, Oxalsäure, Kalzium, Eisen

Indikation

- *Hitze im Magen:*
  Sodbrennen, Gastritis, Ulzera im Magen-Darm-Trakt, Durst, trockener Mund und Unruhe.
- *Hitzesymptome und Yin-Schwäche der Leber:*
  Kopfschmerzen, Schwindel, Tinnitus, gerötete Augen, Unruhe, verschwommenes Sehen, Nachtblindheit, Schlaflosigkeit, westlich: Tinnitus, Hypertonie, nach übermäßigem Alkoholgenuss.

Spinat blanchieren, abkühlen lassen, mit Sojasoße, Essig und Salz abschmecken

- *Hitze im Blut:*
  Nasenbluten, Hauterkrankungen mit juckenden geröteten Hauteffloreszenzen.
- *Trockenheit und Hitze im Dickdarm:*
  Obstipation, Analfisteln, Hämorrhoiden, Blut im Stuhl, chronische Obstipation im Senium.

Kontraindikation

- *Schwäche des Mittleren Erwärmers mit Durchfallneigung.*

Süßkartoffel

Energetisches Temperaturverhalten	neutral mit Tendenz zum Warmen
Geschmack	süß
Funktionskreisbezug	Magen, Milz, Nieren.
Wirkrichtung	aufsteigend
Element	Erde
Wirkung	tonisiert den Mittleren Erwärmer und unterstützt die Bildung von Qi und Blut, beseitigt Blut-Stagnationen, harmonisiert das Blut, laxierend in rohem Zustand, erzeugt Flüssigkeit, stärkt das Nieren-Yin
Inhaltsstoffe	Pantothensäure, Vitamin A, C, Kalium, Magnesium

Indikation

- *Magen- und Milz-Qi- bzw. -Yang-Mangel:*
  Durchfall mit »Kältesymptomatik« und Kraftlosigkeit.
  Obstipation.

Kontraindikation

Ein übermäßiger Verzehr führt zu Stauungen im Mittleren Erwärmer mit Fülle- und Spannungsgefühl.

Tomate

Energetisches Temperaturverhalten	kalt
Geschmack	süß und sauer
Funktionskreisbezug	Magen, Leber
Wirkrichtung	absteigend
Element	Holz und Erde
Wirkung	kühlt Hitze, tonisiert Yin (insbesondere Leber-Yin), erzeugt Flüssigkeiten und beseitigt Trockenheit, kühlt und reinigt das Blut, kräftigt den Magen, fördert die Aktivität des Leberfunktionskreises
Zubereitungsarten	roh, als Saft, gekocht, angebraten oder als Dekokt
Inhaltsstoffe	reich an Vitamin A, B_1, B_2, C, Zink, Kobalt, Magnesium, Kalzium, Phosphor, Eisen, Kalium, ätherische Öle, natürliche Hormone, Oxalsäure (Vorsicht bei Nierensteinen!)

Indikation

- *Hitze im Blut:*
  Nasenbluten, Hauterkrankungen mit juckenden, geröteten Hauteffloreszenzen, Sonnenallergie, allergische Erkrankungen im Frühjahr.
- *Hitze in der Leber und Leber-Yin-Mangel:*
  Kopfschmerzen, rote juckende Augen, Schwindel, Tinnitus, Nachtblindheit, verschwommenes Sehen, Hypertonie.

Westliche Empfehlung:
1–2 Tomaten zum Frühstück

- *Hitzesymptome und Yin-Mangel des Magens:*
  Durst, trockener Hals, Appetitlosigkeit, Unruhe.
- *Hitzesymptome und Mangel an Körperflüssigkeiten:*
  Unruhe, Nervosität.

Frische Tomaten mit Zucker, Mixtur aus Tomaten und Melonensaft

Kontraindikation

- Kälte und Schwäche im Mittleren Erwärmer.

! Ein dauernder und übermäßiger Verzehr von Tomaten, insbesondere in den kühlen Jahreszeiten, führt zu einer starken Abkühlung und Schwächung des Körpers. Tägliche Dosierung ca. 1–2 Tomaten. Unreife und grünfleckige Tomaten können den Nierenfunktionskreis schwächen.

Zwiebel

Energetisches Temperaturverhalten	warm
Geschmack	scharf und süß (durch Andünsten)
Funktionskreisbezug	Lungen, Magen, Dickdarm
Wirkrichtung	aufsteigend
Wirkung	tonisiert den Magen, reguliert das Qi, zerstreut Blut-Stagnationen, treibt Kälte aus, wirkt schweißtreibend und fördert den Appetit. Löst Qi-Stagnationen und tonisiert den Mittleren Erwärmer bei gespanntem Abdomen und Appetitlosigkeit
Zubereitungsarten	Saft, angebraten oder getrocknet. Bei zu langer Zubereitung verlieren Zwiebeln ihre Wirkung
Inhaltsstoffe	hohe Konzentration an ätherischen Ölen (Phytonozide), Kalzium, Jod, Selen, Phosphor, Fluor, Kalium. Vitamin B_1, B_2 und C, Prostaglandin A, Senföle

Indikation

- Hypertonie, Hyperlipidämie, koronare Herzkrankheit (westliche und chinesische Medizin).
- Bronchitis (westliche und chinesische Medizin).
- *Wind-Kälte-Erkrankungen und Schleimerkrankungen:*
  Allgemeine Erkältung mit Kältesymptomen, Bronchitis, Sinusitis (löst Schleim), Katarrhe von Brust und Hals.

Traditionelles Rezept

Eine Zwiebel mit einem Teelöffel Honig auskochen. Zwiebelpackungen zur äußerlichen Anwendung auf die Brust bzw. Einreibung

- Äußerliche Anwendung:
  Roh- oder Saftkompressen bei Insektenstichen, Schwellungen und Schmerzen.

Kontraindikation

- *Hitzesymptomatik und allgemeine Yin-Schwäche.*

Getreide

Nach Auffassung der TCM sollte Getreide den Hauptbestandteil der täglichen Ernährung bilden. Es eignet sich hervorragend, um dem Körper Kraft und Ausdauer zu verleihen, und es sorgt in idealer Weise für emotionale und psychische Stabilität sowie geistige Ruhe und Ausgeglichenheit (besonders Weizen).

Getreide ist zumeist von süßem Geschmack und wirkt daher vornehmlich auf den Funktionskreis von Milz/Pankreas und Magen, sein Temperaturverhalten hat auf den Organismus je nach Getreidesorte einen warmen, neutralen oder kühlenden Charakter.

Eine Ernährung mit Getreide sichert eine gute Balance zwischen dem Aufbau von Qi, Yin und Yang.

Bei Kälte-Symptomen, im Winter, oder bei einer überwiegend vegetarischen Ernährung sollten wärmere Getreidesorten wie Hafer und Buchweizen berücksichtigt werden oder entsprechend mit wärmenden Gewürzen und Gemüse (Zimt, Ingwer, Knoblauch, Rosinen, Fenchel) das energetische Temperaturniveau angehoben werden.

- **Bei Fülle** (starke Person, laute kräftige Stimme, cholerische Züge, extrovertiert, rote Zunge, ggf. dicker Belag): Weizen, Reis, Gerste.
- **Bei Mangel** (schwache Person, schwache leise Stimme, häufig müde und abgeschlagen, blass, geschwollene Zunge, schwacher Puls): Hafer, Reis, Dinkel, Mais, Hirse.
- **Bei Hitze** (rote Zunge, schneller Puls, rotes Gesicht, gerötete Augen, Nervosität): Weizen, Gerste, Amarant.
- **Bei Kälte** (blasse, geschwollene Zunge, schwacher, langsamer Puls, frösteln, Abneigung gegen Kälte, Verschlechterung des Befindens und der Schmerzen durch Kälte): Hafer, Reis, Mais.
- **Bei Feuchtigkeit** (Schwellungen, Ödeme, chronische Schleimerkrankungen z. B. Stirnhöhlenentzündungen, Bronchitis): Hirse, Roggen, Buchweizen, Gerste.
- **Bei Trockenheit** (trockener Mund, Lippen und Haut, Verstopfung): Weizen, Dinkel.

Buchweizen

Energetisches Temperaturverhalten	uneinheitlich, wird überwiegend als kühl eingestuft, in einigen Quellen als warm
Geschmack	süß
Funktionskreisbezug	Magen, Milz, Dickdarm
Element	Erde
Wirkung	senkt das Qi, nährt die Milz, löst Verhärtungen auf, eliminiert Feuchtigkeit
Zubereitungsarten	Brei, Dekokt oder Pulver
Inhaltsstoffe	Eiweiß, Fett, Kohlenhydrate, Kalzium, Phosphor, Eisen, Kalium, Kupfer, Vitamin B_1, B_2, B_3, E, Lecithin, Lysin, Tryptophan

Indikation

- *Stagnation und gegenläufiges Magen-Qi:* Übelkeit, Erbrechen, Schmerzen und Spannungsgefühl im Abdomen.

Kontraindikation

(abhängig von thermischer Einstufung)

- Warme Einstufung: Buchweizen kann im Übermaß Hitzesymptome erzeugen und innere aufsteigende Hitzesyndrome, Schwindel, Kopfschmerzen, Ruhelosigkeit etc. provozieren.

- Kühle Einstufung: Zurückhaltung bei Magen- und Milz-Schwäche.

Dinkel

Energetisches Temperaturverhalten	neutral bis kühl
Geschmack	süß
Funktionskreisbezug	Milz, Magen, Leber
Wirkrichtung	absteigend
Element	Erde
Wirkung	nach TCM dem Weizen ähnlich, im Temperaturverhalten etwas wärmer (neigt weniger zur Ausbildung von Feuchtigkeit- und Schleimsymptomen). Im Anbau robuster, wird wegen seiner Reinheit geschätzt
Zubereitungsarten	geschrotet, gemahlen, als Brei oder Dekokt
Inhaltsstoffe	Kohlenhydrate, Eiweiß, Stärke, Fett, Lecithin, Vitamin B_1 und B_2, Zink, Kieselsäure, ungesättigte Fettsäuren

Indikation: ähnlich Weizen

Aufgrund seiner Reinheit wird Dinkel in manchen Ernährungskonzepten bevorzugt bei Allergien und Hauterkrankungen eingesetzt.

Gerste

Energetisches Temperaturverhalten	kühl
Geschmack	salzig, süß
Funktionskreisbezug	Milz, Magen
Wirkrichtung	absteigend
Element	Erde, Wasser
Wirkung	kühlt Hitze, befeuchtet Trockenheit, nährt Yin, harmonisiert den Magen, beseitigt Verdauungsblockaden, entgiftet, erhöht Diurese
Zubereitungsarten	gemahlen, als Dekokt oder Brei
Inhaltsstoffe	Eiweiß, Stärke, Fett, Kalzium, Vitamin B_1, B_2, B_6, Pantothensäure, Folsäure, Kalzium, Kalium, Magnesium, Eisen, Kupfer, Zink, Kieselsäure, Schleimstoffe

Indikation

- *Hitzesymptomatik:*
  Unruhe, Nervosität, Schlaflosigkeit, Trockenheit des Mundes.

Frischer Gerstenbrei

- *Disharmonie im Mittleren Erwärmer (besonders Magen):*
  Übelkeit, Erbrechen, Appetitlosigkeit, abdominelle Schmerzen aufgrund von Völlegefühl und Nahrungsstagnationen, unterstützt die Verdauungsfunktion.

Frischer Gerstenbrei
mit leicht wärmender Nahrung z. B. Rosinen und Zimt

- Wasseransammlungen im Körper.

Hafer

Energetisches Temperaturverhalten	neutral bis warm
Geschmack	süß
Funktionskreisbezug	Milz, Magen, Niere
Wirkrichtung	aufsteigend
Element	Erde, Wasser
Wirkung	nährt Qi und Blut, bewegt das Qi, kräftigt Nerven, Muskeln und Sehnen, beseitigt Feuchtigkeit
Zubereitungsarten	Dekokt, gemahlen, als Brei oder Haferflocken
Inhaltsstoffe	besonders hochwertiges Eiweiß (enthält alle essenziellen Aminosäuren), Fett, Vitamin B_1 und B_2, Kalzium, Eisen, Mangan, Silicium, Zink

Indikation

- *Allgemeiner Qi-, Blut- und Yang-Mangel*
- Erschöpfungszustände.
- Rekonvaleszenz nach langen, chronischen, zehrenden Krankheiten.
- Allgemeine körperliche Schwäche, insbesondere bei blassen schwachen Kindern und älteren Menschen.

Täglich frischer ***Haferbrei*** oder Haferflocken mit Rosinen

Kontraindikation

Vorsicht bei Hitzesymptomatik, im Übermaß kann Hafer Unruhe, Nervosität, Schlafstörungen auslösen, sprichwörtlich »Den sticht der Hafer.«

Hirse

Energetisches Temperaturverhalten	neutral bis leicht erwärmend (nicht eindeutig, in einigen Quellen als kühl eingestuft)
Geschmack	süß und salzig
Funktionskreisbezug	Magen, Milz, Niere
Wirkrichtung	absteigend
Element	Erde und Wasser
Wirkung	nährt, kräftigt und harmonisiert den Mittleren Erwärmer (neben Reis bestes Getreide), kräftigt die Nieren (ein sehr gutes Nahrungsmittel während der Schwangerschaft), nährt Blut und Qi, trocknet Feuchtigkeit und Nässe, transformiert Schleim, beseitigt gegenläufiges Magen-Qi, wirkt diuretisch und entgiftend
Zubereitungsarten	gekocht, als Brei, Dekokt oder gedämpft
Inhaltsstoffe	Kohlenhydrate, Eiweiß, Stärke, Fett (bei viel Linolsäure), Kalzium, Phosphor, reich an Eisen, Fluor, Magnesium, Vitamin B_1 und B_6, Lecithin, extrem viel Kieselsäure

Indikation

- *Schwäche des Mittleren Erwärmers:*
  Appetitlosigkeit, allgemeine Schwäche, Müdigkeit, Diarrhö.

Morgens ***Hirsemüsli*** mit Rosinen, Nüssen, Zimt, und Früchten nach Jahreszeit

- Feuchtigkeits- und Schleimerkrankungen aufgrund einer Milz-Schwäche.
- Rezidivierende Schleimerkrankungen (Sinusitis, Bronchitis etc.), dumpfes Schweregefühl im Kopf, Schweregefühl in den Extremitäten, Übelkeit, Verdauungsstörungen.
- *Gegenläufiges Magen-Qi:*
  Akute und chronische Übelkeit, Erbrechen, Schwangerschaftserbrechen.
- *Magen- und Darminfekte:*
  Nach Genuss von verdorbenen Speisen mit akuter Übelkeit und Diarrhö.
- Allgemeine Schwäche, Kraftlosigkeit und Kältegefühl, besonders bei Schwäche und Kraftlosigkeit in den unteren Extremitäten.

Mais

Energetisches Temperaturverhalten	neutral
Geschmack	süß
Funktionskreisbezug	Niere, Dickdarm, Magen
Element	Erde
Wirkung	nährt den Mittleren Erwärmer, Nieren, Qi und Blut, reguliert die Körperflüssigkeiten, harmonisiert den Magen,Verstärkung der Diurese
Zubereitungsarten	gekocht, als Brei oder Dekokt
Inhaltsstoffe	Eiweiß, Fett, Stärke, Eisen, Phosphor, Vitamin B_1, B_2, B_6 und E, reich an ungesättigten Fettsäuren, Kalzium, Kalium, Selen. Geeignet für glutenfreie Ernährung!

Indikation

- *Schwäche des Mittleren Erwärmers:*
  Appetitlosigkeit, Verdauungsstörungen, Diarrhö.
- *Nieren-Qi-Mangel:*
  Kraftlosigkeit, Schwäche- und Kältegefühl in den unteren Extremitäten, Impotenz
- Flüssigkeitsansammlung im Körper:
  Ödeme und »Gedunsenheit«.

Nach westlicher und chinesischer Medizin reduziert ein hoher Anteil an ungesättigten Fettsäuren die Cholesterinabsorption. Dies ist vor allem bei Hyperlipidämie und Hypercholesterinämie von Bedeutung. Somit ist eine Vorbeugung von Herzerkrankungen und Bluthochdruck möglich.

Reis

Energetisches Temperaturverhalten	neutral
Geschmack	süß
Funktionskreisbezug	Milz, Magen, Lunge
Wirkrichtung	aufsteigend
Element	Erde
Wirkung	nährt Qi und Blut, harmonisiert den Magen, kräftigt die Milz, reguliert und bildet Körperflüssigkeiten, beseitigt Diarrhö, scheidet schlechte Flüssigkeiten aus
Zubereitungsarten	gekocht, als Brei oder gedämpft, als Dekokt
Inhaltsstoffe	Kohlenhydrate, Eiweiß, Fett. Ungeschälter Reis enthält Vitamin B_1, B_2, B_3, E, Eisen, Kalium, alle essenziellen Aminosäuren, Linolsäure

Indikation

- *Milz-und Magen-Schwäche:*
  Allgemeine Schwäche, Appetitlosigkeit, Übelkeit, Erbrechen, Schwangerschaftserbrechen, Diarrhö.

Rundkornreis in einer beliebigen Menge Wasser kochen.
Sehr gut bei Säuglingen und Kindern mit Übelkeit und Erbrechen: zunächst nur den abgekochten Sud trinken, später den Reis verzehren, ggf. Süßholz oder Honig zufügen

- *Hitzesymptome durch Magen-Yin-Mangel:*
  Durst, trockener Mund, Unruhe, Schlaflosigkeit (stabilisiert emotionale Schwankungen).

! Reis ist neben Hirse zur Stärkung des Funktionskreises von Magen und Milz empfehlenswert (Rundkornreis nährt besonders gut das Qi).
Süßer Reis ist mit seinem erwärmenden Temperaturverhalten sehr gut geeignet, Qi und Blut aufzubauen.

Grundrezept für die Zubereitung eines Congee:

Anglo-indisch: Reisschleim oder Reisbrei. Im Chinesischen wird diese Speise »Shifan« oder »Wasserreis« genannt. Hauptbestandteile bilden Reis und Wasser.

1 Tasse Reis (gegebenenfalls auch anderes Getreide) mit 6 bis 10 Tassen Wasser aufgießen. Nach kurzem Aufkochen ca. 4 bis 6 Stunden auf kleiner Flamme köcheln lassen.
Wirkung: stärkt das Qi des Mittleren Erwärmers.
Die Wirkung kann durch Hinzufügen von weiteren Nahrungsmitteln oder Kräutern verändert werden.

Beispiel
Mungbohnen-Congee: wirkt kühlend, fiebersenkend insbesondere bei Sommer-Hitze.

Esskastanien-Congee: tonisiert den Funktionskreis Niere.

Weizen-Congee: tonisiert das Leber-Yin, wirkt kühlend und fiebersenkend, beruhigend und psychisch stabilisierend.

Roggen

Energetisches Temperaturverhalten	neutral bis kühl
Geschmack	bitter
Funktionskreisbezug	Gallenblase, Leber, Milz, Herz
Wirkrichtung	aufsteigend
Element	Feuer
Wirkung	trocknet Feuchtigkeit, Roggen unterstützt in erster Linie die Ausscheidung von Flüssigkeiten (harntreibend)
Zubereitungsarten	Dekokt, als Brei oder Mehl
Inhaltsstoffe	Eiweiß, Stärke, Fett, Kalzium, Phosphor, Kalium, Zink, viel Lysin, B-Vitamine

Indikation

- *Schleim-und Flüssigkeitsansammlungen.*

Gelbe Sojabohne

Energetisches Temperaturverhalten	neutral, Tendenz zur Wärme, geröstet: heiß
Geschmack	süß
Funktionskreisbezug	Magen, Milz, Dickdarm
Wirkrichtung	absteigend
Element	Erde
Wirkung	nährt die Milz, bildet Qi und Blut, senkt das Qi, befeuchtet Trockenheit, leitet die Flüssigkeiten aus, wirkt entgiftend
Zubereitungsarten	gekocht, pulverisiert oder als Dekokt
Inhaltsstoffe	reich an Eiweiß, eignet sich sehr gut zur Behandlung von Unterernährung, weiterhin Fette, ungesättigte Fettsäuren, Phosphor, Eisen, Kalzium, Carotin, Vitamin B_1, B_2, B_{12} und Folsäure, Lysin, Lecithin

Indikation

- *Schwäche von Magen und Milz mit Qi- und Blut-Schwäche:*
  Müdigkeit, Kraftlosigkeit, kühle Extremitäten, Appetitlosigkeit.

Gekochte Sojamilch

- Flüssigkeitsansammlungen, Ödeme, Gedunsenheit aufgrund einer Milz-Schwäche.
- *Disharmonie im Dickdarm:*
  Akute und chronische Verdauungsstörungen, Durchfall, Schwellungen im Abdomen, Spannungsgefühl, insbesondere bei Kleinkindern.
- Verzehr von verdorbenen Speisen.

Kontraindikation

Übermäßiger Verzehr führt zu Qi-Stagnationen im Abdomen und Spannungsgefühl, Feuchtigkeit und Schleimbildung möglich.

Sojabohnen enthalten besonders viel hochwertiges Eiweiß mit nahezu allen lebensnotwendigen Aminosäuren und hochwertige Öle mit einer Vielzahl von essenziellen Fettsäuren. Sojamilch und Sojabohnenprodukte werden bevorzugt bei Hauterkrankungen und Allergien eingesetzt.

Schwarze Sojabohne

Energetisches Temperaturverhalten	neutral
Geschmack	süß
Funktionskreisbezug	Milz, Niere.
Wirkrichtung	aufsteigend
Element	Erde (Wasser)
Wirkung	nährt Milz und Nieren, nährt das Nieren-Yin, bewegt das Blut, vertreibt Wind, leitet Feuchtigkeit aus, entgiftet. Soja stärkt die Milz, nährt Blut und Qi, kühlt Hitze und sediert Yang. Er befeuchtet Trockenheit und unterstützt die Wasserausscheidung. Soja wird verwendet bei Blähungen im Abdomen, Durchfällen, bei Unterernährung von Kindern, starker Abmagerung, Allergien und Hautausschlägen
Zubereitungsarten	als Dekokt, gekocht, in Alkohol eingeweicht
Inhaltsstoffe	reich an Eiweiß, Fett und Kohlenhydraten, Phosphor, Eisen, Vitamin B_1 und B_2

Indikation

- *Milz-Schwäche:*
  Feuchtigkeitsansammlungen, Ödeme, Beklemmungsgefühl, schwere Gliedmaßen, Gedunsenheit.

Dekokt aus Sojabohnen (200 g)

- *Nieren-Schwäche, insbesondere Nieren-Yin-Mangel:*
  Kraftlosigkeit in den unteren Extremitäten, schlechtes Hörvermögen, frühes Ergrauen der Haare, Durst, trockene Augen, unscharfes Sehen, Nachtschweiß, Kreuzschmerzen.

Schwarze Sojabohnen (200 g) rösten, über mehrere Tage in Reiswein einlegen, Bohnen entfernen, ca. 2x täglich 100 ml trinken

- *Wind-Feuchtigkeits-Störungen (feuchtes Bi-Syndrom):*
  Rheumatoide Schmerzen, Gelenkschmerzen, Muskelschmerzen, die sich durch äußere Feuchtigkeit und Wind verstärken.

Kontraindikationen

Übermaß schwächt die Milz und kann Schleimerkrankungen hervorrufen.

Weizen

Energetisches Temperaturverhalten	kühl, Tendenz zur Kälte
Geschmack	süß
Funktionskreisbezug	Herz, Leber, Milz, Niere
Wirkrichtung	absteigend
Element	Erde
Wirkung	kühlt Hitze, nährt Milz und Nieren, nährt das Herz-Yin, bildet Qi und Blut in Ergänzung mit warmen Nahrungsmitteln, wirkt durststillend und diuretisch
Zubereitungsarten	geschrotet, gemahlen, als Brei oder Dekokt
Inhaltsstoffe	Kohlenhydrate, Eiweiß, Stärke, Fett, Lecithin, sämtliche B-Vitamine, Verjüngungsvitamin E, β-Carotin, Biotin, Folsäure, Selen, natürliches Östrogen

Indikation

- *Allgemeine Hitzesymptomatik:*
  Trockener Mund, Fieber, Schwitzen. Gut als fiebersenkendes Mittel bei Säuglingen und Kleinkindern.

½ Liter Wasser mit 2 EL ***Weizenschrot*** ca. 30 Minuten kochen, ggf. mit etwas Süßholz, als Sud warm getrunken.

- *Innere Hitzezustände mit emotionalen und psychischen Symptomen:*
  Erregungs- und Angstzustände, Hysterie, innere Unruhe, Rastlosigkeit, Gereiztheit, Schlaflosigkeit, labile Gemütszustände, Neigung zu Trauer.

Dekokt aus Weizen (200 g), chinesischen Datteln (50 g), Süßholzwurzel (18 g), zweimal täglich warm getrunken. Weizen eignet sich ausgezeichnet zur »inneren«, psychischen Stabilisierung! (cave: Schleimerkrankungen)

- *Leber-Hitze, z.B. durch aufsteigendes Leber-Yang oder emporloderndes Leber-Feuer:*
  Gereiztheit, Schlafstörungen, Rastlosigkeit, Kopfschmerzen, Schwindel, Tinnitus, gerötete juckende Augen.

Täglich ***frischer Weizenbrei*** (50 g), 1–2 Wochen Fleischkarenz und Vermeiden von thermisch heißer Nahrung z.B. scharfe Gewürze, Alkohol

- Leber-Blut-Schwäche und Blut-Hitze: juckende Hautkrankheiten, Allergien.
- Klimakterium bei Hitzewallungen oder Nachtschweiß.

Kontraindikation

Übermaß an Weizen oder Weizenprodukten (Spaghetti) bildet Feuchtigkeit und Schleim.

Weizenmehl, Weizenkleie oder Weizenkeime zeigen deutliche Unterschiede im energetischen Temperaturverhalten:

Weizenmehl	warm, kann im Übermaß genossen Hitzesymptome verursachen
Gekeimter Weizen	kalt
Weizenkleie	kühl bis kalt

Weizen verleiht dem Körper Kraft und Ausdauer.

Gewürze und Kräuter

Gewürze haben meist einen scharfen Geschmack und ein warmes bis heißes Temperaturverhalten.

Durch ihre wärmende Wirkung unterstützen sie den Mittleren Erwärmer und dynamisieren die Verdauungsorgane. Sie eignen sich hervorragend, um kühlen oder kalten Speisen ein wärmeres Temperaturverhalten zu verleihen, und sind daher besonders in den kalten Witterungsmonaten oder bei einem Qi- und Yang-Mangel der Verdauungsorgane zu bevorzugen.

Ein Übermaß kann leicht Hitzesymptome hervorrufen und bei längerem Gebrauch einen Yin-Mangel mit bedingen.

- **Bei Fülle** (robuste Person, laute kräftige Stimme, Hitzegefühl, Überaktivität, cholerische Züge, extrovertiert, Zunge mit dickem Belag, voller Puls): Heiße Gewürze meiden, oder äußerst sparsam anwenden (cave: Knoblauch, Ingwer, Zimt).
- **Bei Mangel** (schwache Person, schwache leise Stimme, Frieren, häufig müde und abgeschlagen, introvertiert, geschwollene Zunge, schwacher Puls): Aufbauende Nahrung mit wärmenden Gewürzen mischen, Knoblauch, Fenchelsamen, Zimt, Ingwer.
- **Bei Hitze** (rotes Gesicht, Durst nach kalten Getränken, Verschlechterung des Befindens und der Schmerzen durch Wärme, rote Zunge, schneller Puls): Heiße und warme Gewürze ganz meiden!
- **Bei Kälte** (Frösteln, Abneigung gegen Kälte, Verschlechterung des Befindens und der Schmerzen durch Kälte, blasse, geschwollene Zunge, schwacher, langsamer Puls): Speisen gut würzen, Pfeffer, Knoblauch, Ingwer, Zimt, Chili, Fenchelsamen.
- **Bei Feuchtigkeit** (allgemeines Schweregefühl, pathologische Schwellungen, Ödeme, chronische Schleimerkrankungen z.B. Stirnhöhlenentzündungen, Bronchitis) frischer Ingwer.
- **Bei Trockenheit** (trockener Mund, Lippen und rissige Haut, trockene Schleimhäute): Heiße und warme Gewürze ganz meiden!

Brauner Zucker, Vollrohrzucker

Herstellung aus dem gepressten Saft der Zuckerrohrstengel.

Energetisches Temperaturverhalten	warm
Geschmack	süß
Funktionskreisbezug	Milz, Magen, Leber
Wirkrichtung	aufsteigend
Element	Erde
Wirkung	tonisiert den Mittleren Erwärmer, tonisiert Qi, beseitigt Blut-Stagnationen, entspannt die Leber, bewegt und harmonisiert das Blut, lindert Spasmen und akute Schmerzen
Zubereitungsarten	gelöst in heißem Wasser, in alkoholischen Getränken oder als Dekokt
Inhaltsstoffe	Saccharose, Kalzium, Vitamin B_2, Eisen

Indikation

- *Magen- und Milz-Schwäche:* Abdominelle Schmerzen z.B. bei Blut-Stagnation, Übelkeit, Erbrechen.

Dekokt aus braunem Zucker (100 g), frischem Ingwer (200 g) und Mandarinenschalen

- *Kältebedingte Blut-Stagnationen:* Schmerzhafte Regelblutung, persistierender und stauender Lochienfluss nach der Geburt.

Kontraindikation

- *Feuchtigkeits- und Schleimbelastungen,* Karies, feuchte Hitze.

Chili

Energetisches Temperaturverhalten	heiß
Geschmack	scharf
Funktionskreisbezug	Milz, Magen, Herz
Wirkrichtung	aufsteigend
Element	Feuer
Wirkung	zerstreut Kälte, wärmt den Mittleren Erwärmer, löst Verdauungsblockaden, schweißtreibend, trocknet Feuchtigkeit
Zubereitungsarten	überwiegend als Gewürz, roh, gebraten, in Suppen
Inhaltsstoffe	reich an Capsaicin und 2H-Capsaicin, ätherischen Ölen, Vitamin C, A, E, Phosphor, Kalzium

Indikation

- *Wind-Kälte-Erkrankungen:* Grippe, Erkältung, mit Kälteabneigung, Schüttelfrost.
- *Äußere Wind-Kälte- und Nässe-Einflüsse sowie Kälteblockaden:* Rheumatische Erkrankungen, Gelenkerkrankungen, die durch äußere Wind-Kälte-Einflüsse verstärkt werden.
- *Stagnationen von Kälte-Nässe im Mittleren Erwärmer:* Appetitlosigkeit, Müdigkeit und Abgeschlagenheit, Schweregefühl und Muskelschmerzen in den Extremitäten.
- *Kälte in Magen und Milz:* Verminderter Appetit, Kältegefühl im Magen, Durchfall, Übelkeit und Erbrechen.

Kontraindikation

Generell sollten scharfe Chilis und Paprikaschoten in der Ernährung zurückhaltend eingesetzt werden. Sie eignen sich jedoch sehr gut, um als Gewürz den Speisen eine wärmende Wirkung zu verleihen, wenn sie gezielt und in Maßen eingesetzt werden. Zurückhaltung bei Patienten mit allgemeiner Yin-Schwäche und Hitzesymptomen wie trockene Augen, Geschwüre im Mundbereich, Ulzera im Bereich des Verdauungstraktes, Hämorrhoiden.

Essig

Energetisches Temperaturverhalten	warm
Geschmack	sauer und bitter
Funktionskreisbezug	Magen, Leber
Wirkrichtung	steigend
Element	Holz
Wirkung	wirkt blutstillend, beseitigt Blut- und Qi-Stagnationen, entgiftend, fördert die Verdauung

Zubereitungsarten	als Gewürzmittel oder verdünnt in Wasser oder als Dekokt
Inhaltsstoffe	Essigsäure, Azetal, Oxalsäure, Acetaldehyd, Mineralstoffe, Säuren, höherwertige Alkohole

Indikation

- *Blut-Stagnation:*
  Schmerzen im Abdomen, tastbare Verhärtungen im Abdomen.

Heilkräuter mit Essig aufgegossen

- *Qi- und Blut-Stagnationen:*
  Verdauungsblockaden, bei Übermaß an fetten, öligen Speisen, Fleisch, Fisch.
- *Blutungen:*
  Nasenbluten, blutiger Stuhl, blutiger Auswurf.

Kontraindikation

- *Stagnationen im Mittleren Erwärmer durch Feuchtigkeit.*

Tipp **Essig ist eines der wenigen Nahrungsmittel bei Qi- und Blut-Stagnation (weiterhin Staudensellerie). Auf gute Qualität achten!**

Getreidezucker (Malzzucker-Maltose)

Energetisches Temperaturverhalten	warm
Geschmack	süß
Funktionskreisbezug	Milz, Magen, Lunge.
Wirkrichtung	aufsteigend
Element	Erde
Wirkung	wärmt und tonisiert den Mittleren Erwärmer, befeuchtet die Lunge, wirkt hustenstillend, beseitigt Trockenheit, lindert Krämpfe und akute Schmerzzustände, bildet Körperflüssigkeiten, wirkt entgiftend
Zubereitungsarten	in Wasser auflösen, als Pulver oder Dekokt
Inhaltsstoffe	Maltose, Vitamin B, Eisen

Indikation

- *Magen- und Milz-Schwäche:*
  Allgemeine Müdigkeit, Appetitlosigkeit, Kraftlosigkeit, Diarrhö.
- *Schwäche und Trockenheit der Lunge:*
  Rachenschmerzen, Heiserkeit, Husten mit wenig Auswurf, Kurzatmigkeit.

Gedämpfter Rettich (500 g) mit Getreidezucker (20 g) vermengen, bis der Getreidezucker geschmolzen ist, heiß verzehren

Kontraindikation

- Feuchtigkeit, feuchte Hitze, Völlegefühl im Abdomen mit Neigung zu Übelkeit und Erbrechen.

Honig

Energetisches Temperaturverhalten	neutral
Geschmack	süß
Funktionskreisbezug	Milz, Lunge, Dickdarm
Wirkrichtung	aufsteigend
Element	Erde
Wirkung	tonisiert den Mittleren Erwärmer, befeuchtet Trockenheit, befeuchtet die Lunge, wirkt hustenstillend, wirkt schmerzlindernd, befeuchtet den Dickdarm, entgiftend
Zubereitungsarten	roh, als Gewürz beim Kochen, in heißem Wasser aufgelöst
Inhaltsstoffe	ca. 70 % Fruktose und Glukose, Eiweiß, Zitronensäure, Pektin, geringe Mengen an Vitamin A, B_1, B_2, B_6, C, D, geringe Mengen an Magnesium, Kalzium, Kalium, Natrium, Phosphor, Eisen, Kupfer, Mangan

Indikation

- *Magen-, Milz-Schwäche:*
  Appetitlosigkeit, Müdigkeit, Kraftlosigkeit, Kurzatmigkeit, Diarrhö mit abdominellen Schmerzen.
- *Trockenheit der Lunge:*
  Trockener Husten mit wenig Auswurf oder zähem Schleim, Heiserkeit, trockener Kehle, chronischer Reiz- und Erschöpfungshusten.

Gedünstete Birnen mit Honig

- *Trockenheit im Dickdarm bei Mangel an Körpersäften durch Hitze:*
  Obstipation, insbesondere Obstipation im Senium.

Honig gemischt mit geröstetem schwarzem Sesam zu einem Mus verarbeitet, in heißem Wasser aufgelöst und getrunken

- *Magen-Hitze:*
  Gastritis und Ulzerationen im Magen und Zwölffingerdarm.
- Äußere Anwendung:
  Bei spröden trockenen Lippen, Ulzerationen in Mund oder Lippen, bei Verbrennungen oder Erfrierungen.

Kontraindikation

- *Feuchtigkeits- und Schleimerkrankungen, Stauungen im Mittleren Erwärmer* oder Diarrhö.

Frischer Ingwer

Energetisches Temperaturverhalten	warm
Geschmack	scharf
Funktionskreisbezug	Lunge, Magen, Milz
Wirkrichtung	aufsteigend
Element	Metall
Wirkung	stärkt den Mittleren Erwärmer, beseitigt Übelkeit, befreit die Oberfläche von pathogenen Wind-Kälte-Faktoren (unterstützt das Wei Qi in der Tai-Yang-Schicht), wirkt schweißtreibend, lindert Brechreiz, transformiert Schleim, tonisiert die Lunge, wirkt hustenstillend und entgiftend. Regt die Blutzirkulation an, wirkt appetitfördernd und fördert die Sekretion der Verdauungssäfte
Zubereitungsarten	frischer Ingwer (violetter Ingwer »eher mild« oft als Gemüse verzehrt); getrockneter Ingwer (schärfer, vom energetischen Temperaturverhalten heißer); als Saft oder Dekokt
Inhaltsstoffe	reich an ätherischen Ölen, Stärke und Aminosäuren, Bitterstoffe, Gingeorol = »Anticholesterin«-Wirkstoff

Im energetischen Temperaturverhalten wird getrockneter Ingwer (Pulver) heißer eingestuft als frischer Ingwer.

Indikation

- *Magen- und Milz-Schwäche, disharmonisches Magen-Qi, rebellierendes Magen-Qi:* Übelkeit und Erbrechen.

Eine kleine Scheibe ***Ingwer***, frisch gekaut, ist hervorragend geeignet zur Behandlung von Reisekrankheit und Schwangerschaftserbrechen

- Erkältung, Grippe ausgelöst durch *Wind-Kälte:*
  Schüttelfrost, Kälteabneigung, Gliederschmerzen, Kopfschmerzen, verstopfte Nase.

Dekokt aus frischem Ingwer oder Frühlingszwiebeln
Daumengroße Stücke Ingwer auf einen halben Liter Wasser, ca. 10 Minuten lang ausköcheln, heißen Sud trinken.
Beides sofort zu Beginn der Erkältungszeichen

- *Kälte in der Lunge oder Kälte-Schleim:*
  Husten, Kurzatmigkeit, klarer weißer Schleim.

Dekokt aus frischem Ingwer
mit Getreidezucker: ca. 50 g Ingwer und 30 g Getreidezucker zu einem Dekokt verarbeiten und heiß trinken

- Magenverstimmung, Erbrechen und Diarrhö nach dem Verzehr von verdorbenen Speisen.

Frisch geriebener Ingwer, ggf. als Tee

- *Allgemeine Kältesymptomatik:*
  Kalte Hände und Füße, Rheumatismus, der durch Wind-Kälte verstärkt wird.

Kontraindikation

- *Allgemeine Yin-Schwäche und Hitzezeichen*
- Hypertonie

Der Verzehr von größeren Mengen Ingwer über längere Zeit sollte vermieden werden. Ein Übermaß an Ingwer kann Hitze-Schleim-Erkrankungen provozieren.

Knoblauch

Energetisches Temperaturverhalten	warm
Geschmack	scharf und süß
Funktionskreisbezug	Lungen, Magen, Milz
Wirkrichtung	aufsteigend
Element	Erde
Wirkung	erwärmt den Mittleren Erwärmer und wirkt kräftigend auf den Magen, bewegt Qi, beseitigt Blut-Stagnationen und Qi-Stagnationen im Abdomen, vertreibt Kälte, entgiftend und antiparasitisch, hustenlindernd
Zubereitungsarten	roh, geschmort, als Saft oder Dekokt
Inhaltsstoffe	reich an ätherischen Ölen, überwiegend Allicin (wirkt antibiotisch), Gallizin, Eiweiß, Kalzium, Phosphor, Eisen, Vitamin B_1 und C, Carotin

Roher Knoblauch ist deutlich schärfer und wird energetisch heiß eingestuft, während geschmorter Knoblauch einen süßen Geschmack entwickelt und energetisch warm/heiß einzuordnen ist.

Indikation

- *Kältesymptomatik und Verdauungsblockaden im Mittleren Erwärmer:* Schmerzen im Abdomen und Oberbauch.

Knoblauchzehen in Essig eingelegt, ca. ½ Zehe, 1x täglich

- Übelkeit, Erbrechen, Diarrhö oder Dysenterie, auch im Zusammenhang mit dem Verzehr von verunreinigter Nahrung.

Knoblauch roh oder geschmort

- Ausgeprägte wässrige Durchfälle.

Knoblauchsirup

- Erkältung, Husten oder Keuchhusten, chronische und akute Bronchitis.

Dekokt aus Knoblauch, Ingwer und Zucker

- Parasitenbefall, besonders Hakenwürmer und Oxyuren.

10–15 g ***Knoblauch gedünstet*** mit Sonnenblumenkernen

- Prophylaxe von Grippe, Hypertonie und Hyperlipidämie.

Kontraindikation

- *Hitzesymptomatik*
- *Allgemeine Yin-Schwäche*
- Aphthen

In der westlichen Medizin zeigt der regelmäßige Verzehr von Knoblauch eine günstige Wirkung auf die Peristaltik und Sekretabsonderung des Magens. Knoblauchglykoside wirken blutdrucksenkend und verringern die Blutfette und wirken somit vorbeugend gegen Arteriosklerose. Bekannt ist auch eine antibakterielle und antiparasitische Wirkung.

Koriander

Energetisches Temperaturverhalten	warm
Geschmack	scharf
Funktionskreisbezug	Lunge, Milz
Wirkrichtung	aufsteigend
Element	Metall
Wirkung	zerstreut Kälte, wirkt schweißtreibend, reguliert das Qi, beseitigt Blut-Stagnationen, löst Verdauungsblockaden, wirkt gegenläufigem Qi entgegen
Zubereitungsarten	in Suppen, salatähnlich oder als Gewürz. Koriander eignet sich gut, um kühlen oder kalten Nahrungsmitteln eine wärmende Wirkung zu verleihen, er darf allerdings nicht zu lange gekocht werden
Inhaltsstoffe	ätherische Öle, Bioflavonoide, Eiweiß, Vitamin C und Kalzium

Indikation

- *Kälte und Disharmonie von Magen und Milz:* Appetitlosigkeit, Übelkeit, Verdauungsschwächen, Verdauungsblockaden durch Kälteeinflüsse im Abdomen.

Koriander als Gewürz oder salatähnlich zu den Speisen mischen

- *Wind-Kälte-Erkrankungen:* Erkältungen, Grippe mit Kälteabneigung, Schüttelfrost, wenig Fieber, wenig Schweiß.

Dekokt aus Frühlingszwiebeln, Koriander und Ingwer

Kontraindikation

Zurückhaltende Verwendung von Koriander ist bei allgemeiner Qi-Schwäche, bei übelriechender Schweißabsonderung.

Meeresalgen (allgemein)

Energetisches Temperaturverhalten	kalt
Geschmack	salzig
Funktionskreisbezug	Leber, Lunge, Nieren
Wirkrichtung	absteigend
Element	Wasser
Wirkung	kühlt Hitze, befeuchtet Trockenheit, transformiert Schleim, erweicht Verhärtungen, diuretisch, tonisiert das Yin
Zubereitungsarten	gekocht, als Suppeneinlage, als Dekokt, salatähnlich oder als Pille oder Pulver
Inhaltsstoffe	41 Mineralstoffe und Spurenelemente, unübertroffene Jodquelle, Vitamin A, B_1, B_6, B_{12}, C, D, E, K

Indikation

- *Hitze und Schleim in der Lunge,* bei Bronchiektasie oder Husten mit zähem gelben Schleim.
- Nach übermäßigem Alkoholgenuss mit Hitzesymptomatik.
- Ödeme.

Kontraindikation

Algen sollten nicht im Übermaß verzehrt werden (Jod!).

Pilze (Champignon)

Energetisches Temperaturverhalten	kühl bis kalt
Geschmack	süß
Funktionskreisbezug	Magen, Milz, Lunge
Wirkrichtung	absteigend
Element	Erde
Wirkung	stützt den Mittleren Erwärmer, reguliert das Qi, befeuchtet Trockenheit, transformiert Schleim
Zubereitungsarten	gekocht, gedünstet oder pulverisiert
Inhaltsstoffe	Eiweiß, Fett, Kalzium, Kalium, Phosphor, Eisen, Zink, Magnesium, Vitamine A, B_1, B_2, C, E und K, essenzielle Aminosäuren, Ballaststoffe. Hoher Puringehalt (für Gichtkranke kontraindiziert)

Indikation

- *Qi-Mangel von Milz und Magen:* Appetitlosigkeit, Müdigkeit, Übelkeit, Erbrechen, verminderter Milchfluss.

Gekochte Pilze mit Hühnerfleisch (oder Schweinefleisch)

- *Lungen-Yin-Mangel:* Kurzatmigkeit, trockener Husten mit zähem Schleim.

Kontraindikation

- Übermaß ggf. Belastung mit Schwermetallen.

Pfeffer

Energetisches Temperaturverhalten	heiß
Geschmack	scharf
Funktionskreisbezug	Magen, Milz, Dickdarm, Lunge
Wirkrichtung	aufsteigend
Element	Metall
Wirkung	wärmt den Mittleren Erwärmer, zerstreut Kälte, reguliert das Qi, beseitigt Blut-Stagnationen, verringert gegenläufiges Qi, eliminiert Schleim, lindert Schmerzen, wirkt schweißtreibend, treibt Wind-Kälte aus, beseitigt Qi- und Blut-Stagnationen. In kleinen Mengen fördert Pfeffer die Sekretion der Verdauungssäfte, steigert den Appetit und lindert Blähungen
Zubereitungsarten	als Gewürz, Dekokt, Pulver oder Pille
Inhaltsstoffe	ätherische Öle, Piperin, Piperonal, Kalzium, Eisen

Indikation

- *Allgemeine Milz- und Magen-Schwäche:* Appetitlosigkeit, Verdauungsstörungen, Blähungen.

Pfeffer vermehrt als Gewürz einsetzen

- *Kälteerkrankungen von Magen und Milz:* Kältegefühl und Schmerzen im Abdomen, Schmerzen, die sich durch die Kälte verschlimmern.

Dekokt aus Pfeffer und Ingwer: Ca. 1 g gemahlenen frischen Pfeffer und 30 g frischen Ingwer in Wasser kochen und einnehmen

- *Kälte-Schleim-Erkrankungen:* Auswurf von klarem oder weißem Schleim.
- *Wind-Kälte-Erkrankungen:* Erkältung mit Husten, Heiserkeit, kalten Gliedmaßen, rheumatoide Arthritis aufgrund von Wind-Kälte-Einflüssen.

Kontraindikation

- *Hitzesymptome aufgrund einer allgemeinen Yin-Schwäche* Ein Übermaß an Pfeffer schädigt die Körperflüssigkeiten (trocknet aus).

Salz

Energetisches Temperaturverhalten	kalt
Geschmack	salzig
Funktionskreisbezug	Magen, Niere, Dünn- und Dickdarm
Wirkrichtung	absteigend
Element	Wasser
Wirkung	kühlt Hitze, kühlt das Blut, befeuchtet Trockenheit, senkt das Qi, stärkt die Nieren, löst Schleim
Zubereitungsarten	als Gewürz, in warmem oder heißem Wasser aufgelöst

Indikation

- *Nieren-Yin- oder -Yang-Mangel:* Tonisiert in Maßen genossen den Nierenfunktionskreis.
- *Emporloderndes Feuer aufgrund eines Yin-Mangels:*
  Schwindel, Kopfschmerzen, rote Augen, Mund-, Zungengeschwüre, Zahnfleischbluten, Obstipation, Heiserkeit und Halsschmerzen.

Einen halben Teelöffel Salz in warmem Wasser aufgelöst vor den Mahlzeiten einnehmen

- Schleimansammlungen oder Verhärtungen im Körper:

Kontraindikation

- Kurzatmigkeit, Ödeme, Diabetes mellitus, Bluthochdruck.

Sojasoße

Energetisches Temperaturverhalten	kalt
Geschmack	salzig und süß
Funktionskreisbezug	Milz, Magen, Niere
Wirkrichtung	absteigend
Element	Wasser
Wirkung	kühlt Hitze, harmonisiert den Mittleren Erwärmer, entgiftet
Inhaltsstoffe	Eiweiß, Fett, Glukose, Kalzium, Phosphor, Vitamin B_1, B_2, Nikotinsäure, Eisen

Indikation

- *Disharmonisches Magen-Qi:*
  Appetitlosigkeit, Übelkeit.
- *Hitzesymptome:*
  Unruhe, Nervosität.
- Vergiftungserscheinungen im Magen aufgrund von verdorbenen Lebensmitteln wie Fisch, Fleisch.

Kontraindikation

Bei Übermaß Bildung von Schleim möglich.

Weißer Zucker

Herstellung aus dem gepressten Saft der Zuckerrohrstengel, der weiterverarbeitet und mehrmals raffiniert wird.

Energetisches Temperaturverhalten	warm bis neutral
Geschmack	süß
Funktionskreisbezug	Magen, Milz, Lunge
Wirkrichtung	aufsteigend
Element	Erde
Wirkung	tonisiert den Mittleren Erwärmer, befeuchtet die Lunge, bildet Körperflüssigkeiten, lindert akute Schmerzen
Zubereitungsarten	in Wasser aufgelöst
Inhaltsstoffe	Saccharose

Indikation

- *Trockenheit in der Lunge:* Trockener Husten, Heiserkeit
- *Magen-Yin-Mangel:* Durst, trockener Hals.
- *Magen- und Milz-Schwäche:* Schmerzhafter Oberbauch oder nach Alkoholexzess.

Ca. 30 g Zucker in warmem Wasser auflösen

Kontraindikation

- Führt sehr schnell zu Feuchtigkeits- und Schleimbelastungen, feuchte Hitze.
- Schwächt im Übermaß den Nierenfunktionskreis (Karies, Knochen).

Zimt

Energetisches Temperaturverhalten	warm bis heiß
Geschmack	scharf
Funktionskreisbezug	Magen, Milz, Leber, Niere
Wirkrichtung	aufsteigend
Element	Erde, Metall (uneindeutig)
Wirkung	wärmt den Mittleren Erwärmer, zerstreut Kälte, bewegt das Blut, löst Stagnationen. Zimt kann die Sekretion der Verdauungssäfte fördern und Blähungen lindern
Zubereitungsarten	als Gewürz, oder Gewürzmischung, Pulver, Dekokt oder als Pille
Inhaltsstoffe	ca. 2 % Zimtöl, ca. 90 % Cinnamaldehyd und Harze

Indikation

- *Magen- und Milz-Schwäche:* Appetitlosigkeit.
- *Kältesymptome, Kälte in Magen und Milz* mit Kälteempfindlichkeit und Schmerzen im Abdomen, Übelkeit, Erbrechen und Diarrhö.
- Schmerzen durch *Stagnationen, durch Kälte oder Schmerzen, durch Wind-Kälte oder Blut-Stagnationen:* abdominelle Schmerzen (z. B. nach Geburten), rheumatische Schmerzen (ausgelöst durch *Wind-Kälte und Feuchtigkeit*).
- *Wind-Kälte-Erkrankungen:* Erkältungskrankheiten, grippaler Infekt.

- *Allgemeine Yang-Schwäche oder Milz-Yang- oder Nieren-Yang-Mangel:*
  Kalte Extremitäten, Abneigung gegen Kälte, Frieren, Kälte im unteren Körperbereich, Impotenz, Schmerzen in Rücken und Knien, abdominelle Schmerzen, die sich durch Kälte verschlechtern.

Kontraindikation

- *Hitze-Symptome auf der Basis eines Yin-Mangels*
- Zurückhaltende Anwendung während der Schwangerschaft.

Früchte

Früchte haben einen süßen und sauren, selten auch bitteren Geschmack, ihr Temperaturverhalten ist überwiegend kühl bis kalt, bei einigen Früchten auch neutral und warm. Früchte sollten vorwiegend in den warmen und heißen Jahreszeiten verzehrt werden, da sie Hitzezustände kühlen, Körperflüssigkeiten aufbauen und Trockenheit befeuchten. In der TCM sind Früchte eine Ernährungsergänzung zum Getreide und dienen dem Aufbau und Erhalt der Körpersäfte. Im Winter sind stark abkühlende Früchte (Zitronen, Orangen, Bananen) zu meiden, damit im Organismus keine Kälte entsteht.

- **Bei Fülle** (robuste Person, laute kräftige Stimme, Hitzegefühl, Überaktivität, cholerische Züge, extrovertiert, Zunge mit dickem Belag, voller Puls): Apfel, Zitrusfrüchte, Ananas, Mandarine.
- **Bei Mangel** (schwache Person, schwache leise Stimme, Frieren, häufig müde und abgeschlagen, introvertiert, geschwollene Zunge, schwacher Puls): Kirschen, rote Trauben.
- **Bei Hitze** (rotes Gesicht, Durst nach kalten Getränken, Verschlechterung des Befindens und der Schmerzen durch Wärme, rote Zunge, schneller Puls): Zitrusfrüchte, Kiwi, Wassermelone, Ananas, Apfel.
- **Bei Trockenheit** (trockener Mund, Lippen und rissige Haut, trockene Schleimhäute): Birne, Banane, Kiwi.

Ananas

Energetisches Temperaturverhalten	neutral bis kühl
Geschmack	süß und sauer
Funktionskreisbezug	Magen, Gallenblase
Wirkrichtung	aufsteigend
Element	Erde
Wirkung	kühlt Sommer-Hitze, bildet Körpersäfte, durststillend, diuretisch, fördert die Verdauung
Zubereitungsarten	roh, als Saft oder Dekokt
Inhaltsstoffe	sehr hoher Wassergehalt, wenige Kalorien, Kalium, Kalzium, Phosphor, Eisen, Kupfer, Zink, wertvolle Fruchtsäuren, Vitamin C, Ferment Bromelin (zur Eiweißverdauung!)

Indikation

- *Hitzesymptome und Magen-Yin-Mangel:* Durst, trockener Mund, Übelkeit, Appetitlosigkeit, Unruhe.

Frische Ananas oder Ananassaft

- Miktionsstörungen, Feuchtigkeit im Körper, Fieber.

Kontraindikation

- Hautgeschwüre und Ekzeme.

! Unreife saure Ananas können die Zähne schädigen.

Apfel

Energetisches Temperaturverhalten	kühl
Geschmack	süß und sauer
Funktionskreisbezug	Magen, Milz, Lunge
Wirkrichtung	absteigend
Element	Erde/Holz
Wirkung	kühlt Hitze, beseitigt Unruhe, lindert Sommer-Hitze, erzeugt Säfte, befeuchtet die Lunge, lindert Diarrhö, wirkt appetitanregend
Zubereitungsarten	roh, gekocht, als Saft, Dekokt, Sirup oder in getrocknetem Zustand, als Pulver
Inhaltsstoffe	Kalzium, Kalium, Eisen, Natrium, Phosphor, Schwefel, Vitamin A, B_1, B_2, C, Nikotinsäure, Flavone, Apfelsäure, Zitronensäure, Pektin, Gerbstoffe

Indikation

- *Hitzesymptome:*
  Unruhe, Durst oder nach übermäßigem Alkoholgenuss.

Rohe Äpfel

- *Yin-Mangel:*
  Appetitlosigkeit, Verdauungsstörungen.

Geriebener Apfel,
am besten leicht erwärmt oder als Kompott verzehren

Apfelsine, Orange

Energetisches Temperaturverhalten	kühl bis kalt
Geschmack	süß und sauer
Funktionskreisbezug	Magen, Gallenblase
Wirkrichtung	absteigend
Element	Holz
Wirkung	kühlt, bildet Körpersäfte, durststillend, senkt das Qi
Zubereitungsarten	roh, als Saft oder Dekokt
Inhaltsstoffe	Vitamin C, β-Carotin, massenhaft Bioflavonoide, Kalium, Magnesium, Kalzium, Eisen, Saccharide, Zitronensäure

Indikation

- *Magen-Yin-Mangel und Hitze im Magen:*
  Durst, Unruhe, nach übermäßigem Alkoholgenuss.

Frische Orangen oder Orangensaft mit Honig

- *Rebellierendes Magen-Qi durch Hitze*
  Übelkeit, Erbrechen.

1–2 Apfelsinen abkochen und mit Honig vermengt warm einnehmen

- *Hitzeansammlungen im Unteren Erwärmer* mit schmerzhaftem Urinieren, Fieber. Sommer-Hitze.
- Schweißtreibende körperliche Belastung.

Kontraindikation

- Allgemeines Kältesyndrom, insbesondere bei einem Qi- und Yang-Mangel von Magen und Milz.
- Kälteerkrankungen der Lunge.
- Starke Schleimbelastung.

Aprikose

Energetisches Temperaturverhalten	neutral bis warm
Geschmack	süß und sauer
Funktionskreisbezug	Magen, Lunge
Element	Erde, Holz
Wirkung	bildet Körperflüssigkeiten, befeuchtet die Lunge, wirkt husten- und durststillend
Zubereitungsarten	roh, getrocknet, als Dekokt oder Sirup
Inhaltsstoffe	herausragender Gehalt an Mineralstoffen u. Spurenelementen, besonders viel Eisen u. Kalium, extrem viel β-Carotin, etwas Kieselsäure

Tipp **Wegen hohen Eisengehalts und wärmender Wirkung günstig während der Schwangerschaft.**

Indikation

- *Magen-Yin-Mangel:*
  Durst, trockener Mund.

Frische Frucht verzehren

- *Hitze und Trockenheit der Lunge mit nach oben steigendem Qi:*
  Husten, Kurzatmigkeit, trockene Kehle, trockener Husten mit zähem Schleim, asthmatische Beschwerden.

Rohe Aprikosen oder ***Sirup*** aus Aprikosen mit Honig eingekocht verzehren

Kontraindikation

- Hitzesymptome
- Diarrhö.

! Übermäßiger Verzehr kann die Zähne schädigen, insbesondere bei Kindern.

Banane

Energetisches Temperaturverhalten	kalt
Geschmack	süß
Funktionskreisbezug	Magen, Dickdarm
Wirkrichtung	absteigend
Element	Erde
Wirkung	kühlt Hitze, tonisiert das Yin, befeuchtet und entgiftet die Därme, bildet Körpersäfte, befeuchtet den Magen
Zubereitungsarten	roh oder gedünstet
Inhaltsstoffe	10 verschiedene Vitamine und 18 (!) Mineralstoffe u. Spurenelemente, bes. Kalium, Magnesium, Kalzium. Viel Pantothen-

	säure u. Folsäure. Enthält das Hormon Serotonin (macht gute Laune!)

Indikation

- *Hitzeerkrankungen, die zu einer Schädigung des Yin, insbesondere des Magen-Yin führen:* Durst, trockener Hals, Unruhe, chronischer trockener Husten, trockene Stühle.

Rohe Bananen

- *Trockenheit im Dünn- und Dickdarm:* Obstipation, blutige Hämorrhoiden.

Rohe Bananen

Kontraindikation

- *Kälte und Schwächesymptome im Mittleren Erwärmer.*
- Schleimerkrankungen.

Birne

Energetisches Temperaturverhalten	kühl
Geschmack	süß
Funktionskreisbezug	Lunge, Magen
Wirkrichtung	absteigend
Element	Holz, Erde
Wirkung	kühlt Hitze, befeuchtet Trockenheit, erzeugt Körpersäfte, transformiert Schleim
Inhaltsstoffe:	β-Carotin, Vitamin B_1, B_2, Niacin (B_3), B_6, Folsäure, Vitamin C, bes. viel Kalium, dazu Magnesium, Kalzium, Eisen, Phosphor, Fruchtsäuren, Gerbsäure, hormonähnl. Substanzen

Indikation

- *Hitzesyndrom mit Säfte-Mangel:* Unruhe, Schlaflosigkeit, trockener Mund.
- *Hitzesymptome in der Lunge und im Dünndarm:* Schluckbeschwerden, Halsentzündung.

Reiner Birnensaft

- Gereizte, heisere Stimmbänder, Stimmverlust, Dysphagie, trockener Husten.

Reiner Birnensaft

- Trockener fester Stuhl, Obstipation.

1–2 Gläser reiner ***Birnensaft***, zimmertemperiert, vormittags getrunken

- Hitze-Schleim-Erkrankungen der Lunge: Bronchitis, Sinusitis mit zähem gelben Schleim.

Mischung aus ***Birnen- (-dicksaft*** verdünnt) und Zitronensaft, 200–700 ml täglich löst und beseitigt Schleim

- *Wind-Hitze-Symptome im Herzen:* Durst, geistige Unruhe, Nervosität und Schreckhaftigkeit.

Grapefruit, Pomelo

Energetisches Temperaturverhalten	kühl bis kalt (Fruchtschale: warm)
Geschmack	süß und sauer (Fruchtschale: süß und bitter)
Funktionskreisbezug	Magen, Lunge (Fruchtschale: Magen – Niere – Gallenblase)
Wirkrichtung	absteigend
Element	Erde
Wirkung	Fruchtfleisch: bildet Körpersäfte, Durst; Schale: transformiert Schleim, senkt das Qi und beseitigt Verdauungsblockaden
Inhaltsstoffe	Vitamin C, β-Carotin, Kalium, Kalzium, Bitterstoffe

Indikation

- *Magen-Yin-Mangel:*
  Unruhe, Durst, nach übermäßigem Alkoholgenuss.

Fruchtfleisch roh verzehren

- *Rebellierendes Magen-Qi:*
  Übelkeit, Erbrechen, Magenschmerzen, Diarrhö, Verdauungsblockaden.

Ganze Frucht mit Schale kochen, mit Zucker oder Honig abschmecken und verzehren

- *Schleimerkrankung, insbesondere der Lunge:*
  Bronchitis mit zähem, gelben Schleim.

Grapefruit mit Honig bei Schleimerkrankung

Kirsche

Energetisches Temperaturverhalten	warm
Geschmack	süß
Funktionskreisbezug	Magen, Milz (Leber und Niere)
Wirkrichtung	aufsteigend
Element	Erde
Wirkung	tonisiert den Mittleren Erwärmer, Qi und Blut, nährt und befeuchtet Leber und Milz, beseitigt Blut-Stagnationen, zerstreut Kälte, vertreibt Wind-Feuchtigkeit
Zubereitungsarten	roh, als Dekokt, als Sirup, in Alkohol eingelegt
Inhaltsstoffe	β-Carotin, Vitamin B_1, B_2, B_3, C, Kalium, Kalzium, Eisen, Fruchtsäuren, Fruchtzucker

Indikation

- *Schwäche von Milz und Magen, Magen-Yin-Mangel:*
  Abgeschlagenheit, Appetitlosigkeit, Müdigkeit, Trockenheit von Mund und Haut.

Dekokt aus Kirschen

- *Leber- und Nieren-Schwäche:*
  Schwäche und Schmerzen in den Knien und Hüften, Kraftlosigkeit und Taubheit in den Gliedmaßen.

Medizinischer Kirschwein
Ca. 250 g Kirschen auf einen halben Liter klaren Branntwein 1–2 Tage ziehen lassen, ca. ½ Tasse davon täglich einnehmen

- *Wind-Feuchtigkeit:*
  Rheumatische Schmerzen in der unteren Körperhälfte, Rheuma, Gicht, Arthritis.

Kirschsaft oder medizinischer Kirschwein

- *Leber- und Nieren-Schwäche oder -Stagnation* kombiniert mit schwachen Muskeln, Sehnen und Knochen, Kraftlosigkeit der Gliedmaßen und Bewegungseinschränkung der Gelenke.
- *Blut-Mangel:*
  Schwindel, Vergesslichkeit, Palpitation, Schlaflosigkeit, Unruhe, Anämie in der Schwangerschaft.

Medizinischer Wein aus Kirschen und Longanen

- *Kältestörungen*, insbesondere bei Patienten, die zum Frieren neigen.

Kontraindikation

Zurückhaltend bei starker Hitzesymptomatik.

Kiwi

Energetisches Temperaturverhalten	kalt
Geschmack	süß und sauer
Funktionskreisbezug	Magen, Gallenblase (Niere)
Wirkrichtung	absteigend
Element	Erde, Holz
Wirkung	kühlt Hitze, bildet Körperflüssigkeiten, harmonisiert den Magen, senkt aufsteigendes Qi, wirkt diuretisch
Inhaltsstoffe	reich an Vitamin C (ca. doppelt so viel wie in Zitrusfrüchten), etwas Eisen, Magnesium, eiweißspaltendes Enzym Actinidin

! Es gibt Hinweise, dass Kiwi die kanzerogene Wirkung von Nitrosaminen im Körper reduzieren und Cholesterin und Glyceride senken.

Indikation

- *Hitzesymptome:*
  Durst und Mundtrockenheit.

Roh oder als Dekokt, ca. 100 g Kiwi schälen und zerkleinern mit Honig ggf. zusätzlich Wasser kochen

- Diabetes, Unruhe.

s.o.

- *Disharmonie im Magen und rebellierendes Magen-Qi:*
  Übelkeit, verminderter Appetit.

Saftmischung aus Kiwi und Ingwer: ca. 150 g Kiwi und 20 g frischen Ingwer getrennt ausgepresst, als Saft vermischt in drei Portionen einnehmen

- Miktionsstörungen mit *Hitze- und Feuchtigkeitssymptomen:*
  Schmerzhafte, verhaltene Miktion, Ausscheidung von Konkrementen.

Roh oder als Saft

Kontraindikation

- *Kältestörungen von Magen und Milz.*

Pfirsich

Energetisches Temperaturverhalten	warm bis heiß
Geschmack	süß-sauer
Funktionskreisbezug	Magen, Dickdarm (Leber)
Wirkrichtung	absteigend, aufsteigend (uneindeutig)
Element	Erde
Wirkung	bildet Körperflüssigkeiten, befeuchtet die Därme, bewegt das Blut, löst Blut-Stagnationen, kann Verhärtungen auflösen
Zubereitungsarten	roh, gedünstet oder getrocknet
Inhaltsstoffe	reife Früchte sind reich an den Vitaminen A, B und C, β-Carotin und Bioflavonoiden, Kalium, Kalzium, Magnesium, Eisen, Zink. Sehr günstiges Kalium-Natrium-Verhältnis → regen Nieren an

Indikation

- *Magen-Yin-Mangel:*
  Durst, trockener Hals, Obstipation.
- *Hitze und Trockenheit im Dickdarm:*
  Obstipation, insbesondere chronische Obstipation im Senium.

Früchte roh oder gedünstet verzehren

- *Blut-Stagnationen:*
  Schmerzhafte Regelblutungen.

Kontraindikation

- *Hitzesymptomatik, insbesondere hitzebedingte Hauterkrankungen, Hitze im Blut.*

Pflaume

Energetisches Temperaturverhalten	neutral bis warm
Geschmack	süß und sauer
Funktionskreisbezug	Leber, Nieren, Magen
Wirkrichtung	aufsteigend und absteigend
Element	Erde, Holz, Niere
Wirkung	kühlt Leber-Hitze löst Qi- und Blut-Stagnationen, bildet Körperflüssigkeiten, wirkt diuretisch
Zubereitungsarten	roh, getrocknet, als Saft oder in Alkohol eingelegt
Inhaltsstoffe	ausgezeichnetes Kalium-Natrium-Verhältnis, reichlich Eisen, idealer Kalzium/Phosphorgehalt, Vitamin B_1, B_2, C, minimal Eiweiß und Fett

Indikation

- *Leber-Stagnation und Hitze in der Leber:*
  Unruhe, Gereiztheit, Obstipation, Neigung zu Wutausbrüchen. Subfebrile Temperaturen nachmittags, Nachtschweiß.

Frischer Pflaumensaft ggf. mit Honig trinken

Roh oder als Saft

- *Magen-Yin-Mangel:*
  Durst, trockener Mund.
- Aszitesbildung aufgrund von Lebererkrankungen.

Kontraindikation

Übermaß schwächt Magen und Milz, vermindert den Appetit und führt zu Diarrhö, ggf. Schleimbildung.

Wassermelone

Energetisches Temperaturverhalten	kalt
Geschmack	süß
Funktionskreisbezug	Magen, Herz, Blase
Wirkrichtung	absteigend
Element	Erde
Wirkung	kühlt Hitze, lindert Sommer-Hitze, wirkt durststillend, beseitigt Unruhe, wirkt diuretisch
Zubereitungsarten	roh, als Saft, Dekokt oder Sirup
Inhaltsstoffe	95 % Wasser, eine Menge Kalium, Kalzium, Phosphor, Magnesium, Eisen, Zink, Nickel, Vitamin A, C, sowie Zucker und Bitterstoffe

Indikation

- *Hitze- und Sommer-Hitze-Symptome, Verletzung der Körperflüssigkeiten durch Hitze:* Durst, Unruhe, Schwitzen, bei Sommer-Hitze: Schwitzen, Kopfschmerzen, trockene Lippen.

Ca. 500 g ***Wassermelone frisch*** oder als Saft verzehren, ggf. mit Tomatensaft mischen

- *Hitze oder auflodernde Feuer im Herzen:* Durst, Mund- und Zungengeschwüre, psychische Rastlosigkeit, Schlafstörung (besonders im Sommer), dunkler Harn, Palpitation.
- *Feuchte Hitze im Unteren Erwärmer:* Spärlicher, dunkler Urin, Schmerzen beim Wasserlassen.

Kontraindikation

- *Schwäche- und Kältesymptome in Milz und Magen sowie bei allgemeiner Nässeansammlung.*

Weintrauben

Energetisches Temperaturverhalten	neutral
Geschmack	süß und sauer
Funktionskreisbezug	Milz, Lunge, Nieren (Leber)
Wirkrichtung	aufsteigend und absteigend
Element	Holz und Erde
Wirkung	tonisiert Nieren und Leber, tonisiert Qi, fördert den Blutaufbau, bildet Körperflüssigkeiten, stärkt Muskeln, Sehnen und Knochen, wirkt diuretisch
Zubereitungsarten	roh, als Saft, Dekokt oder in Alkohol eingelegt
Inhaltsstoffe	besonders reich an Glukose, verschiedenen Fruchtsäuren, den höchsten Obst-Kaliumgehalt, Eisen, Kupfer, Bioflavonoide

Rosinen haben einen höheren Kohlenhydratanteil und vermehrt Eisen und Kalzium

Indikation

- *Allgemeine Leber- und Nieren-Schwäche:* Schwäche und Schmerzen in Knie und Hüfte, rheumatische Beschwerden mit Gelenkschmerzen, ausgelöst durch Wind-Feuchtigkeit und Stagnation des Qi.
- Symptome wie Schwäche und Schmerzen im Rückgrat, Kraftlosigkeit.

Medizinischer Wein aus Weintrauben und Ginseng

9 g Weintrauben und 9 g Ginseng-Wurzel in 100 ml Branntwein ca. 2–4 Tage ziehen lassen, davon ca. 20 ml täglich einnehmen.

- *Yin-Mangel des Magens oder der Nieren:* Mundtrockenheit, Durst, Unruhe, Appetitlosigkeit mit Mangel an Körperflüssigkeiten.

Sirup aus Weintrauben und Honig

- *Qi- und Blut-Schwäche:* Unruhe, Schwindel, Vergesslichkeit, Nachtschweiß, Palpitation.

Dekokt oder Sirup aus Rosinen

! Getrocknete Weintrauben (Rosinen) wirken stärker tonisierend auf Niere und Leber und bilden Qi und Blut, während frische Weintrauben überwiegend Körperflüssigkeiten aufbauen.

Zitrone

Energetisches Temperaturverhalten	kühl bis kalt
Geschmack	sauer
Funktionskreisbezug	Magen, Leber, Lunge
Wirkrichtung	zusammenziehend, absteigend
Element	Holz
Wirkung	kühlt Hitze, durststillend, befreit von Sommer-Hitze, bildet Körperflüssigkeiten, harmonisiert den Magen und beruhigt den Fetus, transformiert Schleim, hustenstillend
Zubereitungsarten	roh, als Saft, gesalzen oder gezuckert oder als Dekokt, eingesalzene Zitrone wirkt schleimlösend
Inhaltsstoffe	reich an Vitamin C, weiterhin Zitronensäure, Apfelsäure, Saccharide, Vitamin B_1 und B_2, Kalzium, Phosphor, Kalium

Indikation

- *Hitze- oder Sommer-Hitze-Symptome oder Hitze im Magen:* Durst, Unruhe, Schwitzen, Nervosität.

Zitronensaft mit Zuckerrohr vermischt trinken.

frisch gepresster Zitronensaft (1–2 Zitronen tägl.) bei Halskratzen und -brennen (äußere Wind-Hitze) gurgeln

- *Rebellierendes Magen-Qi:*
  Übelkeit, Erbrechen, Aufstoßen, Appetitlosigkeit.

Zitrone gesalzen

- *Hitze-Schleim-Erkrankungen:*
  Bronchitis, Sinusitis.
- *Leber-Qi-Stagnation:*
  Gereiztheit, schwankende Stimmungslage, Interkostalneuralgien, Obstipation, innere Anspannung, temporaler Kopfschmerz, klimakterische Beschwerden.

Insbesondere ***Zitronenschalen*** zusammen mit Grapefruitschalen als Dekokt bewegen und regulieren das Leber-Qi

Kontraindikation

- Übermäßige Magensäureproduktion und Magengeschwüre.

Zitronen haben einen 4–6-mal höheren Säuregehalt als Orangen.

Fleisch

Die meisten Fleischsorten haben ein warmes bis heißes Temperaturverhalten und eignen sich ausgezeichnet, um Qi und Yang aufzubauen. Fleisch sollte überwiegend während der kalten Witterungsmonate auf dem Speiseplan stehen. Fleisch dynamisiert die Körperenergie und verleiht dem Körper eine gewissen »Aggressivität«. Es ist sehr gut geeignet, um schnell Energiedefizite zu ergänzen (nach schwerer körperlicher Anstrengung, nach der Geburt, in der Rekonvaleszenz). Ein Übermaß belastet den Organismus mit Toxinen und fördert Schleimerkrankungen.

- **Bei Fülle** (starke Person, laute kräftige Stimme, cholerische Züge, extrovertiert, rote Zunge, ggf. dicker Belag): meiden, Fleischkarenz für 4–6 Wochen, vermehrt Getreide, Früchte und Gemüse.
- **Bei Mangel** (schwache Person, schwache leise Stimme, häufig müde und abgeschlagen, blass, geschwollene Zunge, schwacher Puls): Rind, Huhn, Schwein, Wildfleisch.
- **Bei Hitze** (rote Zunge, schneller Puls, rotes Gesicht, gerötete Augen, Nervosität): Fleischkarenz für 4–6 Wochen, vermehrt Getreide, Früchte und Gemüse.
- **Bei Kälte** (blasse, geschwollene Zunge, schwacher, langsamer Puls, Frösteln, Abneigung gegen Kälte, Verschlechterung des Befindens und der Schmerzen durch Kälte): besonders Hirsch, Lamm, Wildfleisch, weiterhin: Huhn, Rind.
- **Bei Feuchtigkeit** (Schwellungen, Ödeme, chronische Schleimerkrankungen [z.B. Stirnhöhlenentzündung, Bronchitis]): meiden, Fleischkarenz für 4–6 Wochen, vermehrt Getreide mit trocknender Wirkung.
- **Bei Trockenheit** (trockener Mund, Lippen und Haut, Verstopfung): Schwein, vermehrt Getreide, Früchte und Gemüse.

Huhn

Energetisches Temperaturverhalten	warm
Geschmack	süß
Funktionskreisbezug	Magen, Milz
Wirkrichtung	steigend
Element	Erde
Wirkung	unterstützt und wärmt den Mittleren Erwärmer, baut Qi und Blut auf, tonisiert Yang, unterstützt das Ying, ergänzt das Knochenmark, tonisiert Yin und Yang der Nieren
Zubereitungsarten	gekocht, gedünstet, gebraten, fritiert, gegrillt oder als Suppe
Inhaltsstoffe	Eiweiß, geringer Fettgehalt mit hochwertigen, ungesättigten Fettsäuren, Kalzium, Phosphor, Eisen

Indikation

- *bei Qi-Mangel:*
  Blasses Gesicht, Müdigkeit, leise Stimme, leichtes Schwitzen tagsüber, Kraftlosigkeit, schnelle Erschöpfung.
- *bei Blut-Mangel (meistens mit Qi-Mangel verbunden):*
  Stumpfes, fahles Gesicht, Konzentrationsstörungen, Taubheitsgefühl, Muskel-Schwäche, Palpitationen, Hypo- oder Amenorrhö, allgemeine Schwäche, emotionale Labilität, Depression.

- *Qi -und Blut-Mangel nach der Geburt:* Kraftlosigkeit, Wochenbettdepressionen, Palpitation, Schwindel, Ausbleiben des Milchflusses nach der Geburt.

Rezeptur für Qi- und Blutaufbau, ausgezeichnet während der Schwangerschaft um Blut-Mangel vorzubeugen:

Frische Hühnersuppe mit Möhren, Petersilie, etwas frischen Ingwer, ggf. mit Eigelb, Sojasprossen, lange gekocht, ca. 3 Stunden oder mehr, 3- bis 4-mal wöchentlich

- *Bei Magen- und Milz-Qi-Mangel:* Allgemeine Kraftlosigkeit, Kräfteverlust nach langen zehrenden Krankheitsverläufen, Alters-Schwäche, verminderter Appetit, Verdauungsstörungen, Diarrhö, Ödeme.
- *Bei Kälte im Magen oder Milz-Yang-Mangel:* Kältegefühl im Körper, besonders im Magenbereich, kalte Extremitäten, Appetitlosigkeit.
- *Bei allgemeiner Schwäche des Nierenfunktionskreises:* Schwäche und Schmerzen in Knien und Hüfte, vorzeitige Ejakulation, Tinnitus, häufiges Wasserlassen (Rezeptur: Hähnchen gekocht in Reiswein mit Ingwer und Pfeffer).

Kontraindikation

Zurückhaltend bei allgemeinen Hitzesymptomen, besonders bei Hitze im Blut (Hauterkrankungen mit geröteten, erhabenen, juckenden Effloreszenzen), bei beginnenden Erkältungskrankheiten (zieht die pathogenen Faktoren in tiefere Schichten).

Hühnerleber

Energetisches Temperaturverhalten	warm
Geschmack	süß
Funktionskreisbezug	Niere, Leber
Wirkrichtung	steigend
Element	Erde
Wirkung	tonisiert Leber und Nieren, tonisiert Qi und Blut
Zubereitungsarten	gedünstet, gebraten oder gegrillt
Inhaltsstoffe	Eiweiß, reich an Vitaminen und Mineralien

Indikation

- *Bei Nieren-Yang-Mangel:* Kraftlosigkeit, Rückenschmerzen, Impotenz, nächtliches Wasserlassen, kalte Extremitäten.
- *Bei Leber-Blut-Mangel:* *Nachtblindheit, Schlaflosigkeit, verschwommenes Sehen, Schwindel, Taubheitsgefühl der Extremitäten, Muskel-Schwäche.*

Hühnerleber gedünstet oder gebraten in Kombination mit Feldsalat, Spinat, Rucola, Petersilie, Mangold

Ente

Energetisches Temperaturverhalten	neutral bis kühl
Geschmack	süß und salzig
Funktionskreisbezug	Lunge, Nieren, Magen, Milz
Wirkrichtung	steigend
Element	Erde
Wirkung	nährt das Yin, nährt das Blut, stärkt den Magen, befeuchtet die Lunge, kühlt Hitze, entwässert, beseitigt Schwellungen
Zubereitungsarten	gebraten, gekocht, gedünstet oder als Suppe
Inhaltsstoffe	Eiweiß, Fett, Eisen, Vitamin B_1 und B_2

Indikation

- *Bei allgemeinem Yin-Mangel mit Hitzesymptomen, insbesondere bei Lungen-Yin-Mangel:* subfebrile Temperaturen, Durst, Unruhe, Nachtschweiß, trockener Hals und Rachen, persistierender Husten mit wenig Schleim.

Brei aus Entenfleisch oder gekochter Ente

Bei Flüssigkeitsansammlungen und Ödembildungen aufgrund einer Milz-Schwäche

Geschmorte Ente mit Ingwer ca. 40 g und etwas Knoblauch gefüllt

- *Bei einem Blut-Mangel und allgemeinem Yin-Mangel mit emporschießendem Yang:* Zustand nach starkem Blutverlust, z. B. nach der Geburt, verschwommene Sicht, Palpitation, Schlafstörungen, Kopfschmerzen, Drehschwindel.

Enten- und Hühnersuppe mit Petersilie und Brauntang 50 g

Kontraindikation

- Qi-Stagnation und Milz-Schwäche.

Hirsch

Energetisches Temperaturverhalten	warm, heiß
Geschmack	scharf, süß
Funktionskreisbezug	Niere
Wirkrichtung	steigend/schwebend
Element	Erde, nicht eindeutig
Wirkung	kräftigt Qi, Blut und Yang, besonders das Nieren-Yang, bewegt das Blut
Zubereitungsarten	gebraten, geschmort oder gekocht
Inhaltsstoffe	Eiweiß, Fett, Mineralien

Indikation

- Hirschfleisch ist ein ausgezeichnetes Tonikum für den Nierenfunktionskreis zur Stärkung des Nieren-Yang. Es eignet sich vorzugsweise zur Ernährung in der kalten Jahreszeit.
- *Bei allgemeinem Qi- und Blut-Mangel:* Besonders Kraftlosigkeit, Abmagerung, Müdigkeit.
- *Bei Nieren-Yang-Mangel:* Kälteabneigung, ständiges Frieren, Schwäche und Schmerzen im unteren Rücken in Knien und Beinen, mit Verschlechterung der Symptome durch Kälte, Libido-Schwäche, Impotenz, häufiges nächtliches Wasserlassen.

Hirschfleisch geschmort in Rotwein mit Knoblauch oder Ingwer, Möhren und Walnüsse

Kontraindikation

Bei Hitzesymptomen auf dem Boden eines Yin-Mangels, Vorsicht bei emporschlagendem Yang (Unruhe, Schlaflosigkeit, sexuelle Überaktivität, spontanes Schwitzen, Migräneanfälle), unregelmäßigen und starken Gebärmutterblutungen.

Hase/Kaninchen

Energetisches Temperaturverhalten	kühl, neutral
Geschmack	süß
Funktionskreisbezug	Leber, Dickdarm, Magen, Milz
Wirkrichtung	schwebend
Element	Erde, nicht eindeutig
Wirkung	nährt den Mittleren Erwärmer, tonisiert Qi, kühlt das Blut
Zubereitungsarten	gekocht, gebraten oder gedünstet
Inhaltsstoffe	reich an Eiweiß, Mineralstoffe, wenig Fett

Indikation

- *Bei Magen- und Milz-Qi-Mangel:* Müdigkeit, Kraftlosigkeit und Appetitlosigkeit.
- *Bei Hitze im Magen und Dickdarm:* Obstipation, Übelkeit, Erbrechen, Heißhunger.
- *Bei Magen-Yin-Mangel:* Obstipation, Appetitlosigkeit, Mundtrockenheit.

Kontraindikation

Bei Kältesymptomen in Magen und Milz.

Rindfleisch

Energetisches Temperaturverhalten	warm, neutral
Geschmack	süß
Funktionskreisbezug	Milz, Magen, z.T. auch Niere
Wirkrichtung	steigend
Element	Erde
Wirkung	tonisiert Qi und Blut, tonisiert Magen und Milz, stärkt das Yang, stärkt Sehnen, Muskeln und Knochen
Zubereitungsarten	gekocht, gedünstet, gebraten oder als Suppe
Inhaltsstoffe	Eiweiß, Fett, Vitamin B_1, B_2, Kalzium, Phosphor, Eisen

Indikation

- *Bei Qi- und Blut-Mangel:* Kraftlosigkeit, Schwäche in den Beinen und Knien, spontanen Schweißausbrüchen, Abmagerung, insbesondere Schwächezustände aufgrund von starken Blutungen nach der Schwangerschaft oder bei starken menstruellen Blutverlusten.

Rinderbrühe oder Rindfleischeintopf in Kombination mit Möhren, Sellerie, Stangensellerie, Spinat, Mangold, sehr gut zum Blutaufbau, besonders während und nach der Schwangerschaft zum Blutaufbau geeignet

- *Bei Schwäche von Magen und Milz:* Appetitlosigkeit, allgemeine Schwäche, Kraftlosigkeit, Gedunsenheit, Diarrhö.

Rinderbrühe oder Rindfleischeintopf in Kombination mit Möhren, Lauch und Zwiebeln

Kontraindikation

Im Übermaß genossen können feuchte Hitzesymptome entstehen, Zurückhaltung bei Hitze im Blut (Hauteffloreszenzen mit erhabenen, juckenden Rötungen, Hautgeschwüre).

Rinderleber

Energetisches Temperaturverhalten	neutral
Geschmack	süß
Funktionskreis	Milz, Leber
Wirkrichtung	steigend
Element	Erde
Wirkung	tonisiert den Leberfunktionskreis, tonisiert Qi und Blut
Zubereitungsarten	gebraten oder gekocht

Indikation

- *Besonders bei Blut-Mangel:* Blass-fahle Haut, Konzentrationsstörungen, Taubheitsgefühl, Müdigkeit, Palpitation, Kraftlosigkeit.
- *Bei Leber-Blut-Mangel:* Nachtblindheit, Hypo- oder Amenorrhö, unscharfes Sehen, Schwindel, Schlaflosigkeit.

Rinderleber in Kombination mit grünen Gemüsen und Blattsalaten, Apfel

Lamm, Hammel, Schaf

Energetisches Temperaturverhalten	warm bis heiß
Geschmack	süß
Funktionskreisbezug	Milz, Niere
Wirkrichtung	steigend/schwebend
Element	Erde
Wirkung	wärmt den Mittleren Erwärmer und den Nierenfunktionskreis, tonisiert Qi und Blut, unterstützt das Jing
Zubereitungsarten	gedünstet, gebraten, gegrillt, gekocht
Inhaltsstoffe	Eiweiß, Fett, Kalzium, Phosphor

Indikation

- Lammfleisch ist besonders während der kalten Wintermonate pikant angerichtet als wärmendes Nahrungsmittel zu empfehlen.
- *Sehr gut geeignet bei Nieren-Yang-Mangel:* Kältegefühl im Körper, kalte Extremitäten, Abneigung gegen Kälte, Schwäche und Schmerzen in Rücken, Beinen oder Knien, Zunahme der Beschwerden bei Kälte, Libido-Schwäche, Impotenz, häufiges nächtliches Wasserlassen mit klarem Urin.

Lammfleisch gebraten, gegillt oder gar gekocht mit Ingwer, chinesischem Lauch, Walnüssen, Knoblauch und Möhren, bevorzugt gewürzt mit Rosmarin, Thymian, Oregano

- *Bei Blut-Mangel mit Kältezeichen nach der Geburt:*
  Abdominelle Schmerzen, verminderter Milchfluss, kalte untere Extremitäten.

Lammfleisch mit frischem Ingwer

- *Bei Magen- und Milz-Yang-Mangel:*
  Appetitlosigkeit, Erschöpfungszustände, ständiges Frieren, kalte Extremitäten, Müdigkeit.

Kontraindikation

Bei Hitzesymptomen (Unruhe, Schlaflosigkeit, geröteten, juckenden Hauterkrankungen, übermäßige menstruelle Blutungen).

Schweinefleisch

Energetisches Temperaturverhalten	neutral
Geschmack	süß, salzig
Funktionskreis	Milz, Magen, Niere
Wirkrichtung	fallend
Element	Erde und Wasser
Wirkung	tonisiert das Yin, befeuchtet Trockenheit, tonisiert das Blut
Zubereitungsarten	gekocht, gebraten, gegrillt oder als Suppe
Inhaltsstoffe	Eiweiß, Fett, Kalzium, Phosphor, Eisen

Indikation

- *Bei Qi- und Blut-Mangel:*
  Abmagerung, Kraftlosigkeit, Muskel-Schwäche.
- *Bei Leber- oder Nieren-Yin-Mangel:*
  Trockene Augen, Nachtschweiß, Hypomenorrhö, Schwäche und Schmerzen im Bereich: Hüfte, Rücken und Knochen.
- *Bei Trockenheit:*
  Durst, trockener Husten, Mund- und Rachentrockenheit, trockene Haut.

Kontraindikation

Übermaß an Schweinefleisch führt zu Fettleibigkeit und fördert die Bildung von Feuchtigkeit und Schleim. Schweinefleisch meiden bei Hitze-Schleim-Erkrankungen (Bronchitis, Sinusitis) und Qi-Stagnationen.

Fische/Meeresfrüchte

Fische sind häufig von süß/salzigem Geschmack und neutralem bis warmem Temperaturverhalten. Sie sind leicht verdaulich und stärken Qi, Blut und Yang, insbesondere den Mittleren Erwärmer (Magen, Milz/Pankreas) und die Nieren.
Meeresfrüchte sind überwiegend salzig und zeigen ein mehr kühles bis kaltes Temperaturverhalten. Sie wirken auf den Funktionskreis von Leber und Nieren und nähren das Yin.

- **Bei Fülle** (starke Person, laute kräftige Stimme, cholerische Züge, extrovertiert, rote Zunge, ggf. dicker Belag): Tintenfisch.
- **Bei Mangel** (schwache Person, schwache leise Stimme, häufig müde und abgeschlagen, blass, geschwollene Zunge, schwacher Puls): Aal, Sardinen, Miesmuschel, Austern.
- **Bei Hitze** (rote Zunge, schneller Puls, rotes Gesicht, gerötete Augen, Nervosität): Tintenfisch.
- **Bei Kälte** (blasse, geschwollene Zunge, schwacher, langsamer Puls, Frösteln, Abneigung gegen Kälte, Verschlechterung des Befindens und der Schmerzen durch Kälte): Forelle, Lachs, Garnelen, Langusten.
- **Bei Feuchtigkeit** (Schwellungen, Ödeme, chronische Schleimerkrankungen, Stirnhöhlenentzündungen, Bronchitis): Karpfen, Makrele.
- **Bei Trockenheit** (trockener Mund, Lippen und Haut, Verstopfung): Austern.

Aal

Energetisches Temperaturverhalten	neutral, warm
Geschmack	süß
Funktionskreisbezug	Milz, Leber, Nieren
Wirkrichtung	steigend
Element	Wasser
Wirkung	tonisiert Qi und Yang, reguliert Wind und Nässe
Zubereitungsarten	gebraten, gekocht als Suppe
Inhaltsstoffe	Eiweiß, hoher Fettgehalt, Kalzium, Phosphor

Indikation

- *Bei Qi- und Yang-Mangel:* Kraftlosigkeit, Erschöpfungszustände, Kurzatmigkeit.
- *Bei Wind- und Nässe-Erkrankungen:* Schmerzen und Schwellungen in den Extremitäten, Kraftlosigkeit in den Beinen und Hüften (rheumatische Beschwerden durch Wind-Nässe).

Aal gekocht in Reiswein mit Salz, Essig und etwas frischem Ingwer

Kontraindikation

Schleimerkrankungen, Durchfallerkrankungen bei einer Milz- und Magen-Schwäche.

Austern

Energetisches Temperaturverhalten	neutral
Geschmack	süß, salzig
Funktionskreisbezug	Niere, Leber
Wirkrichtung	fallend
Element	Erde, Wasser
Wirkung	tonisiert Qi und Blut, nährt das Blut, tonisiert Yin und Yang der Nieren, befeuchtet Trockenheit, kühlt das Blut
Zubereitungsarten	roh, fritiert, gekocht
Inhaltsstoffe	reich an Mineralien

Indikation

- *Bei Yin-Mangel:* Schlafstörungen, Nervosität, Säfte-Mangel, Blut-Mangel, starkes Schwitzen, Nachtschweiß, übermäßiger Alkoholgenuss.
- *Bei Schwäche im Nierenfunktionskreis:* Erschöpfungszustände, vorzeitige Ejakulation, Spermatorrhö.

Kontraindikation

Hauterkrankungen.

Garnelen/Langusten

Energetisches Temperaturverhalten	warm
Geschmack	süß
Funktionskreisbezug	Niere, Leber
Wirkrichtung	schwebend
Element	Erde
Wirkung	tonisiert das Yang, besonders das Nieren-Yang, tonisiert Qi und Blut, vertreibt Kälte, beseitigt Blut-Stagnationen, eliminiert Wind und Schleim
Zubereitungsarten	fritiert, gebraten, gegrillt, gekocht
Inhaltsstoffe	Eiweiß, Mineralien

Indikation

- *Bei Nieren-Yang-Mangel:* Impotenz, vorzeitige Ejakulation, Libido-Schwäche, Kraftlosigkeit, Schmerzen im Lumbalbereich, (Rezeptur: Garnelen gebraten in Alkohol mit Knoblauch, Ingwer und chinesischem Lauch).
- *Bei Qi- und Blut-Mangel:* Nach der Geburt, regt den Milchfluss und die Milchbildung an.

Kontraindikation

Blut-Hitze-Erkrankungen, bringt Effloreszenzen bei Hauterkrankungen hervor.

Forelle

Energetisches Temperaturverhalten	warm, heiß
Geschmack	süß
Funktionskreisbezug	Magen, Milz
Wirkrichtung	steigend/schwebend
Element	Holz
Wirkung	tonisiert das Yang, reguliert das Qi, vertreibt Kälte, wärmt den Magen und Milz
Zubereitungsarten	gebraten, gegrillt, gekocht
Inhaltsstoffe	Eiweiß, Mineralien

Indikation

- *Bei Schwäche des Magens und der Milz:* Appetitlosigkeit, allgemeine Schwäche, Gedunsenheit, Diarrhö.
- *Bei Qi- und Yang-Mangel:* Kraftlosigkeit, Erschöpfungszustände, Kälte in den Extremitäten, Kurzatmigkeit.

Gegrillte Forelle mit Knoblauch und Mandeln

Kontraindikation

- *Wind-Hitze-Erkrankungen, Hautausschläge.*

Hering

Energetisches Temperaturverhalten	neutral
Geschmack	süß
Funktionskreisbezug	Milz, Lunge
Wirkrichtung	fallend
Element	Erde
Wirkung	tonisiert das Qi von Magen, Milz und Lunge
Zubereitungsarten	fritiert, gebraten, gegrillt, gekocht
Inhaltsstoffe	Eiweiß, Fett, Mineralien

Indikation

- *Bei Qi-Mangel von Magen und Milz:* Appetitlosigkeit, Kraftlosigkeit, chronische Verdauungsstörungen.
- *Bei Lungen-Qi-Mangel:* Schnelle Erschöpfung, leichtes Schwitzen, Kurzatmigkeit.

Kontraindikation

Hauterkrankungen.

Karpfen

Energetisches Temperaturverhalten	neutral
Geschmack	süß
Funktionskreisbezug	Milz, Niere
Wirkrichtung	fallend
Element	Erde
Wirkung	tonisiert Magen und Milz, tonisiert Qi und Blut, leitet Feuchtigkeit aus, führt das Qi herab, beseitigt Schwellungen
Zubereitungsarten	gedünstet, gekocht
Inhaltsstoffe	reich an Eiweiß und Vitamin D

Indikation

- *Bei Milz-Qi- und Milz-Yang-Mangel:*
  Schwellungen, Ödeme.
- *Bei Qi- und Blut-Mangel:*
  Mangelnder Milchfluss, in der Rekonvaleszenz, Kraftlosigkeit.
- *Bei Schwäche des Lungenfunktionskreises:*
  Chronischer Husten, Völlegefühl in der Brust, Kurzatmigkeit.

Kontraindikation

Hauterkrankungen.

Sardellen

Energetisches Temperaturverhalten	neutral
Geschmack	süß
Funktionskreisbezug	Magen, Milz
Element	Erde
Wirkung	tonisiert Qi und Blut, wärmt Magen und Milz
Zubereitungsarten	fritiert, gebraten, gegrillt, gekocht
Inhaltsstoffe	Eiweiß, Fett, Vitamin B_1, B_2

Indikation

- *Bei Qi- und Yang-Mangel von Magen und Milz:*
  Appetit- und Kraftlosigkeit, Verdauungsstörungen.

Kontraindikation

Hitze-Erkrankungen, insbesondere Hauterkrankungen.

Sardinen

Energetisches Temperaturverhalten	neutral, warm
Geschmack	süß, salzig
Funktionskreisbezug	Magen, Milz, Nieren
Wirkrichtung	steigend
Element	Erde, Wasser
Wirkung	tonisiert Qi, Yang und Blut, wärmt Magen und Milz, tonisiert die Nieren
Zubereitungsarten	fritiert, gebraten, gegrillt, gekocht
Inhaltsstoffe	Eiweiß, Fett, Mineralien

Indikation

- *Bei Schwäche von Magen und Milz:*
  Appetit- und Kraftlosigkeit, Verdauungsstörungen, Ödeme.
- *Bei Schwäche des Nierenfunktionskreislaufes:*
  Impotenz, Libido-Mangel, Schwäche und Schmerzen im Rücken, Sehnen- und Knochen-Schwäche.

Gegrillte Sardinen mit Knoblauch

Kontraindikation

Hitze-Erkrankungen, Hauterkrankungen.

Tintenfisch

Energetisches Temperaturverhalten	kalt
Geschmack	süß, salzig
Funktionskreisbezug	Niere, Blase, Leber
Wirkrichtung	fallend
Element	Wasser
Wirkung	nährt das Yin, stärkt das Blut und Qi, kühlt Hitze
Zubereitungsarten	fritiert, gebraten, gegrillt, gekocht
Inhaltsstoffe	Eiweiß, Fett, Mineralien

Indikation

- *Bei Yang-Fülle und Hitze-Erkrankungen aufgrund von Leber- oder Nieren-Yin-Mangel:*
  Schwindel, Ohrrauschen, plötzliche übermäßige Gebärmutterblutungen, starke menstruelle Blutungen mit Schmerzen und hellrotem Blut.
- *Bei Blut-Hitze:*
  Juckende Hauterkrankungen.
- *Bei Magen-Hitze durch Leber-Fülle:*
  Sodbrennen, Magenschleimhauterkrankungen, Magen- und Zwölffingerdarmgeschwüre.

Kontraindikation

- *bei Hitzesymptomen:*
  nicht fritiert, gebraten oder gegrillt.

Makrele

Energetisches Temperaturverhalten	neutral
Geschmack	süß
Funktionskreisbezug	Magen, Leber
Wirkrichtung	schwebend
Element	Erde
Wirkung	tonisiert Qi und Blut, scheidet Feuchtigkeit aus

Indikation

Schwellungen, Ödeme, Rheumatismus (feuchtes Bi-Syndrom).

Krebs

Energetisches Temperaturverhalten	kalt
Geschmack	salzig
Funktionskreisbezug	Leber, Magen
Element	Wasser
Wirkung	kühlt Hitze, bewegt das Blut, wirkt stärkend auf Muskeln, Sehnen und Knochen

Indikation

- *Bei Blut-Stagnationen:*
  Schmerzen und nach Verletzungen von Muskeln, Sehnen und Knochen (Schwellungen, Risse, Frakturen).
- *Bei abdominellen Schmerzen nach der Geburt zur Blutzirkulation.*

Krebse in Reiswein eingelegt und gekocht, über den Tag verteilt verzehren

Kontraindikation

Während der Schwangerschaft und bei Hauterkrankungen.

Miesmuscheln

Energetisches Temperaturverhalten	warm, neutral
Geschmack	salzig
Funktionskreisbezug	Leber, Niere
Wirkrichtung	fallend
Element	Wasser
Wirkung	tonisiert Yin und Yang der Leber und Nieren, nährt das Jing und Blut

Indikation

- *Bei Nieren-Yang-Mangel:*
  Impotenz, Schmerzen und Schwäche im Rücken.

Muscheln gekocht in Wein oder Reiswein mit Zwiebeln, Lauch, Möhren, Knoblauch und Pfeffer

- *Bei Yin-Mangel:*
  Nächtliche Schweißausbrüche, Schwindel.

Milchprodukte, Eier, Öle und Fette

Milch und Milchprodukte werden in der chinesischen Diätetik deutlich zurückhaltender konsumiert, als dies im Westen der Fall ist. Sie sind von süßem Geschmack und neutralem bis kühlem Temperaturverhalten. Sie befeuchten Trockenheit und tonisieren das Yin. Ein Übermaß, wie es sich in unserer »modernen« Ernährung häufig findet, kann schnell zu so genannten »Schleimerkrankungen« führen (rezidivierende Erkältungen mit Schleimproduktion, Stirnhöhlenentzündungen, Bronchitis, chronische Kopfschmerzen mit Schweregefühl und dumpfem Kopfdruck). Insbesondere der Mittlere Erwärmer leidet bei einer »Überfütterung« durch Milchprodukte und entwickelt im Körper Feuchtigkeits- und später Schleimerkrankungen. Kinder sind besonders gefährdet durch ein Übermaß an Milchprodukten, häufig noch in Kombination mit weiteren kalten Nahrungsmitteln (Zitrusfrüchte und -säfte) und zu fettigen, schleimbildenden Nahrungsmitteln (zuckerhaltige Limonaden, »Junk-Food«). Da bei ihnen der Mittlere Erwärmer bis zum ca. 12. Lebensjahr in seiner Funktion noch unterentwickelt ist, verfügen sie kaum über Möglichkeiten, ein Zuviel an kalten, kühlen und darüber Feuchtigkeit und Schleim produzierenden Nahrungsmitteln zu kompensieren.

Fette und Öle sind in ihrem Rohzustand meist von neutralem Temperaturverhalten, werden aber durch Erhitzen (Fritieren) energetisch warm bis heiß. Sie befeuchten Trockenheit (Obstipation) und nähren das Yin. Ein Übermaß verursacht Feuchtigkeit und Schleim, bei fritierten Ölen heißen Schleim.

Cave: Milchprodukte und Öle bei einem Milz-Qi- und Milz-Yang-Mangel meiden!

- **Bei Fülle** (robuste Person, laute kräftige Stimme, Hitzegefühl, Überaktivität, cholerische Züge, extrovertiert, Zunge mit dickem Belag, voller Puls): in Maßen Joghurt.
- **Bei Mangel** (schwache Person, schwache leise Stimme, Frieren, häufig müde und abgeschlagen, introvertiert, geschwollene Zunge, schwacher Puls): bei Yin-Mangel: Butter, Sahne, Käse, Milch, Ei.
- **Bei Hitze** (rotes Gesicht, Durst nach kalten Getränken, Verschlechterung des Befindens und der Schmerzen durch Wärme, rote Zunge, schneller Puls): Joghurt.
- **Bei Kälte** (Frösteln, Abneigung gegen Kälte, Verschlechterung des Befindens und der Schmerzen durch Kälte, blasse, geschwollene Zunge, schwacher, langsamer Puls): Milchprodukte meiden!
- **Bei Feuchtigkeit** (allgemeines Schweregefühl, pathologische Schwellungen, Ödeme, chronische Schleimerkrankungen z. B. Stirnhöhlenentzündungen, Bronchitis, Zysten, Tumoren): Milchprodukte meiden!
- **Bei Trockenheit** (trockener Mund, Lippen und rissige Haut, trockene Schleimhäute): Butter, Sahne, Öle, Käse, Milch.

Kuhmilch

Energetisches Temperaturverhalten	neutral, kühl
Geschmack	süß
Funktionskreisbezug	Lunge, Magen, Herz
Wirkrichtung	aufsteigend
Element	Erde
Wirkung	tonisiert Qi, Yin und Blut, nährt Lunge, Magen und Herz, bildet Körperflüssigkeiten, befeuchtet Darm und Haut, entgiftend
Zubereitungsarten	roh, gekocht oder als Brei
Inhaltsstoffe	reich an Eiweiß, Mineralstoffen und Vitaminen, Kalzium, Phosphor, Eisen, Vitamin A, B_1, B_2, B_6 und C

Indikation

- *Bei allgemeiner Schwäche von Qi und Blut:* Kraftlosigkeit, geistige Abgeschlagenheit, Schwindel, Überanstrengung, Auszehrung (insbesondere im Senium).

Milchbrei
ca. ½ l Milch mit Rundkornreis 100 g mit Zimt und Rosinen

- *Bei Magen-Yin-Mangel*
Trockener Mund und Kehle, Appetitlosigkeit, Obstipation (Rezeptur: Frischmilch mit etwas Ingwersaft aufkochen).

Kontraindikation

Ein Übermaß an Milch und Milchprodukten schwächen leicht den Magen- und Milzfunktionskreis, und führen häufig zu Feuchtigkeits- und Schleimerkrankungen, besonders bei Kindern (dumpfer schwerer Kopf, Konzentrationsstörungen, chronische Müdigkeit, loser Stuhlgang, Durchfälle, rezidivierende Infekte: Erkältungen, Bronchitis und Sinusitis).

Schaf- und Ziegenmilch

Energetisches Temperaturverhalten	warm
Geschmack	süß
Funktionskreisbezug	Lungen, Magen, z.T. Herz und Nieren
Wirkrichtung	aufsteigend
Element	Erde
Wirkung	wärmt und befeuchtet Magen und Milz
Zubereitungsarten	roh oder gekocht
Inhaltsstoffe	reich an Eiweiß, Fett, Mineralstoffen, besonders Kalzium und Phosphor

Indikation

- *Bei allgemeinem Qi-Mangel:*
Müdigkeit, Kraftlosigkeit, Verdauungsschwäche, Abmagerung.
- *Bei Magen-Yin-Mangel:*
Trockenheit im Mund und Kehle, Appetitlosigkeit, Obstipation.

Butter und Sahne

Im Unterschied zur Sahne erzeugt Butter weniger Feuchtigkeit.

Energetisches Temperaturverhalten	warm, neutral
Geschmack	süß
Funktionskreisbezug	Milz, Leber, Lunge, Niere, Dickdarm
Wirkrichtung	steigend
Element	Erde
Wirkung	tonisiert Qi, Yin und Blut, befeuchtet Trockenheit, beseitigt Blut-Stagnationen
Zubereitungsarten	roh oder gekocht
Inhaltsstoffe	reich an Eiweiß, Fett, Kohlenhydraten, Mineralstoffen

Indikation

- *Bei Qi-Mangel:*
  Müdigkeit, Erschöpfungszustände, geistige Abgeschlagenheit.
- *Bei Yin-Mangel:*
  Trockener Mund und Kehle, trockener Husten, trockene Haut, Obstipation, Nervosität.

Kontraindikation

Meiden bei Blut-Hitze-Erkrankungen (juckende Hauterkrankungen), Übermaß schwächt die Milz, kann Feuchtigkeits- und Schleimerkrankungen hervorrufen (bei Sahne ausgeprägter).

Joghurt

Energetisches Temperaturverhalten	kühl, kalt
Geschmack	süß, sauer
Funktionskreisbezug	Leber, Lunge, Dickdarm (nicht eindeutig)
Wirkrichtung	fallend
Element	Erde, Holz
Wirkung	nährt das Yin, kühlt Hitze, entspannt die Leber, befeuchtet die Lunge, durststillend
Zubereitungsarten	roh
Inhaltsstoffe	Eiweiß, Fett, Kohlenhydrate, Mineralstoffe

Indikation

- *Bei Hitzesymptomen:*
  Unruhe, Nervosität, Schlafstörungen, Durst.
- *Bei Magen-Hitze:*
  Schmerzen im Epigastrium, Magenschleimhautentzündungen, Magengeschwüre, Sodbrennen.
- *Bei Hitze in der Leber, aufsteigendes Leber-Yang:*
  Unruhe, Gereiztheit, plötzliche temporale Kopfschmerzen, Schwindel, gerötete juckende Augen.
- *Bei Trockenheit und Hitze im Darm:*
  Obstipation.
- *Zur äußeren Anwendung:*
  Exanthem mit Juckreiz, raue trockene Haut vom Sonnenbrand.

Kontraindikation

Kältesymptome im Mittleren Erwärmer, Diarrhö, im Übermaß genossen Gefahr von Feuchtigkeits- und Schleimbildung.

Kuhkäse

Energetisches Temperaturverhalten	neutral, kühl, (Schimmelkäse: warm)
Geschmack	süß, sauer
Funktionskreisbezug	Magen, Milz, Lunge, Leber
Wirkrichtung	auf- und absteigend
Element	Holz und Erde
Wirkung	tonisiert und bewegt das Qi, nährt das Yin, befeuchtet, laxierend
Zubereitungsarten	roh oder überbacken
Inhaltsstoffe	reich an Fett und Eiweiß, Mineralstoffe

Indikation

- *Bei Yin-Mangel, besonders Lungen-Yin-Mangel:*
  Trockener Husten, rauer Hals, Heiserkeit, trockene Haut, Nachtschweiß.
- *Bei Trockenheit im Dickdarm:*
  Obstipation.

Kontraindikation

Kuhkäse, insbesondere Schimmelkäse kann bei übermäßigen Genuss Feuchtigkeit und Schleimerkrankungen hervorrufen.

Schaf-/Ziegenkäse

Energetisches Temperaturverhalten	warm, neutral
Geschmack	süß, sauer, salzig
Funktionskreisbezug	Magen, Milz, Lunge, Leber, Herz, Nieren
Wirkrichtung	auf- und absteigend
Element	Holz und Erde
Wirkung	tonisiert und bewegt das Qi, wärmt Magen und Milz, nährt das Yin
Zubereitungsarten	roh oder überbacken
Inhaltsstoffe	reich an Fett und Eiweiß, Mineralstoffe

Indikation

- *Bei Magen- und Milz-Schwäche:*
  Verdauungsbeschwerden.
- *Bei Trockenheit im Dickdarm:*
  Obstipation.

Kontraindikation

Übermäßiger Genuss kann Feuchtigkeits- und Schleimerkrankungen hervorrufen.

Hühnerei

Energetisches Temperaturverhalten	roh: neutral, kühl gekocht: warm
Geschmack	süß
Funktionskreisbezug	Eiweiß: Lunge Eigelb: Herz, Niere
Wirkrichtung	aufsteigend
Element	Erde
Wirkung	tonisiert Qi und Blut, nährt Yin, befeuchtet, beruhigt den Fetus Eiweiß: befeuchtet die Lunge, kühlt Hitze Eigelb: tonisiert Yin und Blut, befeuchtet
Zubereitungsarten	roh, gekocht, gebraten, als Rührei
Inhaltsstoffe	reich an Eiweiß, Fett, insbesondere Lecithin, Cholesterin und Triglyceride sowie Vitamin A und D, Eisen, Phosphor

Indikation

- *Bei Qi-Mangel:*
  (Eigelb!) Abgeschlagenheit, Kraftlosigkeit, Erschöpfung, in der Rekonvaleszenz, Mangelernährung.
- *Bei Yin- und Blut-Mangel:*
  Nervosität, Schlafstörungen, Palpitation, Schwindel, Nachtblindheit.
- *bei Lungen-Yin-Mangel:*
  Halsschmerzen, Heiserkeit, trockener Husten, Stimmverlust.
- *Bei Magen-Yin-Mangel:*
  Appetitlosigkeit.
- *Bei Hitzesymptomen:*
  (Eiweiß!) gerötete Augen, starke Bewegung des Fetus, Durst nach der Entbindung.

Kontraindikation

Übermaß erzeugt Wind-Krankheiten (Hautausschläge), Qi-Stagnationen und feuchte Hitze.

Erdnussöl

Energetisches Temperaturverhalten	neutral
Geschmack	süß
Funktionskreisbezug	Dickdarm, Lunge, Magen
Wirkrichtung	ansteigend
Element	Erde
Wirkung	tonisiert den Mittleren Erwärmer, befeuchtet Lunge und Dickdarm, antiparasitisch
Zubereitungsarten	zum Anbraten und Fritieren
Inhaltsstoffe	wertvolle essenzielle Fettsäuren, vor allem die herzfreundliche Linolsäure, B-Vitamine

Indikation

- *Magen-Milz-Schwäche:*
  Appetitlosigkeit.
- *Trockenheit in Lunge oder Dickdarm:*
  Trockener Husten mit wenig Auswurf, Obstipation.

Kontraindikation

Übermaß führt zu Schleimbildung.

Sesamöl

Energetisches Temperaturverhalten	kühl
Geschmack	süß
Funktionskreisbezug	Dickdarm, Leber, Niere
Wirkrichtung	absteigend
Element	Erde
Wirkung	befeuchtet die Därme, wirkt laxierend und entgiftend
Zubereitungsarten	als Würzmittel oder zur Zubereitung von Salaten, selten zum Anbraten
Inhaltsstoffe	hoher Gehalt an ungesättigten Fettsäuren, Lecithin, Vitamin E

Indikation

- *Trockenheit in den Därmen:* Obstipation, Verdauungsblockaden.
- *Blut- und Qi-Mangel von Leber und Niere:* Schwäche und Kraftlosigkeit in den Muskeln, Sehnen und Knochen.

Kontraindikation

Übermaß schwächt den Funktionskreis Milz/Pankreas, Diarrhö.

Sojaöl

Energetisches Temperaturverhalten	warm
Geschmack	scharf und süß
Funktionskreisbezug	Dickdarm
Wirkrichtung	aufsteigend
Element	Erde und Metall
Wirkung	befeuchtet die Därme, beseitigt Blut-Stagnationen, laxierend, antiparasitisch
Zubereitungsarten	zum Anbraten und Fritieren
Inhaltsstoffe	hohe Anteile an ungesättigten Fettsäuren, Linolensäure, Ölsäure, reich an Vitamin E, ähnlich hochwertig wie Weizenkeimöl → allerdings nur das kaltgepresste Öl

Indikation

- Obstipation.

Nüsse und Samen

Nüsse und Samen sind ausgesprochen nahrhaft und weisen zumeist ein warmes Temperaturverhalten auf. Sie sind damit gut geeignet, Qi und Yang im Körper aufzubauen. Dies ist z.T. auch sehr gut kurzfristig möglich, um Energiedefizite auszugleichen (z.B. Energiebällchen aus Walnüssen, Honig und Kokosnuss)

- **Bei Fülle** (robuste Person, laute kräftige Stimme, Hitzegefühl, Überaktivität, cholerische Züge, extrovertiert, Zunge mit dickem Belag, voller Puls): weißer Sesam.
- **Bei Mangel** (schwache Person, schwache leise Stimme, Frieren, häufig müde und abgeschlagen, introvertiert, geschwollene Zunge, schwacher Puls): Walnüsse, Erdnüsse, Pinienkerne, Esskastanien.
- **Bei Hitze** (rotes Gesicht, Durst nach kalten Getränken, Verschlechterung des Befindens und der Schmerzen durch Wärme, rote Zunge, schneller Puls): Nüsse und Samen meiden, frische Sprossen (Mungbohnen) bevorzugen.
- **Bei Kälte** (Frösteln, Abneigung gegen Kälte, Verschlechterung des Befindens und der Schmerzen durch Kälte, blasse, geschwollene Zunge, schwacher, langsamer Puls): Walnüsse, Esskastanien.
- **Bei Trockenheit** (trockener Mund, Lippen und rissige Haut, trockene Schleimhäute): Sonnenblumenkerne.

Erdnuss

Energetisches Temperaturverhalten	neutral (roh: kühl, geröstet oder gekocht: warm).
Geschmack	süß
Funktionskreisbezug	Milz, Lunge
Wirkrichtung	aufsteigend
Element	Erde
Wirkung	tonisiert den Mittleren Erwärmer, harmonisiert den Magen, befeuchtet die Lunge, wirkt hustenstillend, fördert die Milchbildung, befeuchtet den Dickdarm
Zubereitungsarten	roh, geröstet, gekocht oder pulverisiert
Inhaltsstoffe	extrem hoher Eiweiß- u. Fettgehalt, reichlich B-Vitaminen: beachte: Mengen an Linolsäure, Vitamin E, Kalium, Magnesium, Kalzium, Zink, Phosphor, Mangan, die meisten essenziellen Aminosäuren → reichlich Tryptophan (wichtig für den Schlaf!)

Indikation

- *Milz-Schwäche:* Appetitlosigkeit, Kraftlosigkeit.

Dekokt aus Erdnüssen (60 g) und Azukibohnen (60 g) und Jejubenfrüchte (60 g) in Wasser abkochen, über den Tag einnehmen

- *Trockenheit und Schwäche der Lunge:*
  Trockener Husten mit wenig Auswurf, trockener Hals, persistierender Husten.

Mischung aus Erdnuss- und Mandelmus mit Honig vermischt

- *Trockenheit im Dickdarm:*
  Obstipation.
- *Qi- und Blut-Schwäche:*
  Nach der Geburt mit vermindertem Milchfluss.

Kontraindikation

Übermaß erzeugt Feuchtigkeit und Schleim, Diarrhö.

Haselnuss

Energetisches Temperaturverhalten	neutral
Geschmack	süß
Funktionskreisbezug	Milz, Magen.
Wirkrichtung	aufsteigend
Element	Erde
Wirkung	harmonisiert den Mittleren Erwärmer, reguliert das Qi
Zubereitungsarten	geröstet oder als Mus
Inhaltsstoffe	hohe Anteile an Fett, dabei hoher Prozentsatz der wertvollen ungesättigten Fettsäuren, Eiweiß, Kohlenhydrate, Kalzium, Eisen, Phosphor, Magnesium, Schwefel, reichlich B-Vitamine, Vitamin C, Gerbstoffe (regen Haut- und Darmfunktion an), hoher Lecithingehalt

Indikation

- *Schwäche des Funktionskreises Milz/Pankreas:*
  Appetitlosigkeit, Müdigkeit.

Esskastanie

Energetisches Temperaturverhalten	warm
Geschmack	süß
Funktionskreisbezug	Magen, Milz, Niere
Wirkrichtung	aufsteigend
Element	Erde
Wirkung	tonisiert die Nieren, tonisiert Qi und Blut, löst Blut-Stagnationen, treibt Kälte aus, stärkt Sehnen und Muskeln, tonisiert Magen und Milz
Zubereitungsarten	roh, geröstet, als Brei oder Dekokt
Inhaltsstoffe	weniger Fett und Eiweiß als andere Nussarten, weiterhin Kalzium, Phosphor, Kalium, Schwefel, Magnesium, Eisen, Carotin, Vitamin B_1, B_2, C, E

Indikation

- *Schwäche der Nieren:*
  Schwäche und Schmerzen in der Hüfte, den Knien und im unteren Rückenbereich.

Geröstete Esskastanie oder als Brei mit Walnüssen

- *Yang-Mangel der Milz und der Niere:*
  Diarrhö, kalte Extremitäten, Kraftlosigkeit, Impotenz, Rückenschmerzen.

Geröstete Esskastanien

- Äußere Anwendung:
  Bei Verletzungen, Schwellungen durch gestauten Blutfluss.

Kontraindikation

Übermäßiger Genuss führt zu Völle- und Spannungsgefühlen im Abdomen.

Mandeln

Energetisches Temperaturverhalten	neutral
Geschmack	süß
Funktionskreisbezug	Lunge, Dickdarm, Milz
Wirkrichtung	aufsteigend
Element	Erde
Wirkung	befeuchtet die Lunge, lindert Husten, transformiert Schleim, senkt das Qi ab, befeuchtet den Dickdarm
Zubereitungsarten	roh, geröstet, als Mus und Dekokt
Inhaltsstoffe	reich an Fetten, Eiweiß, Kalzium, Eisen, Magnesium, Phosphor, Kalium, rel. hoher Anteil an Vitamin A, weiter C, B-Komplex, Enzyme mit Hormoncharakter

Indikation

- *Trockenheit und Schwäche der Lunge:*
  Husten mit Atemstörungen, Keuchatmung, Trockenheit in Mund und Rachen.

Mus aus Mandeln, Walnüssen und Honig in warmem Wasser aufgelöst einnehmen

- *Trockenheit im Dickdarm:*
  Obstipation.
- *Schwäche der Milz:*
  Appetitlosigkeit, Kraftlosigkeit.

Kontraindikation

- *Feuchtigkeits- und Schleimerkrankungen.*

Pinienkerne

Energetisches Temperaturverhalten	neutral, Tendenz zur Wärme
Geschmack	süß
Funktionskreisbezug	Lunge, Leber, Dickdarm
Wirkrichtung	aufsteigend
Element	Erde
Wirkung	befeuchtet Lunge und Dickdarm, bildet Körperflüssigkeiten, treibt Wind und Kälte aus
Zubereitungsarten	roh, geröstet, als Paste oder Pille
Inhaltsstoffe	reich an essenziellen Fettsäuren, Kalzium, Phosphor, Eisen, am meisten Vitamin B_1 von allen Nüssen

Indikation

- *Trockenheit und Schwäche der Lunge:* Trockener Hals, Husten mit wenig oder ohne Schleim, rezidivierender Husten.

Mus aus Pinienkernen (30 g) und Walnusskernen (60 g) mit Honig (20 g) zu einem Mus vermischen

- *Trockenheit im Dickdarm:* Obstipation.
- *Wind-Bi-Syndrome oder innerer Leber-Wind:* Rheumatismus, Schwindel, Benommenheit.

Kontraindikation

Übermaß birgt die Gefahr von Feuchtigkeit und Schleimproduktion.

Schwarzer Sesam

Energetisches Temperaturverhalten	neutral bis kühl
Geschmack	süß
Funktionskreisbezug	Leber, Niere
Wirkrichtung	absteigend
Element	Erde
Wirkung	tonisiert Leber und Niere, befeuchtet Trockenheit
Zubereitungsarten	roh, geröstet, als Brei, als Gewürz oder zu Mus verarbeitet, gerösteter Sesam ist thermisch deutlich wärmer als in rohem Zustand
Inhaltsstoffe	reich an essenziellen Fettsäuren, Kohlenhydraten, Eiweiß, Phosphor, Vitamin E, Kalzium, Eisen, Phosphor, Selen, Kieselsäure, Lecithin

Indikation

- *Schwäche von Leber und Nieren:* Allgemeine Schwäche sowie Schwäche und Schmerzen in Knien und Rücken, Muskelschmerzen, Kraftlosigkeit in den Extremitäten, Tinnitus, Drehschwindel, Impotenz.
- *Blut-Schwäche und Erschöpfung der Säfte:* Laktationsstörung nach der Geburt; Schwindel, Vergesslichkeit.
- *Wind-Bi-Erkrankungen:* Rheumatoide Beschwerden, trockener Husten, Trockenheit im Dickdarm: Obstipation.

Gerösteter Sesam zur Stärkung von Blut und Nieren, beliebige Menge des schwarzen Sesams in einer Pfanne anrösten bis er duftet, täglich 1–2 Teelöffel davon verzehren

Brei aus schwarzem Sesam (50 g) und Rundkornreis (100 g) mit Wasser zu einem Brei verkochen

- Tonisiert Leber und Nieren, zur Kräftigung von Muskeln, Sehnen und Knochen, bei Kraftlosigkeit in Armen, Beinen und Rücken.

Kontraindikation

- Diarrhö
- Gerösteter Sesam zurückhaltend bei Hitzesymptomen.

Sonnenblumenkerne

Energetisches Temperaturverhalten	neutral
Geschmack	süß
Funktionskreisbezug	Lunge, Dickdarm
Wirkrichtung	aufsteigend
Element	Erde
Wirkung	tonisiert die Milz, tonisiert das Yin, befeuchtet den Dickdarm
Zubereitungsarten	in rohem Zustand, geröstet oder als Öl
Inhaltsstoffe	reich an Fetten und essenziellen Fettsäuren, vor allem Linolsäuren u. Lezithin, Eiweiß, Kohlenhydrate, Vitamin B_1, B_2 und D sowie Kalzium, Eisen

Indikation

- *Schwäche des Funktionskreises Milz/Pankreas:*
  Appetitlosigkeit, Kraftlosigkeit, Diarrhö.
- Hyperlipidämie, Hypertonie, Arteriosklerose (nach Anschauung westlicher und chinesischer Medizin).

Kontraindikation

In geröstetem Zustand energetisches Temperaturverhalten deutlich wärmer bis heiß, Vorsicht bei Hitzesymptomen.

Sonstige Genussmittel

Tee

Die Wirkung des Tee ist abhängig von der Teesorte, der Weiterverarbeitung und Zubereitung. Grundsätzlich kann man zwischen dem fermentierten schwarzen Tee und dem unfermentierten grünen Tee unterscheiden. Als Arzneimittel wird in China der grüne Tee bevorzugt.

Energetisches Temperaturverhalten	grüner Tee kühl bis kalt, schwarzer Tee kühl bis leicht wärmend
Geschmack	bitter und süß
Funktionskreisbezug	Magen, Lunge, Herz, Nieren
Element	Holz, Erde, Feuer (nicht eindeutig)
Wirkung	kühlt Hitze, insbesondere im Kopfbereich, durststillend, diuretisch, senkt das Qi ab, beseitigt Verdauungsblockaden, erfrischt den Geist, transformiert Feuchtigkeit und Schleim, entgiftend, harmonisiert den Magen (schwarzer Tee)
Zubereitungsarten	gebrüht, pulverisiert und als Dekokt
Inhaltsstoffe	Koffein, Gerbstoffe, ätherische Öle, Vitamin C und Carotin, Vitamin B_1 und B_2, Mineralstoffe

Indikation

- *Bei Wind-Hitze-Erkrankungen:* Schmerzende juckende Augen, verschwommene Sicht, Kopfschmerzen, Hitzegefühl und Schwindel im Kopf.
- *Bei Sommer-Hitze mit starkem Durst.*
- *Bei Hitzesymptomen:* Durst, Nervosität, Unruhe, nach übermäßigem Alkoholgenuss
- *Bei feuchter Hitzeerkrankung:* Diarrhö oder Dysenterie
- *Bei feuchter Hitze:* Müdigkeit, Abgeschlagenheit, schweren Extremitäten
- *Bei Hitzesymptomatik:* Unruhe, Nervosität, nach übermäßigem Alkoholgenuss.
- *Bei innere Wind-Hitze:* Hitzegefühl im Kopf, Schwindel, verschwommene Sicht, Kopf- und Augenschmerzen.

Kontraindikation

Bei Kälte und Schwäche von Magen und Milz, Schlafstörungen, Übermaß trocknet die Körperflüssigkeiten, insbesondere Blut (Xue).
Cave: bei Blut-Mangel!

Kaffee

Energetisches Temperaturverhalten	warm bis heiß
Geschmack	bitter und süß
Wirkrichtung	aufsteigend
Element	Feuer
Wirkung	wärmt und stärkt das Herz, stimuliert, er regt die geistigen Kräfte an, diuretisch, entgiftend nach übermäßigem Alkoholgenuss, trocknet die Körperflüssigkeiten
Zubereitungsarten	mit kochendem Wasser aufgießen, ggf. Zucker und Milch hinzufügen
Inhaltsstoffe	Saccharose, Polysaccharide, Fett, Eiweiß, Koffein, Kalium

Indikation

- *Allgemeiner Qi- und Yang-Mangel:* Müdigkeit, Abgeschlagenheit, Kältegefühl im Körper, Kopfschmerzen, Schwindel, insbesondere des Herzens.
- *Nach Alkoholabusus.*
- *Bei Milz-Yang-Schwäche:* Müdigkeit, Verdauungsstörungen, kalte Extremitäten.

Kontraindikation

- *Kaffee trocknet die Körperflüssigkeiten, kann zu einer Blut-Schwäche führen und im Übermaß den Funktionskreis Niere nachhaltig schwächen.*

In kleinen Mengen genossen hat Kaffee eine therapeutische Wirkung (etwa 1–2 Tassen). Negative Folgen treten bei Überdosierung und täglich überhöhtem Kaffeekonsum auf (4 Tassen).

Tipp **Um die diuretische, austrocknende Wirkung von Kaffee zu mildern, zu jeder Tasse ein Glas Wasser trinken (s. Kaffeekultur in Österreich und Italien).**

Alkoholische Getränke

Energetisches Temperaturverhalten	abhängig vom Alkoholgehalt, je höherprozentig desto wärmer bzw. heißer die Wirkung Schnaps: heiß Wein: warm Bier: kühl, besonders Weizenbier (bei Sommer-Hitze)
Geschmack:	scharf, süß und bitter
Funktionskreisbezug	Herz, Leber, Lunge, Magen
Wirkrichtung	aufsteigend
Element	Metall
Wirkung	bewegt Qi, bewegt Blut, zerstreut Kälte, löst Leber-Qi-Stagnationen
Zubereitungsarten	in kleinen Mengen getrunken, zum Einlegen und Anrichten von Nahrungsmitteln
Inhaltsstoffe	Äthanol, Fettsäure,Säuren, ggf. Zucker

Indikation

- *Bei kurzfristiger Qi-Schwäche:*
  Müdigkeit, Abgeschlagenheit (Dekokt mit Alkohol und Radix Ginseng).
- *Bei Blut-Stagnationen und Kälte:*
  Kalte Extremitäten, Frösteln, Schmerzen im Abdomen.
- *Bei Blut-Schwäche:*
  Blasse Gesichtsfarbe, Schlaflosigkeit, Vergesslichkeit, Müdigkeit.
  (Rotwein in Maßen stärkt auch die Nierenenergie, Schmerzen und Ziehen im unteren Rückenbereich.)
- *Bei Leber-Qi-Stagnationen:*
  Psychische und physische Anspannung, Depressionen, Melancholie, Dysmenorrhö.
- *Invasion von Wind-Kälte:*
  Kälteabneigung, Frösteln, Schmerzen in den Extremitäten, Schmerzen in Brust und Rücken.

Kontraindikation

Leber-Yin-Mangel, Hitzesymptome und feuchte Hitze, regelmäßig überhöhter Alkoholgenuss schwächt das Qi, schädigt den Geist (Shen) und zerstört das Yin.

Indikation

In Abhängigkeit der entsprechenden Kräuter wird durch den Alkohol eine beschleunigte und tonisierende Wirkung hervorgerufen. Die Anwendung erfolgt vorzugsweise in den kühleren Jahreszeiten.

Grundrezept Medizinische Weine/Liköre

Einzelne Kräuter oder Kräuterkombinationen werden für mindestens 2 Wochen bis zu einigen Monaten in Alkohol angesetzt. Dazu geeignet sind klare, hochprozentige Alkoholsorten wie Reiswein, Korn etc.

Beispiel
Ginseng-Likör (Radix Ginseng lat./Ren Chen chin.)
Wurzel in klaren, hochprozentigen Alkohol (Korn) für mindestens 6 Wochen einlegen, zweiter Aufguss möglich.

Indikation

Tonisiert das Qi, stärkt die Funktionskreise Lunge, Milz und Herz.

Klinische Beispiele

Analogie westliche Diagnosen – Krankheitsbilder in der TCM

Die Behandlung der hier aufgeführten Erkrankungen setzt auch in der diätetischen Therapie eine eindeutige Diagnose bei einem geschulten TCM-Therapeuten voraus.
Sie sollten keinesfalls ohne Rücksprache mit dem behandelnden Arzt erfolgen.
Die Analogien westlicher Diagnosen zu Krankheitsbildern in der TCM erheben keinen Anspruch auf Vollständigkeit.
Sie sind als Ansatz gedacht, um östliche und westliche Medizinsysteme zu verbinden.

Atemwegserkrankungen

Leitsymptom: Erkältungskrankheiten

Akuter grippaler Infekt	*Wind-Kälte befällt die Lunge*
Akute Bronchitis	*Wind-Hitze befällt die Lunge*
Bronchitis, Sinusitis mit gelbem Sekret	*Schleim-Hitze verlegt die Lunge*

Nach TCM:
Husten »Kesou« und Schleim »Tanyin« durch Angriff von äußeren pathogenen Faktoren, überwiegend Kälte, die den Qi-Fluss blockieren. Sie treten meist aufgrund von Schwächezuständen der Lunge, Milz und Niere auf.

Sehr gute Erfolge sind zu Beginn und auch im weiteren Verlauf der Erkrankung durch diätetische Maßnahmen, Akupunktur und Kräutertherapie zu erreichen.

Akuter grippaler Infekt
Wind-Kälte befällt die Lunge

Symptome: verstopfte oder rinnende Nase mit klarem wässrigem Schleim, Niesen, Husten, Abneigung gegen Kälte, Gliederschmerzen, Kopfschmerzen, Halskratzen.
Zunge: dünner weißer Belag.
Puls: oberflächlich, schlaff.

Ursachen: äußeres Eindringen von Wind-Kälte in die Lunge bei schwachem Abwehr-Qi. Die Lungenfunktion und der Qi-Fluss werden durch Kälte blockiert.

Therapie

Befreien der Oberfläche
激 • Lu7 • Bl12 • Di4

Vertreiben von Wind und Kälte
激 • 3E5 • Gb20 • Du14

Zu vermeiden: rohe, kalte und kühle Nahrungsmittel, Milchprodukte (begünstigen Schleimerkrankungen).

Zu empfehlen:

Energetisches Temperaturverhalten	heiß und warm
Funktionskreisbezug	Lunge, Milz/Pankreas
Wirkrichtung	schwebend
Zubereitungsart	gekocht, gebraten
Geschmack	scharf
Gemüse	Frühlingszwiebel, Koriander
Getränke	Gewürztee, Glühwein, Grog, Whisky
Gewürze	Anis, Chili, Ingwer, Knoblauch, Pfeffer, Rosmarin, Thymian (löst Schleim, desinfiziert), Zimt

Ingwertee
Daumengroßes Stück Ingwer in ½ l Wasser, ca. 20 Min. auskochen, warm trinken, bei Halsschmerzen Süßholz hinzugeben

Glühwein

Gewürztee
(Yogitee mit Pfeffer, Ingwer, Kardamom und Zimt).

Beim ersten Niesen, Frösteln und Erkältungssymptomen, einen Tag lang Kälte und Wind mit heißen und scharfen Nahrungsmitteln vertreiben.

Dekokt aus Frühlingszwiebeln und Ingwer

Chili con carne

Bei Umschlag der Symptomatik von Wind-Kälte in Wind-Hitze (ggf. über Nacht) mit dem vorherrschenden Symptom Fieber mit Schwitzen, Ernährungstherapie sofort ändern und kühle und kalte Nahrungsmittel bevorzugen.

Akute Bronchitis

Wind-Hitze befällt die Lunge

Symptome: brennende Halsschmerzen, häufiger Husten, gelbes Sekret, Fieber, Abneigung gegen Kälte, verstopfte Nase, Körper- und Gliederschmerzen, Kopfschmerzen.
Zunge: dünner gelber Belag.
Puls: oberflächlich, schnell.

Ursachen: Angriff von Wind-Hitze auf die Lunge, Sommergrippe, bei geschwächtem Abwehr-Qi oder Folgestadium eines Wind-Kälte-Angriffes auf die Lunge (Umwandlung kann innerhalb weniger Stunden erfolgen).

Therapie

Befreien der Oberfläche
Ausleiten der Wind-Hitze

激 • Lu5 • Di4 • Di1 • Gb20 • Bl13 • Lu11 (bei Halsschmerzen) • Ma40 (bei Sekret)

Zu vermeiden: warme und heiße Nahrungsmittel, Milchprodukte (fördern Verschleimung).

Zu empfehlen:

Energetisches Temperaturverhalten	kühl, ggf. etwas kalt
Element	Metall, Erde
Geschmack	scharf, bitter, ggf. etwas süß
Zubereitungsart	roh, gekocht, gedünstet
Früchte	Birne
Gemüse	Chinakohl, Mungbohnen (Keime noch kühler), Rettich, schwarze Sojabohne, Wassermelone, Löwenzahn
Getränke	Birnensaft (bei Trockenheit, Halsschmerzen und Schleim), grüner Tee, Pfefferminztee
Getreide	Weizen
Gewürze	chinesische Chrysanthemenblüten, Maulbeerblätter, Salz/Salzwasser
Sojaprodukte	Tofu

Linderung im Anfangsstadium
Konzentrierter Pfefferminztee, chinesischer Chrysanthemenblütentee

Trockener Husten
Birnensaft

Hals- und Rachenschmerzen
Feigen, frischer Zitronensaft

Linderung von Husten und Schleimlösung
Geröstete Mandeln mit Salz.

Husten und Stimmverlust
Frischer Rettichsaft und Ingwer

Bronchitis, Sinusitis mit gelbem Sekret
Schleim-Hitze verlegt die Lunge

Symptome: Husten mit reichlich gelbem, ggf. grünem Sputum, Völle- und Druckgefühl im Thorax, Abgeschlagenheit, Appetitverlust, weiche Stühle.
Zunge: rot, dicker, klebriger, gelber Belag.
Puls: schnell, schlüpfrig.

Ursachen: länger andauernde Schädigung oder konstitutioneller Mangel des Lungen-Qi, verbunden mit einem Milz-Qi-Mangel fördert die Entstehung von Feuchtigkeit und Schleim, Fehlernährung, Übermaß an fetten, heißen Speisen.

Therapie

Lösen des Schleims
Beseitigung der Hitze

激 • Lu7 • Lu5 • Di4 • Di11 • Bl13 • Ma40 (transformiert Schleim)

Zu vermeiden: Milchprodukte (fördern Verschleimung), Bananen. Fleischkonsum reduzieren, Alkohol.

Zu empfehlen:

Energetisches Temperaturverhalten	neutral und kühl, später zum Milzaufbau neutral und warm
Funktionskreisbezug	Lunge, Milz
Geschmack	etwas scharf, etwas süß, salzig (wandelt Schleim um)
Zubereitungsart	roh, gekocht, gedünstet
<u>Schleimlösend und transformierend:</u>	
Früchte	Birne, Zitrone.
Getränke	grüner Tee
Getreide	Sojabohne
Gemüse	Bambussprossen, Rettich, Rotalge
<u>Kühlende Wirkung auf die Lunge:</u>	
Gemüse	Bambusschösslinge, Brunnenkresse, Rettich, Sellerie, Spargel
Getränke	Pfefferminztee, grüner und schwarzer Tee
<u>Milz stärken und Feuchtigkeit beseitigen:</u>	
Getreide	Hirse, Reis
<u>Husten mit Schleim:</u>	
Gemüse	Champignon
Nüsse und Samen	Pinienkerne, in Salz geröstete Mandeln

Tipp **Bei rezidivierenden »Schleimerkrankungen« der Bronchien und Nasennebenhöhlen, können durch Reduktion von Milchprodukten und Fleischkonsum sehr gute Erfolge erzielt werden.**

Bronchitis/chronische Bronchitis

Chronische Lungenfunktionsschwäche; rezidivierende Bronchitis/chron. Bronchitis	*Lungen-Qi-Mangel*
Chronische Bronchitis mit Schleimproduktion (und Schleimretention in der Lunge)	*Lungen-Qi- und Milz-Qi-Mangel*
Chronische Bronchitis, konstitutionelle Störung der Lungenfunktion	*Lungen- und Nieren-Yin-Mangel*

Nach TCM:
Husten »Kesou« und Schleim »Tanyin«. Ursächlich dafür sind chronische Mangelzustände von Lunge, Milz und Niere. Im Vordergrund der Therapie stehen Akupunktur und Kräuterbehandlung, begleitet von diätetischen Maßnahmen. Die Ernährungstherapie kann über einen längeren Zeitraum (Wochen bis Monate) deutlich die Organfunktion stärken und die Schleimentwicklung reduzieren.

Die chronische Bronchitis ist überwiegend ein Mischsyndrom aus den oben genannten Hauptsyndromen. Die Therapie des Krankheitsbildes sollte unter Betonung des Hauptsyndroms ausgewählt werden. Die Therapieprinzipien bei Einsatz der Diätetik sind die Stärkung der Milz zur Schleimreduktion und die Stärkung von Lunge und Niere zum Ausgleich des chronischen Mangelzustandes.

Chronische Lungenfunktions-Schwäche; rezidivierende Bronchitis/chronische Bronchitis
Lungen-Qi-Mangel

Symptome: schwacher Husten, dünnflüssiges, klares Sputum, spontane Schweißausbrüche, Müdigkeit, Infektanfälligkeit.
Zunge: blass.
Puls: schwach.

Ursachen: lang andauernder Husten erschöpft das Lungen-Qi, konstitutionelle Schwäche, allgemeine Erschöpfungszustände (besonders im Alter).

Therapie

Stärkung der Lunge
激 • Lu9 • Bl13 • Ren6 • Ma36

Zu vermeiden: rohe, kühle und kalte Nahrungsmittel, bitteren Geschmack.

Zu empfehlen:

Energetisches Temperaturverhalten	neutral und warm
Funktionskreisbezug	Lunge, Milz
Geschmack	leicht scharf, leicht süß
Zubereitungsart	gekocht, gedünstet, gebraten
Fleisch	Ente, Karpfen
Früchte	Weintrauben
Gemüse	Blumenkohl, Möhren, Zwiebel
Getreide	Hafer, süßer Reis

Gewürze	Anis, Ingwer, Knoblauch, Rosmarin, Thymian
Nüsse und Samen	Esskastanien, Mandeln, schwarzer Sesam, Sonnenblumenkerne, Walnüsse
Sonstiges	Alkohol

Congee (s.S. 128) aus Reis, Zwiebeln und Ingwer.

Chronische Bronchitis mit Schleimproduktion (und Schleimretention in der Lunge)

Milz-Qi-Mangel und Lungen-Qi-Mangel

Symptome: Husten mit übermäßigem weißem Sputum, Völlegefühl im Brustbereich, Müdigkeit, Appetitlosigkeit, weiche Stühle.
Zunge: weißlicher, schmieriger Belag.
Puls: schlüpfrig.

Ursachen: langandauernde oder konstitutionelle Schädigung des Lungen-Qi, chronischer Milz-Qi-Mangel durch Fehlernährung und Überarbeitung.

Therapie

Transformation des Schleims
Stärkung der Milz
Stärkung der Lunge

激 • Lu9 • Bl13 • Ma40 • Ren12 • Pe6 • MP3 • Bl20

Zu vermeiden: rohe, kalte und kühle Nahrung, Milchprodukte, Übermaß an Süßigkeiten, Übermaß an Fleisch.

Zu empfehlen: s. Lungen-Qi-Mangel

Energetisches Temperaturverhalten	neutral und warm
Funktionskreisbezug	Milz, Herz, Lunge
Geschmack	etwas süß, etwas bitter, etwas scharf
Zubereitungsart	gekocht, gebraten, gedünstet
<u>Schleim transformieren:</u>	
Früchte	Birne, Kirsche, Apfel
Gemüse	Lauch, Rettich
Getreide	Hirse
Gewürze	Ingwer, Knoblauch
<u>Milz stärken:</u>	
Fleisch	Huhn, Rind
Gemüse	Fenchel, Karotten
Getreide	Hafer, Hirse, Reis
Gewürze	Anis, Basilikum, Ingwer, Koriander, Thymian

Pikante Hirse- oder Reisgerichte

Chronische Bronchitis, konstitutionelle Störung der Lunge

Lungen- und Nieren-Yin-Mangel

Symptome: trockener Husten, trockener Rachen, chronische Luftnot, Schwäche in Knie und Rücken, heiße Hände und Füße, subfebrile Temperaturen nachmittags.
Zunge: rot, trocken, ggf. kein Belag.
Puls: dünn.

Ursachen: lang andauernd schwelende Erkrankung, chronische Erschöpfungszustände, physiologischer Alterungsprozess.

Therapie

Stärkung des Lungen-Yin und Nieren-Yin

激 • Ni3 • Bl23 • Lu7 • Bl13 • Ren4 • Du4 • Lu9

Zu vermeiden: warme und heiße Nahrungsmittel, Übermaß an bitterem und scharfem Geschmack.

Zu empfehlen:

Energetisches Temperaturverhalten	neutral und kühl
Funktionskreisbezug	Lunge, Milz, Niere
Geschmack	süß, etwas salzig
Zubereitungsart	roh, gedünstet, gekocht
Stärkung des Lungen-Yin:	
Fleisch	Entenfleisch, Schweinefleisch
Früchte	Birne, Mandarine, Aprikose, Feige
Gemüse	Auberginen, Champignon, Karotten, Wasserkastanien
Gewürze	Honig
Nüsse und Samen	Erdnuss, Mandeln, Sonnenblumenkerne, Pinienkerne
Milchprodukte	Butter, Joghurt, Quark, Kuhmilch, Sojamilchprodukte
Stärkung des Nieren-Yin:	
Fleisch	Entenfleisch, Schweinefleisch
Fisch	Austern, Barsch, Tintenfisch
Früchte	Kirschen, Weintrauben
Gemüse	Karotten
Getreide	Weizen, Mais
Nüsse und Samen	schwarzer Sesam, Walnusskerne
Sonstiges	Schaf- und Ziegenmilchprodukte

Bei trockenem Husten: Milch mit Honig, Mandel-Milch

Kraftsuppe mit Karotten und Schweinefleisch

Leitsymptom: Husten

Akuter schwacher Husten	*Wind-Kälte befällt die Lunge*
Akuter heftiger Husten	*Wind-Hitze befällt die Lunge*
Chronischer Husten mit Auswurf	*Schleim-Nässe verlegt die Lunge*
Chronischer trockener Husten	*Lungen-Yin-Mangel mit Trockenheit*

Nach TCM:
Rebellierendes Lungen-Qi, Differenzialdiagnose nach Häufigkeit, Heftigkeit, Sekret und Fieber. Gute Erfolge werden mit der Ernährungstherapie, Akupunktur und Kräutern erzielt. Eine längere Therapie über mehrere Wochen ist notwendig.

Akuter schwacher Husten
Wind-Kälte befällt die Lunge

Symptome: schwacher, leiser Husten mit dünnflüssigem weißem Sekret, Halskratzen, Fieber ohne Schwitzen, Kälteaversion.

Therapie

Vertreiben von Wind und Kälte
Qi absenken

激 • Lu7 • Bl13 • 3E5 • Di4 • Gb20 • Ma40

Zu vermeiden: kalte und kühle Nahrungsmittel.

Zu empfehlen:

Getränke	Thymiantee mit Honig
Gewürze	Thymian, Brunnenkresse, Anis
Nüsse und Samen	geröstete Mandeln mit Salz, Walnusskerne mit Honig, Mandelmus

Anistee

Akuter heftiger Husten
Wind-Hitze befällt die Lunge

Symptome: häufiger starker Husten mit gelbem oder grünlichem dünnen, bzw. zähen Sekret, rauer Hals, Fieber, Kopfschmerzen.

Therapie

Vertreiben von Wind und Kälte

激 • Lu5 • Lu11 • Di4 • Du14 • Di11 • Ma40

Zu vermeiden: warme und heiße Nahrungsmittel.

Zu empfehlen:

Früchte	Birne, Birnensaft, Pampelmuse, Zitrone
Gemüse	Rettich, Bambussprossen
Getränke	Rettichsaft, grüner Tee

Birnensaft, Rettichsaft, Rettichsaft mit Ingwer

Chronischer Husten mit Auswurf

Schleim-Nässe verlegt die Lunge

Symptome: Husten mit übermäßigem weißem Sputum, Abgeschlagenheit, Völlegefühl im Thorax und Epigastrium, Appetitverlust.
Zunge: weißer, schmieriger Belag.
Puls: schlüpfrig.

Ursachen: chronischer Lungen-Qi- und Milz-Qi-Mangel durch äußere pathogene Faktoren und Fehlernährung.

Therapie

Lösen des Schleims
Stärkung des Milz- und Lungen-Qi

激
- MP3 + Moxa
- Lu9 + Moxa
- Bl13 + Moxa
- Bl20 + Moxa
- Ma40
- Pe6

Zu vermeiden: rohe, kalte und kühle Nahrungsmittel, Milchprodukte, Fleisch, scharfe und fettige Speisen, Übermaß an Süßigkeiten.

Zu empfehlen:

Energetisches Temperaturverhalten	neutral und warm
Funktionskreisbezug	Magen, Milz, Pankreas, Lunge
Geschmack	etwas süß, bitter, scharf
Zubereitungsart	roh, gekocht
Früchte	Zitrone, Birne, Aprikose
Gemüse	Champignon, Fenchel, Rettich, Karotten, Blumenkohl, Kohlrabi
Getreide	Hirse, Reis, Mais, Hafer
Gewürze	Ingwer, Anis, Brunnenkresse, Pfeffer
Nüsse und Samen	Pinienkerne, Mandeln gesalzen, Erdnüsse gesalzen

Chronischer trockener Husten

Lungen-Yin-Mangel mit Trockenheit

Symptome: hartnäckiger, trockener, heftiger Husten, wenig oder kein Sekret, trockener Rachen, Durst, Fieber am Nachmittag, Hitzeempfindungen an Händen und Füßen.
Zunge: rot, trocken, evtl. dünner, gelber Belag.
Puls: dünn.

Ursachen: Schädigung durch äußere oder innere Hitze, Auszehren der Körperflüssigkeiten.

Therapie

Nähren des Yin
Kühlen der Hitze
Befeuchten der Trockenheit

激 • Ni6 • MP6 • Lu6
• Bl13 • Lu9 • Lu7

Erdnussmilch, Erdnussmus und Mandelmus mit Honig vermischt, Paste aus Pinienkernen, Mandeln und Walnüssen

Zu vermeiden: scharfe und heiße Nahrungsmittel.

Zu empfehlen:

Energetisches Temperaturverhalten	neutral, kühl und kalt
Funktionskreisbezug	Magen, Milz/Pankreas, Lunge
Geschmack	süß
Zubereitung	gekocht, gedünstet, überbacken
Fleisch	Ente, Schweinefleisch
Früchte	Birne
Getränke	Birnensaft, Anistee
Gewürze	Honig, Anis, Brunnenkresse
Milchprodukte	Butter, Sahne
Nüsse und Samen	Mandelmus, Pinienkerne, Sesam, Walnüsse mit Honig, Erdnuss
Sojaprodukte	Tofu, Sojamilch, Sojaquark
Sonstiges	Hühnerei

Leitsymptom: Halsentzündungen

Akute Tonsillitis	*Wind-Hitze befällt die Lunge*
Akute Laryngitis	*Wind-Kälte befällt die Lunge*
Akute/chronische Laryngitis	*Trockenheit in der Lunge*

Nach TCM:
Die häufigste Ursache ist der Angriff von äußeren pathogenen Faktoren (Wind-Hitze, Wind-Kälte). Eine akute Erkrankung entspricht meist einem Völlesyndrom, chronische Erkrankungen zeigen sich meist als Mangelsyndrom. Bei akuten Erkrankungen können sehr gute Erfolge bei sofortigem Einsatz von Akupunktur, Ernährungstherapie und Kräutern erzielt werden.

Akute Tonsillitis

Wind-Hitze befällt die Lunge

Symptome: schmerzhaft geröteter und geschwollener Rachen, brennende Schmerzen, Schluckbeschwerden, Heiserkeit, Durst, ggf. Husten mit dickem gelbem Sputum, gerötete geschwollene, ggf. gelbweißlich belegte Tonsillen.
Zunge: gelber Belag.
Puls: oberflächlich.

Ursachen: Eindringen von äußeren Wind- und Hitzefaktoren, die die Körperflüssigkeiten trocknen (Sommer-Hitze, Zentralheizung, Stahlarbeiter).

Therapie

Ausleiten der äußeren pathogenen Hitze
Stärken der Lunge

激 • Lu11 (Mikroaderlass)
• Lu5 • Di11
• Di4 • Gb20 • Lu7 • Ma44

Zu vermeiden: Nahrungsmittel mit saurem Geschmack, z.B. Zitrone, Huhn (ziehen pathogene Faktoren ins Körperinnere), Nahrungsmittel mit heißem und warmem Temperaturverhalten (trocknet zu stark).

Zu empfehlen:

Energetisches Temperaturverhalten	kühl und kalt
Funktionskreisbezug	Lunge, Milz/Pankreas
Geschmack	sehr wenig scharf (pathogene Faktoren austreiben, aber keine Hitze erzeugen), süß (befeuchtet)
Zubereitung	roh, gekocht, gedünstet
Zur Kühlung:	
Früchte	Maulbeeren, Wassermelone, Zitrone, Mango
Gemüse	Löwenzahn, Mungbohnen, Rettich, Tomate
Getränke	grüner Tee

Getreide	Weizen
Gewürze	Pfefferminze
Bei Trockenheit:	
Früchte	Birnen
Getränke	Birnensaft, Melonensaft, Tomatensaft

Saftmischung aus Tomaten, Wassermelone, bei Trockenheit Birnensaft mit Honig
frischer Saft aus 1–2 Zitronen gurgeln oder trinken

Akute Laryngitis
Wind-Kälte befällt die Lunge

Symptome: Kratzen im Hals, Heiserkeit, schwacher Husten mit weißlichem Auswurf, Kälteaversionen.
Zunge: dünner, weißer Belag.
Puls: oberflächlich.

Ursachen: äußere Wind-Kälte-Faktoren blockieren das Qi, z. B. kalte Luft, Zugluft, Klimaanlagen, kühle Lagerräume.

Therapie

Vertreiben der Wind-Kälte
Stärken der Lunge

激 • Lu7 • 3E5 • Gb20 • Di4

Zu vermeiden: rohe, kühle und kalte sowie saure Nahrungsmittel. Temperaturverhalten: kurzfristig heiß, warm, neutral.

Zu empfehlen:

Energetisches Temperaturverhalten	kurzfristig heiß, warm, neutral
Funktionskreisbezug	Lunge
Geschmack	scharf
Zubereitung	gekocht, gedünstet, gebraten
Gemüse	Frühlingszwiebeln
Gewürze	Ingwer, Koriander, Knoblauch, Pfeffer, Thymian, Zimt

Dieses Syndrom kann sich schnell in Wind-Hitze verwandeln, Therapie sofort ändern!

Dekokt aus frischem Ingwer und Frühlingszwiebeln

Akute/chronische Laryngitis
Trockenheit in der Lunge

Symptome: akut oder chronisch trockener, wunder Rachen, Heiserkeit, trockener Husten, trockene Haut.
Zunge: rötlich.
Puls: schnell.

Ursachen: äußere Trockenheit dringt in die Lunge ein, Mangel an Körpersäften, Zustand kurz vor einem Lungen-Yin-Mangel, trockene Umgebung, Heizungsluft.

Therapie

Befeuchten der Lunge
Nähren der Flüssigkeit

激 • Lu9 • Ni6 • Lu7
• Di4 • Lu5 • MP6

Zu vermeiden: scharfe, saure, bittere und im Temperaturverhalten warme und heiße Nahrungsmittel.

Zu empfehlen:

Energetisches Temperatur-verhalten	neutral und kühl
Funktions-kreisbezug	Milz
Geschmack	süß
Zubereitungs-art	gekocht, gedünstet
Früchte	Birnen, Honigmelone
Gemüse	Auberginen, Champignon
Nüsse und Samen	Erdnuss, Pinienkerne Sojamilchprodukte

Banane mit Honig
Nicht bei Schleim!

Leitsymptom: Stirnhöhlen- und Kiefernhöhlenvereiterung

Akute Sinusitis	*Wind-Hitze befällt die Lunge*
Akute/chronische Sinusitis	*Leber- und Gallenblasen-Feuer*
Rezidivierende Sinusitis	*Lungen-Qi-Mangel und Milz-Qi-Mangel* *Feuchte Hitze in der Milz*

Nach TCM:
Wird der Kategorie »Bi yuan« zugeordnet und bedeutet soviel wie »Nasenteich«.

Hauptursache für eine Sinusitis ist der wiederholte äußere Befall von Wind-Hitze oder Wind-Kälte (meist Wind-Hitze) und kann sehr gut durch Akupunktur und Kräuter therapiert und durch diätetische Maßnahmen unterstützt werden. Weitere Ursachen sind ein Lungen-Qi- und Milz-Qi-Mangel, die sehr gut mit der Ernährungstherapie behandelt werden können. Insbesondere ein Milz-Qi-Mangel, der für akute und chronische Schleimproduktion verantwortlich ist, spricht ausgezeichnet auf diätetische Maßnahmen an.

Akute Sinusitis
Wind-Hitze befällt die Lunge

Symptome: verstopfte Nase mit weißem, überwiegend gelbem Sekret und Krusten, zum Teil blutig tingiert, Kopfschmerz, Mundtrockenheit, leichtes Fieber, Abneigung gegen Wind.
Zunge: dünner, gelber Belag.
Puls: schnell und oberflächlich.

Therapie

Vertreiben der Wind-Hitze
Regulieren des Lungen-Qi

激 • Di20 • Di4 • Di11
• Lu10 • Lu7 • Gb20

Zu vermeiden: Nahrungsmittel mit saurem Geschmack, z.B. Zitrone, Huhn (ziehen pathogene Faktoren ins Körperinnere), Nahrungsmittel mit heißem und warmem Temperaturverhalten (trocknet zu stark).

Zu empfehlen:

Energetisches Temperaturverhalten	kühl und kalt
Funktionskreisbezug	Lunge, Milz
Geschmack	sehr wenig scharf (pathogene Faktoren austreiben, aber keine Hitze erzeugen), süß (befeuchtet)
Zubereitung	roh, gekocht, gedünstet
<u>Zur Kühlung:</u>	
Früchte	Maulbeeren, Wassermelone, Birnen, Zitrone, Pampelmuse

Gemüse	Löwenzahn, Mungbohnen, Rettich, Tomate
Getränke	grüner Tee, Pfefferminztee
Getreide	Weizen
Gewürze	Pfefferminze
Bei Trockenheit:	
Früchte	Birnen
Getränke	Birnensaft, Tomatensaft, Melonensaft

Saftmischung aus Tomaten, Wassermelone, bei Trockenheit Birnensaft mit Honig

Birnensaft mit frischer Zitrone

Akute/chronische Sinusitis

Leber- und Gallenblasen-Feuer

Symptome: verstopfte Nase, Trockenheit, klebriges, gelblich eitriges Sekret, faulig riechend, bitterer Mundgeschmack, trockener Mund und Rachen, Kopfschmerzen.
Zunge: seitlich gerötet, gelber Belag.
Puls: schnell, seitenförmig.

Ursachen: Kombination aus äußerer Wind-Hitze, Übermaß an Hitze und schleimbildende Nahrungsmittel (z. B. fettiges und scharfes Essen, Alkoholabusus), belastende emotionale Faktoren, z. B. Wut, Zorn, Stress.

Therapie

Beseitigung des Leber- und Gallenblasen-Feuers

Fördern des absteigenden Lungen-Qi

激 • Le2 • Di4 • Gb43 • Lu7 • Gb15

Zu vermeiden: thermisch heiße und warme Nahrungsmittel, Gegrilltes, scharfe Gewürze, Alkohol, stark fettige Speisen, Milchprodukte.

Zu empfehlen:

Energetisches Temperaturverhalten	kühl und kalt
Funktionskreisbezug	Leber, Gallenblase
Geschmack	bitter, salzig, etwas süß
Zubereitung	roh, gekocht, gedünstet
Hitze kühlen und Feuchtigkeit ausleiten:	
Fisch	Krebse
Gemüse	Bambussprossen, Mungbohnen, Löwenzahn, Sellerie
Getränke	grüner Tee
Hitze kühlen:	
Gemüse	Bambusschößlinge, Chicorée.
Getränke	Enziantee, grüner Tee

Enziantee, grüner Tee

Rezidivierende Sinusitis

Lungen-Qi- und Milz-Qi-Mangel

Symptome: verstopfte Nase, reichlich weiß-klebriges oder gelb-klebriges, dickflüssiges Sekret, ggf. Husten mit wäßrigem oder gelb-klebrigem Auswurf, Appetitverlust, weiche Stühle.
Zunge: leicht rötlich, Belag weiß.
Puls: schwach und leer.

Therapie

Stärkung von Lunge und Milz

激 • Lu9 • Bl13 • MP2 • Bl20 • Ma36 • Ren6 • Ma40

Zu vermeiden: rohe, kühle und kalte Nahrungsmittel, bitteren Geschmack.

Zu empfehlen:

Energetisches Temperaturverhalten	neutral und warm
Funktionskreisbezug	Lunge, Milz
Geschmack	leicht scharf, leicht süß
Zubereitungsart	gekocht, gedünstet, gebraten
Fleisch	Ente, Karpfen
Früchte	Weintrauben
Gemüse	Blumenkohl, Möhren, Zwiebel
Getreide	Hafer, süßer Reis
Gewürze	Anis, Ingwer, Knoblauch, Rosmarin, Thymian
Nüsse und Samen	Esskastanien, Mandeln, schwarzer Sesam, Sonnenblumenkerne, Walnüsse
Sonstiges	Alkohol

Congee (s.S. 128) aus Reis, Zwiebeln und Ingwer

Zu vermeiden: rohe, kalte und kühle Nahrung, Milchprodukte, Übermaß an Süßigkeiten, Übermaß an Fleisch.

Zu empfehlen:
s. Lungen-Qi-Mangel

Energetisches Temperaturverhalten	neutral und warm
Funktionskreisbezug	Milz, Herz, Lunge
Geschmack	etwas süß, etwas bitter, etwas scharf
Zubereitungsart	gekocht, gebraten, gedünstet
<u>Schleim transformieren:</u>	
Früchte	Birne, Kirsche, Apfel
Gemüse	Lauch, Rettich
Getreide	Hirse
Gewürze	Ingwer, Knoblauch
<u>Milz stärken:</u>	
Fleisch	Huhn, Rind
Gemüse	Fenchel, Karotten
Getreide	Hafer, Hirse, Reis
Gewürze	Anis, Basilikum, Ingwer, Koriander, Thymian

Feuchte Hitze in der Milz

Symptome: verstopfte Nase mit reichlich gelbem, übel riechendem Sekret, Kopfdruck, Schweregefühl im Kopf und in den Gliedern, bitterer, klebriger Mundgeschmack.
Zunge: gelber, schmieriger Belag.
Puls: schnell, schlüpfrig.

Ursachen: äußere Feuchtigkeit und Hitze, Fehlernährung (unregelmäßiges Essen, Übermaß an scharfen und fettigen Speisen).

Therapie

Stärkung der Milz
Beseitigung von Hitze und Feuchtigkeit

激 • MP9 • Di20 • Ren12 • Bl22 • Di4

Zu vermeiden: rohe, thermisch heiße und warme Nahrungsmittel, scharfe, fettige Speisen, Übermaß an Süßem, Milchprodukte, Alkohol.

Zu empfehlen:

Energetisches Temperaturverhalten	kühl, kalt und neutral
Funktionskreisbezug	Milz
Geschmack	bitter
Zubereitung	gedünstet, gekocht
Gemüse	Artischocke, Chicorée, Gurke, Mungbohnen, Sellerie
Getränke	Enziantee, grüner Tee, Maishaartee
Getreide	Hirse

Dekokt aus Maishaartee
(ca. 50 g auf 1 l Wasser, pro Tag 1–2 l trinken, leitet feuchte Hitze aus und kühlt)

Dekokt aus Maishaartee und Löwenzahn
(jeweils 50 g auf 1 l, pro Tag 1–2 l in Kombination mit Löwenzahn stärker kühlend und ausleitend).

Asthma bronchiale

Intrinsisches Asthma	*Schleim-Hitze-Ansammlung in der Lunge*
Extrinsisches Asthma	*Wind-Kälte befällt die Lunge*
Chronisches Asthma	*Lungen-Qi- und Milz-Qi-Mangel* *Lungen-Qi- und Nieren-Yang-Mangel*

Nach TCM:
Atemnoterkrankung (Qi Chuan Bing) mit bzw. ohne Begleitgeräusche (Keuchen: Xiao, durch Schleim) und mit bzw. ohne Dyspnoe (Chuan). Das akute Asthma bronchiale wird häufig durch pathogene Faktoren wie Wind-Kälte, Hitze und Schleim ausgelöst. Bei chronischem Verlauf bzw. in der Remissionsphase liegt eine Lungen-, Milz- oder Nieren-Schwäche zugrunde. Die Syndrome sind dabei häufig überlappend.
Gute Behandlungserfolge können bei konsequenter Therapie überwiegend durch Akupunktur und Kräutertherapie erzielt werden, dazu ergänzend diätetische Maßnahmen und Atemübungen, z. B. Qi Gong.

Intrinsisches Asthma

Schleim-Hitze-Ansammlung in der Lunge (akutes Asthma vom Hitzetyp)

Symptome: schwer abzuhustendes, dickes gelbes zähes Sputum, hochfrequentes flaches Atemgeräusch, hastige Atmung, Durst auf kalte Getränke, Fieber.
Zunge: gelber schmieriger Belag.
Puls: schnell, schlüpfrig.

Ursachen: durch Fehlernährung, die zu einem Milz-Qi-Mangel führt, äußere Wind-Hitze-Faktoren.

Therapie

Transformation des Schleims
Kühlung der Hitze in der Lunge
Anregung der Qi-Zirkulation

激 • Ren17 • Ma40 • Lu5 • Lu6 • Di4 • 3E5 • Pe6 • Bl13

Zu vermeiden: kalte und zu scharfe Nahrungsmittel, Übermaß an süßem Geschmack, Übermaß an Milchprodukten und Fleisch (fördert Schleimproduktion), Nahrungsmittel mit heißem Temperaturverhalten (z. B. scharfe Gewürze).

Zu empfehlen:

Energetisches Temperaturverhalten	neutral und kühl, etwas kalt
Funktionskreisbezug	Lunge, Milz
Geschmack	etwas scharf, etwas süß
Zubereitung	roh, gegart, gedünstet, gekocht
Transformation des heißen Schleims:	
Früchte	Birnen, Mandarinen (Schale), Pampelmuse (Schale), Zitronen
Gemüse	Bambussprossen, Champignon, Löwenzahn, Mungbohnen, Rettich, Rotalgen

Hitze in der Lunge:

Früchte	Apfel, Birnen
Gemüse	Algen, Bambussprossen, Brunnenkresse, Chinakohl, Spargel, Radieschen, Rettich, Wasserkastanien
Getränke	Pfefferminztee
Getreide	Perlgerste

Stärkung der Milz:

Fleisch	Huhn, Rind
Gemüse	Fenchel, Karotten, Süßkartoffeln
Getreide	Hirse, Reis
Gewürze	Anis

Rettichsaft, Birnensaft mit frischer Zitrone

Extrinsisches Asthma

Wind-Kälte befällt die Lunge (akutes Asthma vom Kältetyp)

Symptome: weißliches, wässriges Sputum oft reichlich, keuchendes Atemgeräusch, Kälteaversionen, jukkender Rachen.
Zunge: weißer Belag, feucht.
Puls: oberflächlich.

Ursachen: äußere pathogene Wind-Kälte fesselt das Qi in der Lunge, konstitutionelle Schwäche.

Therapie

Vertreiben der Wind-Kälte
Transformieren des Schleims

激 • Lu7 • Bl13 • Ma9 • Ren17 • Ma40

Zu vermeiden: rohe, kühle und kalte Nahrungsmittel, Nahrungsmittel, die Schleim verursachen (Milchprodukte, Süßigkeiten, Fleisch).

Zu empfehlen:

Energetisches Temperaturverhalten	warm und neutral, ggf. etwas heiß
Funktionskreisbezug	Lunge
Geschmack	scharf
Zubereitungsart	gekocht, gedünstet, gebraten
Gemüse	Frühlingszwiebel
Getreide	Hafer
Gewürze	Anis, Ingwer, Koriander, Thymian

Dekokt aus frischem Ingwer und Frühlingszwiebeln

Chronisches Asthma

Lungen-Qi- und Milz-Qi-Mangel

Symptome: reichliches weißes Sputum, Müdigkeit, geschwollene Extremitäten, Appetitlosigkeit, Völlegefühl im Epigastrium nach dem Essen.
Zunge: geschwollen, blass, weißer Belag.
Puls: schwach.

Ursachen: lang andauernder Husten, geschwächtes Lungen-Qi, konstitutionelle Schwäche, mangelnde Bewegung, Fehlernährung schwächt die Milz.

Therapie

Stärkung von Lunge und Milz

激 • MP3 • Ma36 • Bl20 • Bl21 • Lu9 • Bl13

Ernährungstherapie

Zu vermeiden: rohe, kühle und kalte Nahrungsmittel, Milchprodukte, Übermaß an Süßigkeiten, Übermaß an Fleisch.

Zu empfehlen: s. Lungen-Qi-Mangel

Energetisches Temperaturverhalten	neutral und warm
Funktionskreisbezug	Lunge, Milz
Geschmack	leicht scharf, leicht süß
Zubereitungsart	gekocht, gedünstet, gebraten
Fleisch	Ente, Karpfen
Früchte	Weintrauben
Gemüse	Blumenkohl, Möhren, Zwiebel
Getreide	Hafer, süßer Reis
Gewürze	Anis, Ingwer, Knoblauch, Rosmarin, Thymian
Nüsse und Samen	Esskastanien, Mandeln, schwarzer Sesam, Sonnenblumenkerne, Walnüsse
Sonstiges	Alkohol

Schleim transformieren:	
Früchte	Birne, Kirsche, Apfel
Gemüse	Lauch, Rettich
Getreide	Hirse
Gewürze	Ingwer, Knoblauch
Milz stärken:	
Fleisch	Huhn, Rind
Gemüse	Fenchel, Karotten
Getreide	Hafer, Hirse, Reis
Gewürze	Anis, Basilikum, Ingwer, Koriander, Thymian

Congee (s.S. 128) aus Reis, Zwiebeln und Ingwer

Chronisches Asthma

Lungen-Qi- und Nieren-Yang-Mangel (Niere kann das Qi nicht empfangen)

Symptome: Husten, Dyspnoe, überwiegend bei Einatmung (wird von der Niere kontrolliert), Schwindel, Antriebslosigkeit, klarer Harnfluss beim Asthmaanfall, Schmerzen und Schwächegefühl in den Knien und Rücken.
Zunge: feucht, geschwollen und blass.
Puls: schwach.

Ursachen: lang andauernde chronische Krankheiten, die Niere und Lunge schwächen, angeborene Schwäche der Funktionskreise, übermäßige Belastung und Anstrengung. Durch Schwäche der Nierenenergie kann das herabgesandte Qi der Lungen nicht aufgenommen werden und führt durch Akkumulation zur einer Fülle im Brustkorb mit Dyspnoe.

Therapie

Stärkung und Wärmung der Niere
Stärkung der Lunge

激 • Ni7 + Moxa • Ni3 + Moxa • Bl23 + Moxa • Lu7 • Ni6 • Ren17 • Pe6 • Bl13

Zu vermeiden: Übermaß an heißen und scharfen Nahrungsmitteln, rohe, kalte und kühle Nahrungsmittel.

Zu empfehlen:

Energetisches Temperaturverhalten	warm und etwas heiß, neutral
Funktionskreisbezug	Niere, Lunge
Geschmack	salzig, bitter
Zubereitungsart	gekocht, gebacken, gebraten und gegrillt
<u>Stärkung und Wärmung der Niere:</u>	
Fleisch	Huhn, Lamm, Wildfleisch.
Fisch	Muscheln, Shrimps, Austern
Früchte	Rosinen, Weintrauben, Kirschen
Gemüse	Fenchel
Getreide	Hafer, Mais
Nüsse und Samen	Esskastanien, Walnüsse
<u>Stärkung und Herabführung des Lungen-Qi:</u>	
Fleisch	Schwein, Ente
Fisch	Muscheln, Seelachs, Karpfen, Tintenfisch
Gemüse	Blumenkohl, Oliven, Zwiebeln
Sonstiges	gesalzene Mandeln

Magen- und Darmerkrankungen

Leitsymptom: Diarrhö

Akute/chronische Diarrhö	*Magen-Qi- und Milz-Qi- bzw. Magen-Yang- und Milz-Yang-Mangel* *Qi- und Yang-Mangel des Dickdarms*
Akute/chronische Diarrhö	*Feuchte Kälte in Milz oder Dickdarm*
Infektiöse Enteritis/Reisediarrhö	*Feuchte Hitze in Milz oder Dickdarm*
Chronische morgendliche Diarrhö	*Milz- und Nieren-Yang-Mangel*

Nach TCM:
»Xie Xie« bedeutet weiche und wässrige Stühle, sehr gut zu behandeln mit Ernährungstherapie, Akupunktur und ggf. Kräutertherapie. Stärken des Mittleren Erwärmers.

Allgemeine Ernährungstherapie

Reis, süßer Reis, Hirse, Heidelbeeren, Champignon, geriebener Apfel.
Zubereitete, warme Nahrung.

Akute und chronische Diarrhö

Magen-Qi- und Milz-Qi-Mangel, Magen-Yang- und Milz-Yang-Mangel, Qi- und Yang-Mangel des Dickdarms

Symptome: meist chronische Diarrhö, wässrige und weiche Stühle mit unverdauten Nahrungsresten, Völlegefühl nach dem Essen, Besserung der Beschwerden durch Druck und Wärme, Blähungen nach dem Essen, körperliche Schwäche, Appetitlosigkeit.
Zunge: blass, geschwollen mit Zahnabdruck.
Puls: schwach.

Ursachen in der TCM

Ernährung: falsche thermisch zu kalte Ernährung, unregelmäßiges Essen.
Allgemein: übermäßige Sorgen, geistige Überanstrengung.

Therapie

Stärkung von Milz und Magen

激 • Ren12 • Ma36 • MP2 • MP3 • Bl20 • Bl21 • ggf. Moxa!

Zu vermeiden: rohe und thermisch kühle bzw. kalte Nahrungsmittel (z. B. Salate, Obst, Fruchtsäfte), Milchprodukte, denaturierte Nahrung, Tiefkühlkost, Konserven.

Zu empfehlen: wärmende Nahrungsmittel, die Milz und Magen aufbauen, mit leicht pikanten Gewürzen kombiniert, gekocht oder gedünstet zubereitet.

Energetisches Temperaturverhalten	warm, neutral, ggf. kurz heiß
Funktionskreisbezug	Milz, Magen
Geschmack	süß-warm, süß-neutral, ggf. süß-heiß (kurzfristig)
Fleisch	Huhn, Rind
Früchte	gedünsteter Apfel, Heidelbeeren
Gemüse	Fenchel, pürierte Karotten
Getränke	Fencheltee
Getreide	Haferflocken, Hirse, Reis, Reissuppe, süßer Reis mit Zimt und Honig, Reisgerichte leicht pikant (wärmende Wirkung)
Gewürze	Champignon, ggf. etwas Honig oder braunen Zucker

- ***Gekochtes Hirsemüsli mit Zimt und Rosinen***
- ***lang ausgekochter Reis mit Apfel und Zimt***
- ***Karotten-Congee*** (s. S. 128)

Akute/chronische Diarrhö

Feuchte Kälte in Milz oder Dickdarm

Symptome: eher klarer wässriger Stuhl mit unverdauten Nahrungsresten, gurgelnde Darmgeräusche, Besserung der Bauchschmerzen durch Wärme, Verschlechterung bei Druck, Kälteaversionen, Kopfschmerzen, Schweregefühl.

Ursachen

Ernährung: Übermaß an kalter Nahrung (z. B. Eistee), häufige Ursache einer Diarrhö bei Kindern im Sommer.

Allgemein: Eindringen von äußerer Kälte und Feuchtigkeit (z. B. zu langer Badeaufenthalt, nasse Kleidung).

Zunge: weißer Belag, feucht, evtl. schmierig.

Puls: langsam, schlüpfrig.

Therapie

Vertreiben der Kälte
Wärmen des Mittleren Erwärmers

激
- Ma25 + Moxa
- Ma36 + Moxa
- Ren12 + Moxa
- Ren6 + Moxa
- MP9

Zu vermeiden: rohe, kalte und kühle Nahrungsmittel.

Zu empfehlen:

Energetisches Temperaturverhalten	warm bis heiß, neutral
Funktionskreisbezug	Erde
Geschmack	süß-warm, bitter-warm
Zubereitungsart	gekocht, gedünstet, ggf. mit Alkohol, wärmende Gewürze (z. B. Ingwer, Pfeffer)
Gemüse	Fenchel, Karotten, Süßkartoffeln
Getränke	Fencheltee, Gewürztee, Kaffee mit Kardamom
Getreide	Hafer, Hirse, Reis mit pikanten Gewürzen
Gewürze	Anis, Chili, Ingwer, Pfeffer, Süßholz, Zimt

- ***Ingwertee und Zimtrinde,***
- ***Kaffee mit Zimt oder Kardamom,***
- ***Zimtreis mit gedünsteten Äpfeln***

Infektiöse Enteritis/ Reisediarrhö

Feuchte Hitze in Milz oder Dickdarm

Symptome: wässriger, weicher und übel riechender bis stinkender Stuhl, Tenesmen, Stuhlentleerung ggf. mit Blut, Bauchschmerzen, die nach Stuhlentleerung eine Besserung erfahren, heißes Brennen am Anus, spärlicher dunkler Urin, Durst.

Ursachen in der TCM

Ernährung: falsche oder verdorbene Nahrungsmittel.
Allgemein: Infektionen, Eindringen von äußerer Hitze und Feuchtigkeit in die Därme.
Zunge: dick, gelber Belag, evtl. schmierig.
Puls: schnell und schlüpfrig.

Therapie

Vertreiben der Hitze
Trocknen der Feuchtigkeit

激 • Ma44 • Di11 • Bl22 • Ren12
• Ma25 • MP6 • MP9 • Pe6

Zu vermeiden: scharfe, warme und heiße Nahrungsmittel.

Zu empfehlen:

Energetisches Temperaturverhalten	kühl, kalt und neutral
Funktionskreisbezug	Erde
Geschmack	süß, bitter
Zubereitungsart	roh, gekocht, gedünstet
Früchte	Banane, Birnen, Honigmelone, Orange, Preiselbeeren
Gemüse	Aubergine, Bambussprossen, Gurke, Spinat, Mungbohnen, Löwenzahn
Getränke	grüner Tee, schwarzer Tee, Kamillentee, Weizenbier
Getreide	Amarant, Mais
Gewürze	gelber Enzian
Milchprodukte	Joghurt
Sojaprodukte	Sojaquark, Tofu

Vermehrt grünen oder schwarzen Tee trinken, getrocknete Preiselbeeren

Chronische morgendliche Diarrhö

Milz- und Nieren-Yang-Mangel

Symptome: chronische morgendliche Diarrhö! Bauchschmerzen, die sich bei Wärme bessern, kalte Extremitäten, Schwäche in Rücken und Knien.
Zunge: blass, Zahneindrücke.
Puls: schwach, tief.

Ursachen

Allgemein: Überarbeitung, lang andauernde Erkrankung, psychischer Stress, ausschweifendes Sexualleben, viele Geburten, Kälteexposition.

Therapie

Wärmen der Nieren
Stärkung der Milz

激
- Ren12 + Moxa
- Ren4 + Moxa
- MP6 + Moxa
- Bl20 + Moxa
- Ma36 + Moxa
- Bl23 + Moxa
- Ren6 + Moxa
- Du4 + Moxa
- Ni7

Zu vermeiden: rohe, kühle und kalte Nahrungsmittel.

Zu empfehlen:

Energetisches Temperaturverhalten	warm bis heiß (kurzfristig), neutral
Funktionskreisbezug	Niere, Milz/Pankreas
Geschmack	schwach salzig, süß
Zubereitungsart	gedünstet, gekocht, gebraten
Fleisch	Lamm, Huhn
Früchte	Rosinen, Kirschen
Gemüse	Fenchel, Lauch, Karotten
Getreide	Hafer, süßer Reis, Mais, Hirse
Gewürze	Anis, Zimt, Pfeffer, Ingwer
Nüsse und Samen	Walnüsse, Esskastanien

Meistersuppe 3x wöchentlich
Zutaten z.B.: Karotten, Lauch, Rind, Ingwer

Leitsymptom: Obstipation

Obstipation bei älteren Patienten und Wöchnerinnen	*Qi-Mangel bzw. Yang-Mangel*
Obstipation hauptsächlich bei älteren Patienten	*Yin-Mangel*
Stress- oder Reiseobstipation	*Leber-Qi-Stagnation*
	Chronische Hitze im Innern bzw. Hitze in Magen und Dickdarm

Nach TCM:
Seltener Stuhlabgang, abnorme Stuhlform, trockene Stühle.

Sehr gute Therapieerfolge durch konsequente Chinesische Diätetik, aber auch durch die Kombination von Akupunktur und Kräutern.

Allgemeine Ernährungstherapie

Ballaststoffreiches Obst und Gemüse bevorzugen.

Obstipation bei älteren Patienten und Wöchnerinnen
Qi-Mangel bzw. Yang-Mangel

Symptome: dünn geformte, lange Stühle, Anstrengung und Erschöpfung nach Defäkation, blasses Gesicht, kalte Extremitäten. Vor allem bei älteren Patienten und Wöchnerinnen.

Zunge: blass, geschwollen, feucht.
Puls: schwach, tief.

Ursachen

Allgemein: Qi- bzw. Yang-Mangel der Milz, Yang-Mangel der Nieren, Erschöpfung, Alter, Frauen nach der Geburt, nach Operationen, nach langwierigen Erkrankungen.

Therapie

Stärkung des Qi
Stärkung der Nieren
Befeuchtung des Darmes

激
- Ren4 + Moxa
- Ren6 + Moxa
- MP6 + Moxa
- Ma36 + Moxa
- Bl20
- Bl21

Zu empfehlen:

Energetisches Temperaturverhalten	warm und neutral
Funktionskreisbezug	Milz, Niere, Lunge, Dickdarm
Geschmack	süß, bitter, scharf
Zubereitungsart	gedünstet, gebraten, gekocht
Fleisch	Rind, Huhn
Früchte	Datteln, Pflaumen, Kirschen, Pfirsich, Aprikosen, Feigen
Gemüse	Fenchel, Rettich, Karotte, Süßkartoffel
Getränke	Traubensaft
Getreide	Hafer, Reis, Mais, Soja

Gewürze	Anis, frischer Ingwer, Knoblauch, Marzipan, Zimt
Nüsse und Samen	Mandeln, Pinienkerne, schwarzer Sesam

Tipp **Vermehrt verdauungsfördernde, wärmende Gewürze benutzen! Pfeffer, Koriander, Kapern, Knoblauch.**

Obstipation hauptsächlich bei älteren Patienten

Yin-Mangel

Symptome: trockener Stuhl, Trockenheit in Mund und Kehle (besonders abends), Nachtschweiß, Schwindel, Tinnitus. Hauptsächlich bei älteren Patienten.

Zunge: rot, rissig, belaglos.

Puls: oberflächlich, leer.

Ursachen: alter (Nieren-Yin-Mangel), Flüssigkeits-Mangel im Dickdarm.

Therapie

Nähren des Yin
Stärkung der Nieren
Körperflüssigkeiten aufbauen
befeuchten

激 • MP6 • Ni6 • Ni3 • Bl23 • Ma36 • Ma25 (keine Moxibustion)

Zu vermeiden: bittere, scharfe und heiße Nahrungsmittel (trocknen zu stark).

Zu empfehlen:

Energetisches Temperaturverhalten	kühl und neutral, bei Hitzesymptomen ggf. etwas kalt
Funktionskreisbezug	Milz, Lunge, Dickdarm, Niere
Geschmack	süß, salzig
Zubereitungsart	gedünstet, roh
Fleisch	Schwein
Früchte	Bananen, Birnen, Äpfel, Aprikosen, Pflaumen
Gemüse	Algen, Auberginen, Chinakohl, Gurken, Spinat, Sellerie
Getreide	Weizen, Gerste, Weizenkleie
Gewürze	Salz
Nüsse und Samen	schwarzer Sesam, Erdnuss
Sojaprodukte	Tofu

Walnüsse mit Sesam, Walnüsse mit Mandeln und Honig

Tipp **Frische Früchte befeuchten und kühlen den Verdauungstrakt. Getrocknete Früchte konzentrieren die Süße, sind meist wärmend, ziehen Säfte an, befeuchten und haben eine stärkere abführende Wirkung.**

Stress- oder Reiseobstipation
Leber-Qi-Stagnation

Symptome: schafskotartiger, schwieriger Stuhlgang, Aufstoßen, Reizbarkeit. Stress- oder Reiseobstipation.
Zunge: leicht gerötete Zungenränder.
Puls: gespannt

Ursachen: unverarbeitete Wut, Stress, Ärger.

Therapie

Lösen der Stagnationen
Hinabführen des Qi
Befeuchten

激 • Le3 • Di4 • Ren12 • Ma36 • Ma25 • Gb34

Zu vermeiden: heiße und fettige Nahrungsmittel, scharfe Gewürze, scharf Gebratenes oder Gegrilltes.

Zu empfehlen:

Energetisches Temperaturverhalten	neutral und kühl, ggf. etwas kalt
Funktionskreisbezug	Milz
Element	Holz
Geschmack	sauer, ggf. etwas süß, bitter-kühl
Zubereitungsart	roh, gedünstet, blanchiert
Früchte	Orangen, Pflaumen, Pampelmuse
Gemüse	Chinakohl, Gurken, Mungbohnen, Spinat, Tomaten, Staudensellerie
Getränke	Brottrunk, schwarzer Tee, Weizenbier, Pflaumensaft
Getreide	Weizen, Weizenkleie
Nüsse und Samen	schwarzer Sesam
Sojaprodukte	Tofu
Sonstiges	Joghurt, Kefir, Essig, Apfelessig

- ***Weizenbier***
- ***Apfelessig***
- ***Staudensellerie***

Chronische Hitze im Innern bzw. Hitze in Magen und Dickdarm

Symptome: trockene harte Stühle, seltener Abgang, Durst, trockener Mund, Schmerzen und Hitzegefühl im Abdomen.
Zunge: rot, trockener gelber Belag.
Puls: schnell.

Ursachen: Übermaß an scharfen Nahrungsmitteln, Stress.

Therapie

Beseitigen der Hitze
Befeuchten des Darmes

激 • Di4 • Di11 • 3E6 • Ma44 • Ma25 • MP15 • MP14 • Ma28

Zu vermeiden: heiße Nahrungsmittel, scharfe Gewürze.

Zu empfehlen:

Energetisches Temperaturverhalten	kühl und kalt
Funktionskreisbezug	Leber, Milz, Dickdarm
Geschmack	sauer, süß
Zubereitungsart	roh und gedünstet
Früchte	Apfel, Bananen, Birnen, Kiwi, Orangen, Pflaumen, Pampelmuse
Gemüse	Mungbohnen, Spinat, Rhabarber
Getränke	Birnensaft, grüner Tee, Weizenbier
Getreide	Weizen
Gewürze	Salz
Milchproduke	Joghurt
Sojaprodukte	Tofu

Vermehrt Pflaumen-, Birnen- oder Orangensaft

Leitsymptom: Oberbaucherkrankungen

Akute/chronische Gastritis, Ulcera ventriculi et duodeni	*Leber-Qi attackiert den Magen*
Ulcera ventriculi et duodeni	*Aufloderndes Magen-Feuer und Leber-Feuer*
Akute/chronische Gastritis	*Kälte greift den Magen an, Magen-Qi-Schwäche*
Akute/chronische Gastritis, Ulcera ventriculi et duodeni	*Magen-Yin-Mangel*

Nach TCM:
Werden unter dem Begriff Magenschmerzen, epigastrische Schmerzen, »Mei Tong« zusammengefasst und bedeuten Störung der Magenfunktionen. (Akute Gastritis ist eher ein Füllesyndrom, chronische Gastritis bedeutet eher ein Mangelsyndrom.) Differenzialdiagnose über Lokalisation, Dauer und Art der Beschwerden.

Allgemeine Ernährungstherapie

Kaffee, Rauchen, Alkohol (hochprozentiger) stark gewürzte Speisen reduzieren
(zu warmes/heißes Temperaturverhalten)
mehrere kleine (5) Mahlzeiten am Tag,
neutral oder leicht wärmend zubereiten.

Tipp **Allgemein gut geeignet: Weißkohl, Weißkohlsaft, Karotten, Dill, Petersilie, Salbei, Basilikum.**

■ Akute/chronische Gastritis, Ulcera ventriculi et duodeni
Leber-Qi attackiert den Magen

Symptome: anfallartige, krampfartige Schmerzen in Oberbauch, Völlegefühl, Aufstoßen, Übelkeit, Brechreiz, Sodbrennen (rebellierendes Magen-Qi, Hitze), bitterer Mundgeschmack, Reizbarkeit.

Zunge: normal, ggf. weißer, dünner Belag, ggf. gerötete Ränder.

Puls: gespannt.

Ursachen: mit die häufigste Ursache für akute und chronische Oberbauchschmerzen ist eine Stagnation, die das Aufsteigen des Magen-Qi behindert. Weitere häufige Ursachen sind Stress, Zorn, hastiges Essen, häufig Leber-Qi-Stagnationen oder aufsteigendes Leber-Yang auf dem Boden eines Leber-Yin- oder Nieren-Yin-Mangels.

Therapie

Besänftigung der Leber
Beseitigung der Qi-Stagnation

激 • Le3 • Gb34 • Pe6
• Ren12 • Le14 • Ma36

Zu vermeiden: scharfe, heiße und fettige Nahrungsmittel.

Zu empfehlen:

Energetisches Temperaturverhalten	neutral, kühl und kalt
Funktionskreisbezug	Leber, Milz, Magen
Geschmack	sauer, süß (ggf. kurzzeitig etwas scharf und kühl um Stagnationen zu beseitigen)
Zubereitungsart	roh, gedünstet, gekocht
Fisch	Krebse
Fleisch	Kaninchen
Früchte	Apfel
Gemüse	Brauntang, Fenchel, Sellerie, Stangensellerie (auch Weißkohl), Spinat, Wasserkastanien
Getränke	Pfefferminztee, schwarzer Tee, Weizenbier
Getreide	Weizen
Milchprodukte	Joghurt

Fleisch meiden, 7 Tage Kur mit Frischkornmüsli und schwarzem Tee

Ulcera ventriculi et duodeni

Auflodernde Magen-Feuer und Leber-Feuer

Symptome: brennende Schmerzen im Epigastrium, bitterer Mundgeschmack, Sodbrennen, Durst, Heißhunger, Schwellung des Zahnfleisches und Zahnfleischbluten, Übelkeit, Erbrechen, Verstopfung, Reizbarkeit, Neigung zu Wutausbrüchen.

Zunge: rot, rote Ränder, gelber Zungenbelag.

Puls: schnell, voll.

Ursachen: starke, lang anhaltende seelische Belastungen (führt zu Leberstagnationen), die sich in Hitze/Feuer umwandeln und den Magen attackieren. Wut, Zorn, Fehlernährung, Übermaß an scharfen und heißen Nahrungsmitteln, Stress.

Therapie

Besänftigung der Leber
Klärung der Hitze

激 • Ma44 • Ma21 • Le13 • Le14 • Le2 • Pe6 • Ren12 • Ren13

Zu vermeiden: heiße, scharfe und fettige Nahrungsmittel.

Zu empfehlen:

Energetisches Temperaturverhalten	kühl und kalt
Element	Erde
Geschmack	sauer, süß
Zubereitungsart	roh, gedünstet, gekocht
Früchte	Bananen, Kiwi, Wassermelone
Gemüse	Algen, Bambussprossen, Chinakohl, Gurke, Löwenzahn, Mungbohnen, Tomaten, Wasserkastanie
Getränke	Enziantee, grüner Tee
Getreide	Gerste, Weizen
Milchprodukte	Joghurt, Kuhmilch
Sojaprodukte	Sojaquark

Akute/chronische Gastritis
Kälte greift den Magen an, Magen-Qi-Schwäche

Symptome: akuter dumpfer Schmerz im Epigastrium, Kältegefühl, Erbrechen von klaren Flüssigkeiten, Besserung bei warmen Getränken, kalte Extremitäten, Appetitlosigkeit.
Zunge: blass, dicker weißer Belag.
Puls: tief, langsam, schwach.

Ursachen: Fehlernährung, Eindringen von äußerer pathogener Kälte, z. B. eisgekühlte Getränke, kalte Nahrungsmittel, belasten das Magen-Qi, führen zu Stagnation und behindern sein Absteigen.

Therapie

Vertreiben der Kälte
Erwärmen des Mittleren Erwärmers

激
- Ren12 + Moxa
- Ren6 + Moxa
- Ma36 + Moxa
- MP4
- Bl20 + Moxa
- Bl21 + Moxa

Zu vermeiden: rohe, kühle und kalte Nahrungsmittel.

Zu empfehlen:

Energetisches Temperaturverhalten	warm, heiß und neutral
Funktionskreisbezug	Magen, Milz/Pankreas
Element	Erde
Geschmack	süß-warm, süß-heiß
Zubereitungsart	gekocht, gegart, gedünstet, gebraten (leicht)
Fleisch	Rind, Huhn
Fisch	Lachs, Thunfisch
Früchte	Rosinen, Datteln, Papaya
Gemüse	Fenchel, Karotten, Kohl, Kartoffeln, Kohlrabi
Getränke	Fencheltee
Getreide	Hafer, Hirse, Reis, Mais
Gewürze	vermehrt pikante wärmende Gewürze, z. B. Anis, Ginseng, Honig, Ingwer, Kardamom, Knoblauch, Pfeffer, Rosmarin, Zimt

Vermehrt ***Ingwertee, Gewürztee,*** pikant angerichteter Reis, Huhn- und Rindfleischgerichte, wärmende Kraftsuppen

Akute/chronische Gastritis, Ulcera ventriculi et duodeni
Magen-Yin-Mangel

Symptome: dumpfer, brennender Schmerz im Epigastrium, trockener Mund, Durst, Obstipation, Appetitlosigkeit, nachmittägliches Hitzegefühl.
Zunge: rot, rissig, belaglos im Zentrum.
Puls: schnell.

Ursachen

Ernährung: häufigste Ursache ist unregelmäßige Ernährung und schlechte Essgewohnheiten (Übermaß an spätabendlichem Essen).
Allgemein: langandauernde Hitzeerkrankungen, Mangel an Körperflüssigkeiten, chronischer Stress und Überarbeitung.

Therapie

Nähren des Magen-Yin
Nähren von Flüssigkeiten

激 • MP6 • Bl20 • Bl21 • Ma36 • Ren12 • MP3 • MP9 • MP4

Zu vermeiden: scharfe, bittere und heiße Nahrungsmittel, Alkohol, scharfe Gewürze.

Zu empfehlen:

Energetisches Temperaturverhalten	bei Hitzesymptomatik kalt, sonst kühl und neutral, etwas warm
Funktionskreisbezug	Magen, Milz/Pankreas
Geschmack	süß-neutral, süß-kühl
Zubereitungsart	gedünstet, gekocht und überbacken
Kalte Nahrungsmittel:	
Früchte	Bananen, Tomaten, Wassermelone
Kühle und neutrale Nahrungsmittel:	
Fleisch	Ente, fettes Fleisch, Schwein
Fisch	Barsch, Thunfisch
Früchte	Weintrauben, Erdbeeren, Apfel
Gemüse	Karotten, Auberginen, Rettich
Getreide	Gerste, Hirse, Reis, Weizen
Milchprodukte	Käse, Kuhmilch, Quark
Sojaprodukte	Tofu

Vermehrt fettreiche thermisch neutrale Fleischgerichte, überbackene Aufläufe, vermehrt Milchprodukte essen, Weißkohl, Weißkohlsaft

Leitsymptom: Übelkeit und Erbrechen

Infektiöse Emesis	*Kälte attackiert den Magen*
Akute/chronische Emesis, Reisekrankheit	*Magen-Qi-Mangel und Kälte*
Emesis nach Überessen	*Nahrungsstau im Magen*
Emesis durch emotionale Belastungen	*Leber attackiert den Magen*
Chronische Emesis	*Magen-Yin-Mangel*

Nach TCM:
»Rebellierendes bzw. aufsteigendes Magen-Qi«. Häufig aufgrund von äußeren pathogenen Faktoren, insbesondere Kälte, weiterhin emotionale Belastungen, konstitutionelle Schwäche und Fehlernährung.
Differenzierung: Erbrechen mit und ohne Speisereste.

Sehr gute Erfolge werden bei akuten und chronischen Beschwerden durch Ernährungstherapie, Akupunktur und Kräuter erzielt.

Allgemeine Ernährungstherapie

Stärkung des Mittleren Erwärmers, Verwendung von Nahrungsmitteln mit sinkender, bzw. fallender Wirkrichtung.

Infektiöse Emesis
Kälte attackiert den Magen

Symptome: plötzliches heftiges Erbrechen, häufig mit Nahrungsresten, Kopfschmerzen, Kälteaversionen, Spannungsgefühl im Epigastrium, Frösteln, Fieber.
Zunge: dick, geschwollen, dicker weißer Belag.
Puls: langsam, tief.

Ursachen: Fehlernährung, Eindringen von äußerer pathogener Kälte, z. B. eisgekühlte Getränke, kalte Nahrungsmittel, belasten das Magen-Qi, führen zu Stagnation und behindern sein Absteigen.

Therapie s. nachfolgend.

Akute/chronische Emesis, Reisekrankheit
Magen-Qi-Mangel mit Kälte

Symptome: kurze heftige Brechattacken mit dünner Flüssigkeit (weiche Stühle, Appetitlosigkeit, blasses Gesicht, Abgeschlagenheit).
Zunge: blass, geschwollen, Belag weiß.
Puls: schwach.

Ursachen: Fehlerernährung, zu kalte Nahrungsmittel, Überarbeitung, konstitutionell.

Therapie

Vertreiben der Kälte
Wärmen des Mittleren Erwärmers

激
- Pe6
- Ren12 + Moxa
- Ma36 + Moxa
- MP4 + Moxa
- Ma21 + Moxa

Zu vermeiden: rohe, kühle und kalte Nahrung.

Zu empfehlen:

Energetisches Temperaturverhalten	warm und heiß
Funktionskreisbezug	Magen, Milz/Pankreas
Geschmack	süß, scharf
Zubereitungsart	gekocht, gedünstet, gebraten
Gemüse	Fenchel, Karotten
Getränke	frischer Ingwer als Tee, Gewürztees mit wärmenden Kräutern, z. B. Anistee, Fencheltee, Kardamom, Pfeffer, Zimt, wärmender Verdauungslikör
Getreide	pikant gewürzte Reis- oder Hirsegerichte, Hafer, Mais
Gewürze	Anis, frisch geriebener Ingwer, Fenchel

Ein daumengroßes Stück frischer Ingwer auf ½ l Wasser, 20 Min. gekocht, warm getrunken, Gewürztees

Emesis nach Überessen

Nahrungsstau im Magen

Symptome: Übelkeit, ggf. Erbrechen von Nahrungsresten, danach Erleichterung, Völlegefühl im Epigastrium, Mundgeruch.

Zunge: geschwollen, weißer dicker Belag.

Puls: voll, schlüpfrig.

Ursachen: Fehlernährung (zu viel, rohe, kalte Nahrungsmittel, kalte Getränke während der Mahlzeiten, unregelmäßiges Essen, hastiges Essen, zu spätes Essen).

Therapie

Beseitigung des Nahrungsstaus
Stärkung des Mittleren Erwärmers

激 • Pe6 • Ma36 • Ren10 • Ma20 • Ma25 • Ma45 • Le14

Zu vermeiden: übermäßiges Essen, Hauptmahlzeiten nach 18.00 Uhr, rohe und kalte Nahrungsmittel.

Zu empfehlen:

Energetisches Temperaturverhalten	neutral und warm
Funktionskreisbezug	Magen, Milz/Pankreas
Geschmack	süß, scharf (beseitigt Stagnationen)
Zubereitung	gekocht, gedünstet, gegart
Getränke	Anisschnaps, Espresso, Fencheltee, Kaffee, gute Kräuterliköre
Sonstiges	1–2 Teelöffel Essig

Hochwertige Kräuterliköre bereithalten, für Antialkoholiker Fencheltee, frisch geriebener Ingwer, frisch aufgebrühter Kaffee mit Zimt und Kardamom, Espresso

Emesis durch emotionale Belastungen

Leber attackiert den Magen

Symptome: Übelkeit und Aufstoßen, z. T. mit sauren Nahrungsresten, bei Aufregung, Druck und Völlegefühl im Epigastrium, häufiges Aufstoßen, Reizbarkeit.
Zunge: normal, ggf. weißer, dünner Belag, ggf. gerötete Ränder.
Puls: gespannt.

Ursachen: meist durch emotionale Belastungen, Stagnation des freien Magen-Qi-Flusses, z. B. Aufregung, Wut, Frustration.

Therapie

Besänftigung der Leber
Beseitigung der Qi-Stagnationen

激 • Le3 • Gb34 • Pe6
• Ren12 • Le14 • Ma36

Zu vermeiden:
scharfe, heiße und fettige Nahrungsmittel.

Zu empfehlen:

Energetisches Temperaturverhalten	neutral, kühl und kalt
Funktionskreisbezug	Leber, Milz, Magen
Geschmack	sauer, süß, (ggf. kurzzeitig etwas scharf und kühl, um Stagnationen zu beseitigen)
Zubereitungsart	roh, gedünstet, gekocht
Fisch	Krebse
Fleisch	Kaninchen
Früchte	Apfel, Mandarine, Pampelmuse, Ananas, Zitrone
Gemüse	Brauntang, Fenchel, Sellerie, Stangensellerie, Spinat, Wasserkastanien, Rettich
Getränke	Pfefferminztee, schwarzer Tee, grüner Tee, Weizenbier
Getreide	Weizen
Milchprodukte	Joghurt
Sonstiges	Essig, Kümmel

Fleisch meiden, 7 Tage Kur mit Frischkornmüsli und schwarzem Tee

Chronische Emesis

Magen-Yin-Mangel

Symptome:	rezidivierendes Erbrechen mit geringen Flüssigkeitsmengen, trockener Mund, Appetitlosigkeit, allgemeine Schwäche, Abgeschlagenheit.
Zunge:	rot, rissig, belaglos im Zentrum.
Puls:	schnell.

Ursachen:	nach langanhaltenden Krankheiten mit Körperflüssigkeitsverlust, Überarbeitung.

Therapie

Nähren des Magen-Yin
Nähren der Flüssigkeiten
Wärmen des Mittleren Erwärmers

激 • Pe6 • MP4 • Ma44 • Ma36 • MP9 • Ni6

Zu vermeiden:
scharfe, bittere und heiße Nahrungsmittel, Alkohol, scharfe Gewürze.

Zu empfehlen:

Energetisches Temperaturverhalten	bei Hitzesymptomatik kalt, sonst kühl und neutral, etwas warm
Funktionskreisbezug	Magen, Milz/Pankreas
Geschmack	süß
Zubereitung	gedünstet, gekocht und überbacken
Kalte Nahrungsmittel:	
Früchte	Bananen, Tomaten, Wassermelone
Kühle und neutrale Nahrungsmittel:	
Fleisch	Schwein, Ente, fettes Fleisch
Fische	Thunfisch, Barsch
Früchte	Weintrauben
Gemüse	Karotten, Kartoffel
Getreide	Hirse, Reis, Gerste, Mais
Milchprodukte	Kuhmilch, Käse, Quark
Sojaprodukte	Tofu

Vermehrt fettreiche thermisch neutrale Fleischgerichte, überbackene Aufläufe, vermehrt Milchprodukte essen.
Später Mittleren Erwärmer aufbauen

Entzündliche Magen-Darmerkrankungen, Morbus Crohn, Colitis ulcerosa

Nach TCM:
Die Differenzialdiagnose wird nach symptomatischen Gesichtspunkten gestellt, wie: Diarrhö, Blut im Stuhl, breiige Stühle.

Gute Erfolge können in Kombinationstherapie von Schulmedizin, Chinesischer Diätetik, Akupunktur und Kräuterheilkunde erzielt werden.

Cave: TCM und Schulmedizin individuell berücksichtigen.

Therapie

Symptomatisch orientiert nach den folgenden TCM-Syndromen, die meist in Kombination auftreten.

Magen- und Milz-Qi-Mangel
Leber attackiert den Magen und die Milz
Feuchte Hitze im Dickdarm
Nieren-Yang-Mangel
Milz-Yang-Mangel

■ Magen- und Milz-Qi-Mangel

Symptome: lose, häufige, schleimige und blutige Stühle, unangenehmes Druckgefühl im Unterbauch, Appetitlosigkeit, Gewichtsabnahme, allgemeine Schwäche, blasses Gesicht.
Zunge: blass, geschwollen.
Puls: schwach

Ursachen: schwaches Milz-Qi kann das Blut nicht mehr halten, Fehlernährung, geschwächtes Qi durch Leberangriff bei unverarbeiteten emotionalen Belastungen.

Therapie

Stärkung von Magen und Milz

激 • Ren12 • Ma36 • Bl20 • Bl21 • MP3 • Ma25 • MP10 • Ma25 • Ma27 • Ren66 • ggf. Moxa

Zu vermeiden: rohe, kühle und kalte Nahrungsmittel.

Zu empfehlen:

Energetisches Temperaturverhalten	neutral und warm
Funktionskreisbezug	Magen, Milz/Pankreas
Geschmack	süß
Zubereitungsart	gekocht, gedünstet
Fleisch	Hühnerfleisch, Rindfleisch
Gemüse	Fenchel, Süßkartoffeln
Getränke	Anistee, Fencheltee
Getreide	Hirse, Hafer, Reis
Gewürze	Honig

Konsequente Reis- und Hirsekur mit wärmenden Gemüsen und leicht wärmenden Kräutern, Fencheltee (besonders gekochte Karotten, Kartoffeln, Koriander bei Magen-Kälte)

■ Leber attackiert den Magen und die Milz

Symptome: anfallsartige, krampfartige Schmerzen in Oberbauch, Völlegefühl, Aufstoßen, Übelkeit, Brechreiz, Sodbrennen (rebellierendes Magen-Qi, Hitze), bitterer Mundgeschmack, Reizbarkeit.
Zunge: normal, ggf. weißer, dünner Belag, ggf. gerötete Ränder.
Puls: gespannt

Ursachen: mit die häufigste Ursache für akute und chronische Oberbauchschmerzen ist eine Stagnation, die das Magen-Qi behindert. Weitere häufige Ursachen sind Stress, Zorn, hastiges Essen, häufig Leber-Qi-Stagnationen oder aufsteigendes Leber-Yang auf dem Boden eines Leber-Yin- oder Nieren-Yin-Mangels.

Feuchte Hitze im Dickdarm

Symptome: lose schleimig eitrige Stühle ggf. mit Blutbeimengung, Schmerzen im Hypochondrium, nachmittägliche subfebrile Temperaturen, Durst.
Zunge: dick, derber Belag, evtl. schmierig.
Puls: schnell, schlüpfrig.

Ursachen: schwaches Milz-Qi kann Flüssigkeit nicht mehr transformieren, Fehlernährung (heiße, scharfe und fettige Speisen), emotionaler Stress führen zu Hitze-Symptomatik.

Therapie

Vertreiben der Hitze
Trocknen der Feuchtigkeit
激 • Ma44 • Di11 • Bl22 • Ren12 • Ma25 • MP6 • MP9 • Pe6

Zu vermeiden: scharfe, warme und heiße Nahrungsmittel.

Zu empfehlen:

Energetisches Temperaturverhalten	kühl, kalt und neutral
Element	Erde
Geschmack	süß, bitter
Zubereitungsart	roh, gekocht, gedünstet
Früchte	Banane, Birnen, Honigmelone, Orangen
Gemüse	Aubergine, Bambussprossen, Gurke, Spinat
Getränke	Kamillentee, schwarzer Tee, grüner Tee, Weizenbier
Gewürze	gelber Enzian
Milchprodukte	Joghurt
Sojaprodukte	Tofu, Sojaquark

Vermehrt grünen oder schwarzen Tee trinken

Nieren-Yang-Mangel

Nach TCM:
Ursache unterschiedlicher Mangelsyndrome, überwiegend Schwäche im Mittleren Erwärmer (Magen- und Milz-Qi-, bzw. -Yang-Mangel).

Symptome: morgendliche Diarrhö, Bauchschmerzen, die sich bei Wärme bessern, kalte Extremitäten, Schwäche im Rücken und den Knien:
Zunge: blass mit Zahneindrücken.
Puls: schwach, tief.

Ursachen: Überarbeitung, lang andauernde Erkrankung, psychischer Stress, ausschweifendes Sexualleben, viele Geburten, Kältexposition.

Therapie

Nieren-Yang wärmen
激 • Ni3 • Ni7 • Bl23 • Moxa

Zu vermeiden: rohe, kühle und kalte Nahrungsmittel.

Zu empfehlen:

Energetisches Temperaturverhalten	warm bis heiß (kurzfristig), neutral
Funktionskreisbezug	Niere, Milz/Pankreas
Geschmack	schwach salzig, süß
Zubereitungsart	gedünstet, gekocht, gebraten
Fleisch	Lamm, Hirsch, Rind, Huhn
Früchte	Rosinen, Kirschen, Weintrauben
Gemüse	Fenchel, Lauch
Getreide	Hafer, süßer Reis, Mais
Gewürze	Anis, Zimt, Rosmarin
Nüsse und Samen	Walnüsse, Esskastanien, schwarzer Sesam

Meistersuppe mit Zutaten zur Stärkung des Funktionskreises Niere, z.B. Karotten, Lauch, Lamm

Milz-Yang-Mangel

Symptome: Appetitverlust, Schluckauf, Übelkeit, Brechreiz, weiche Stühle, Diarrhö, bei Yang-Mangel kalte Extremitäten, Müdigkeit, Abgeschlagenheit.

Zunge: blass, geschwollen mit Zahnabdruck.

Puls: schwach.

Ursachen: Fehlernährung, Überanstrengung, unregelmäßige Nahrungsaufnahme, lange zehrende Krankheiten.

Therapie

Stärkung von Magen und Milz

激 • Ren12 • Ma36 • MP6 • Bl20 • Bl21

Zu vermeiden: rohe und thermisch kühle bzw. kalte Nahrungsmittel (z.B. Salate, Obst, Fruchtsäfte), Milchprodukte, denaturierte Nahrung, Tiefkühlkost, Konserven.

Zu empfehlen: wärmende Nahrungsmittel, die Magen und Milz aufbauen, mit leicht pikanten Gewürzen kombiniert.

Energetisches Temperaturverhalten	neutral, warm, heiß
Geschmack	süß-warm, süß-neutral, ggf. süß-heiß (kurzfristig)
Funktionskreisbezug	Magen, Milz/Pankreas
Zubereitungsart	gekocht, gedünstet
Fleisch	Huhn, Lamm, Rind
Früchte	gedünsteter Apfel, Heidelbeeren
Gemüse	Champignon, Fenchel, pürierte Karotten, Lauch, Süßkartoffel
Getränke	Fencheltee
Getreide	Haferflocken, Hirse, Reis, Reissuppe, leichte pikante Reisgerichte (wärmende Wirkung), süßer Reis mit Zimt und Honig
Gewürze	Anis, Honig, Ingwer, Koriander, Knoblauch, Kümmel, brauner Zucker

Gekochtes Hirsemüsli mit Zimt und Rosinen

Leitsymptom: Meteorismus

»Akuter« Meteorismus	*Qi-Stagnation mit Nahrungsretention in Magen und Milz*
»Rezidivierender« Meteorismus	*Magen- und Milz-Qi-, bzw. -Yang-Mangel*

Nach TCM: »Du zi zhang«.
Differenzialdiagnose in Fülle- und Mangelzuständen, am häufigsten durch Funktionsstörungen von Milz und Magen. Sehr gut der Ernährungstherapie zugänglich.

Allgemeine Ernährungstherapie

Speisen vermehrt mit wärmenden Gewürzen zubereiten. Kümmel, Koriander, Chili, Essig

»Akuter« Meteorismus

Qi-Stagnation mit Nahrungsretention in Magen und Milz

Symptome: laute Blähungsgeräusche, Völlegefühl, Verstärkung der Beschwerden bei Druck, ggf. Übelkeit und Erbrechen, Mundgeruch, ggf. Obstipation.
Zunge: dicker gelber Belag.
Puls: schnell, schlüpfrig.

Ursachen: unregelmäßige Nahrungsaufnahme, Fehlernährung.

Therapie

Auflösen der Qi-Stagnation

激 • Ren12 • Ma25 • Ma36 • Ren6 • Di4

Zu vermeiden: rohe, kühle und kalte Nahrungsmittel.

Zu empfehlen: leicht scharfe Nahrungsmittel und Gewürze mit digitiver Wirkung bevorzugen.

Energetisches Temperaturverhalten	warm
Funktionskreisbezug	Magen, Milz
Geschmack	süß, scharf
Zubereitungsart	gedünstet, gekocht
Gemüse	Fenchel, Karotten, Lauch
Getränke	Fencheltee, Kümmeltee, wärmende, scharfe Kräuterliköre
Gewürze	Anis, Knoblauch, Koriander, Chili, Sternanis, Pfeffer

Speisen vermehrt wärmend würzen, Essgewohnheiten verbessern, vermehrt Gewürztees trinken

»Rezidivierender« Meteorismus

Magen- und Milz-Qi- bzw. -Yang-Mangel

Symptome: leise Blähungsgeräusche, Völlegefühl bessert sich unter Druck und Wärme, Appetitlosigkeit, Müdigkeit, weiche Stühle, heller Urin.
Zunge: blass, weißer Belag.
Puls: schwach.

Ursachen: Fehlernährung, konstitutionelle Schwäche, Überarbeitung.

Therapie

Stärkung von Magen und Milz

激
- Ma36 + Moxa
- Ren4 + Moxa
- MP3 + Moxa
- Ma25

Zu vermeiden: rohe, kalte und kühle Nahrungsmittel.

Zu empfehlen:

Energetisches Temperaturverhalten	neutral, warm und heiß
Funktionskreisbezug	Magen, Milz/Pankreas
Geschmack	süß, scharf
Zubereitung	gekocht, gedünstet, gebraten
Gemüse	Fenchel, gekochte Karotten
Getränke	Anistee, wärmende Kräuterliköre
Getreide	Hafer, Hirse, Reis
Gewürze	Anis, Ingwer, Knoblauch, Koriander, Kümmel

Wärmende Gewürztees, wärmende Gewürze mit leicht scharfem Geschmack, pikant angerichtete Speisen, z.B. Hirse und Reisaufläufe, insbesondere bei Kindern Fencheltee, gekochte Karotten, Verbesserung der Essgewohnheiten, regelmäßig essen

Leitsymptom: Schluckauf, Singultus

Kälte attackiert den Magen

Nach TCM:
Rebellierendes bzw. aufsteigendes Magen-Qi, Würgereiz, überwiegend durch Kälte im Magen, gut der Akupunktur und Ernährungstherapie zugänglich.

Kälte attackiert den Magen

Symptome: kräftiges tiefes Aufstoßen, welches sich durch Wärme bessert, Appetitlosigkeit, Abgeschlagenheit.
Zunge: blass, weißer Belag.
Puls: langsam.

Ursachen: Fehlernährung, Übermaß an rohen und kalten Nahrungsmitteln, unregelmäßige Essgewohnheiten, konstitutionelle Qi-Schwäche.

Therapie

Herabführen des Magen-Qi
Wärmen des Magens

激 • Ren17 • Bl17 • Pe6 • Ren12 • Ma36 • Ma21

Zu empfehlen:

Energetisches Temperaturverhalten	neutral und wärmend
Funktionskreisbezug	Magen, Milz/Pankreas
Geschmack	süß
Wirkrichtung	absteigend
Zubereitungsart	gedünstet, gekocht, gebraten
Getränke	Ingwersaft
Gewürze	Anis, Fenchel, frisch geriebener Ingwer, Koriander

Herz- und Kreislauf-Erkrankungen

Allgemeine Schwäche, Energie-Mangel, Hypotonie

Kurzfristige Müdigkeit, Abgeschlagenheit	*Milz-Qi- bzw. Milz-Yang-Mangel*
Mattigkeit, Hypotonus, Schwindel	*Blut-Mangel*
Chronische Müdigkeit	*Nieren-Qi- bzw. -Yang-Mangel*

Nach TCM:
Keine direkte Analogie, tritt häufig im Zusammenhang mit Schwindel, Kopfschmerzen und Mattigkeit auf. Sehr gute Therapieerfolge können durch regelmäßige und aufbauende Ernährungstherapie, Moxibustion und Akupunktur, ggf. Kräutertherapie erzielt werden.

Therapie

Stärkung von Nieren, Milz und Magen
Aufbau des Blutes

激 Stärkung von Milz und Magen:
- Ma36 + Moxa
- Ren3 + Moxa
- Ren6 + Moxa
- Ren12 + Moxa

Stärkung der Nieren:
- Ni3 + Moxa
- Ni7 + Moxa
- Bl23 + Moxa

Aufbau des Blutes:
- Ma36
- Ren4
- MP6
- Le8
- Bl17
- Bl20

Zu vermeiden: Kaffee wirkt nur kurzfristig, schädigt insbesondere das Blut (Blut-Mangel), thermisch kühle oder kalte Speisen (z.B. Rohkost, Salate, Fruchtsäfte). Übermaß an Milchprodukten, unregelmäßige Ernährung, unzubereitete Speisen, Mangel an Gewürzen.

Zu empfehlen:
Nahrungsmittel auswählen, die Milz, Magen und Niere stärken, mit wärmender kurzfristig heißer Wirkung.

Funktionskreisbezug	Milz, Magen, Nieren
Geschmack und energetisches Temperaturverhalten	süß-warm, süß-heiß, salzig-warm, salzig-heiß (nicht bei Blut-Mangel)
Zubereitung	lang gekochte Eintöpfe, angebraten, gegrillt
Qi und Yang von Milz und Magen stärken:	
Fleisch	Ente, Lamm, Huhn, Rind
Fisch	Barsch, Lachs, Thunfisch, Aal
Früchte	Kirschen, Pfirsich
Gemüse	Fenchel, Karotten, Datteln
Getreide	süßer Reis, Mais, Hirse, Hafer
Gewürze	Chili, Ingwer, Knoblauch, Pfeffer, Zimt, ggf. mit Alkohol kochen
Nüsse und Samen	Esskastanie, Walnuss

Milz, Magen und Blut aufbauen:	
Fleisch	Huhn, Rind
Getränke	Traubensaft
Getreide	Hafer, Reis
Nieren, Qi und Yang stärken:	
Fleisch	Hirsch, Lamm
Fisch	Muscheln, Austern, Sardinen
Früchte	Rosinen, Kirschen
Gemüse	Fenchel
Getreide	Hafer, Mais
Gewürze	Honig
Nüsse und Samen	Esskastanie, Walnuss
Kurzfristig das Herz-Qi und -Yang anregen:	
Getränke	Kaffee, Kakao, schwarzer Tee

Regelmäßig essen, ausgiebig frühstücken, z. B. Hafermüsli, vermehrt warme, gebratene, gegrillte Gerichte, z. B. Garnelen mit Knoblauch und Alkohol, pikante Hirschfleisch- und Lammfleischgerichte, vermehrt Fleischnahrung, lang gekochte Suppen und Eintöpfe, z. B. mit Rind- oder Hühnerfleisch, vermehrt wärmende Gewürze einsetzen

Für Vegetarier: Vermehrt aufbauende und wärmende Getreidesorten einsetzen, z. B. Hafer, Reis, Mais mit wärmenden pikanten Gewürzen oder Gemüsen, z. B. Fenchel, Lauch, Ingwer, Knoblauch, Karotten, Linsen

Leitsymptom: erhöhter Blutdruck

Hypertonie mit Kopfschmerzen	*Aufsteigendes Leber-Yang, Leber-Feuer, Leber-Wind*
Hypertonie mit Kopfschmerzen	*Leber-Yin- und Blut-Mangel*
Hypertonie mit Tinnitus	*Nieren-Yin-Mangel*
Hypertonie mit Schweregefühl	*Schleim- und Feuchtigkeitsretention*

Nach TCM:
Keine direkte Analogie zur Hypertonie, Behandlung häufig im Zusammenhang mit Kopfschmerzen oder Schwindel, Ursache ist ein aufsteigendes Yang, häufig aufgrund eines Leber-Yin- oder Nieren-Yin-Mangels. Es bestehen eingeschränkte Behandlungsmöglichkeiten, wenn der Hypertonus noch nicht länger als 1–2 Jahre manifestiert ist. Empfehlenswert ist eine Kombination von Akupunktur und Kräutern und diätetischen Maßnahmen in Verbindung mit der Schulmedizin.
Wichtig: *Gewichtsreduktion!*

■ Hypertonie mit Kopfschmerzen

Aufsteigendes Leber-Yang, Leber-Feuer, Leber-Wind

Symptome: Hypertonus, hypertensive Krise, Reizbarkeit, Wut, Schlaflosigkeit, heftige Kopfschmerzen, Augenrötung, Tinnitus, Gesichtsrötungen, Mundtrockenheit, bitterer Mundgeschmack.
Zunge: rot, weiß oder gelb.
Puls: seitenförmig.

Ursachen: falsche Ernährung (thermisch heiße Nahrungsmittel, Alkohol), häufig in Kombination mit lange bestehenden starken emotionalen Belastungen, Ärger, Wut, Stress kann ein stagniertes Leber-Qi in ein aufsteigendes Leber-Yang verwandeln, zum Teil auch durch äußere pathogene Faktoren, z. B. Wind.

Therapie

Unterdrücken des emporsteigenden Yang, Besänftigung der Leber

激 • Le2 • Gb20 • Gb43 • Du20 • Le3 • Di4

Zu vermeiden: thermisch warme und heiße Nahrungsmittel, insbesondere scharfe Gewürze, Alkohol, bitter-heiße Nahrungsmittel, die das Leber-Yin schädigen (z. B. Kaffee), scharfe Nahrungsmittel, insbesondere Knoblauch.

Zu empfehlen: Nahrungsmittel, die das Yin und Blut der Leber aufbauen, um das hochschlagende Yang zu beruhigen, Regulation des Leber-Qi-Flusses.

Funktionskreisbezug	Leber
Geschmack/ energetisches Temperaturverhalten	sauer-neutral, sauer-kühl, sauer-kalt, ggf. etwas süß-kühl und etwas salzig-kühl
<u>Leber-Hitze kühlen und Yang besänftigen:</u>	
Früchte	Apfel, Birne, Orangen
Gemüse	Weizen, Mungbohnen, Spinat

Getränke	grüner Tee
Milchprodukte	Milch
Leber-Qi regulieren und Qi absenken:	
Fisch	Krebse, Tintenfisch
Früchte	Heidelbeeren, Zitrone
Gemüse	Löwenzahn, Spinat, Stangensellerie, Tomaten, Wasserkastanien
Getränke	chinesischer Chrysanthemenblütentee, grüner Tee
Leber-Yin und Blut aufbauen:	
Fleisch	Ente, Schwein, Huhn
Früchte	Weintrauben
Gemüse	Spinat, Stangensellerie, Tomaten
Getreide	schwarze Sojabohnen
Nüsse und Samen	Pinienkerne, schwarzer Sesam, Sonnenblumenkerne

Grüner Tee, chinesischer Chrysanthemenblütentee, frisch gekochter Weizenbrei, frischer Stangenselleriesaft, Tomatensaft, Apfel- und Birnensaft, Fleischreduktion für 3 Wochen oder länger

Hypertonie mit Kopfschmerzen

Leber-Yin- und Blut-Mangel

Symptome: Hypertonus, Schwindel (mild, aber lang andauernd), Tinnitus, Taubheitsgefühl in den Extremitäten, Hitzegefühl an den Handflächen und Fußsohlen, Schlaflosigkeit, verschwommenes Sehen, trockene Augen, Amenorrhö, spärliche Menstruation, Muskel-Schwäche, trockene spröde Nägel.

Zunge: rötlich, leicht gelblicher Belag.
Puls: schnell, dünn.

Ursachen: Auftreten häufig im höheren Lebensalter, gekoppelt mit Nieren-Yin-Mangel, zu wenig Nachtschlaf, Überarbeitung, starke psychische Belastungen, Fehlernährung (z. B. Übermaß an Alkohol oder zu scharfen Nahrungsmitteln).

Therapie

Nähren des Leber-Yin
Beruhigung des aufsteigenden Leber-Yang

激 • Le3 • Bl18 • Le8 • Ni3

Zu vermeiden: thermisch heiße und trocknende Nahrungsmittel (z. B. Kaffee, scharfe Gewürze, Übermaß an Salz), Übermaß an bitteren Nahrungsmitteln (z. B. Kaffee, schwarzer Tee).

Zu empfehlen: Nahrungsmittel, die das Leber-Yin und Blut aufbauen.

Funktionskreisbezug	Leber
Geschmack/energetisches Temperaturverhalten	sauer-neutral, sauer-kühl, süß-neutral, süß-kühl
Zubereitungsart	gekocht, gedünstet, roh
Hitze kühlen:	
Gemüse	Löwenzahn, Mungbohnen, Spinat, Tomate
Getränke	grüner Tee
Leber-Yin aufbauen:	
Fleisch	Kaninchen, Schwein

Früchte	Maulbeerfrüchte, Pflaumen, Zitrone
Gemüse	Spinat, Stangensellerie, Tomaten, Brauntang
Getreide	schwarze Sojabohne, Weizen
Öle und Fette	Olivenöl
Blut aufbauen:	
Früchte	Kirschen, Weintrauben
Nüsse und Samen	Pinienkerne

Grüner Tee (Übermaß trocknet), frisches Weizenbreimüsli, frischer Stangenselleriesaft, in Maßen Fleischgerichte, z. B. Rinderleber, Hasen- und Kaninchenleber, Schweineleber; besser Fisch: Barsch, Aal, Austern

Hypertonie mit Tinnitus
Nieren-Yin-Mangel

Symptome: Hypertonus, Schlafstörungen, Gedächtnisverlust, Rücken- und Knieschmerzen, Tinnitus, Schwindel, Impotenz, nächtliche Ejakulation.
Zunge: rötlich, rissig, wenig Belag.
Puls: dünn, schnell.

Ursachen: Mangel an Nachtschlaf, Überarbeitung, exzessive sexuelle Ausschweifungen, Drogen.

Therapie

Stärkung des Nieren-Yin

激 • Ni3 • Bl23 • Ma36 • MP6 • Ren6 • Ren4 • Du20

Zu vermeiden: Übermaß an Salz, bittere Nahrungsmittel, z. B. Kaffee und schwarzer Tee, Nahrungsmittel mit heißem Temperaturverhalten und scharfem Geschmack, z. B. Knoblauch, Zimt, Alkohol.

Zu empfehlen: Nahrungsmittel, die Nieren-Yin und die Essenz (Jing) nähren, ggf. Leber-Yin aufbauen, bei Mangel-Hitze-Symptomen ggf. Nieren und Leber kühlen.

Funktionskreisbezug	Niere, Leber
Geschmack/energetisches Temperaturverhalten	süß-neutral, süß-kühl, ggf. kurzzeitig süß-warm, salzig-kühl, sauer-kühl, sauer-neutral
Nieren-Yin nähren:	
Fleisch	Ente, Huhn, Schwein
Fisch	Austern, Barsch, Karpfen, Tintenfisch
Früchte	Kirschen, Maulbeerfrucht, Rosinen, Weintrauben
Getreide	Hirse, Weizen
Milchprodukte	Butter, Sahne
Nüsse und Samen	Esskastanien, schwarzer Sesam, Walnusskerne
Leber-Yin nähren:	
Fleisch	Kaninchen, Schwein
Früchte	Pflaumen, Maulbeerfrüchte, Zitrone
Gemüse	Brauntang, Spinat, Stangensellerie, Tomaten
Getreide	schwarze Sojabohne, Weizen
Öle und Fette	Olivenöl
Hitze kühlen:	
Früchte	Apfel, Kiwis
Getränke	grüner Tee, Weizenbier
Getreide	Mungbohnen, Spargel

Hirsemüsli mit Rosinen, frisches Weizenbreimüsli, Kraftbrühen mit Enten-, Schweine- oder Hühnerfleisch. Vermehrt Fischgerichte, z.B. Tintenfisch, Austern, Karpfen oder Barsch

Hypertonie mit Schweregefühl
Schleim- und Feuchtigkeitsretention

Symptome: Hypertonus, Schweregefühl des Kopfes und der Extremitäten, schwerfällige Bewegung, Druckgefühl im Thorax, Schwindel, Müdigkeit, Übergewicht.
Zunge: blass, dicker weißer schmieriger Belag.
Puls: schlüpfrig.

Ursachen: überwiegend durch Fehlernährung (z.B. Übermaß an fettem Fleisch und Milchprodukten, Süßigkeiten), Schwächung der Milz, Adipositas, Stress und Überanstrengung.

Therapie

Entfernen von Feuchtigkeit und Schleim
Stärkung der Milz

激 • MP9 • Ma40 • Ma36 • Ren12 • Pe6 • Bl20 • Bl21 • MP2

Zu vermeiden: rohe und vom Temperaturverhalten kalte Nahrung (Obst, Fruchtsäfte, Salate), fettige Fleischsorten, Übermaß an Milchprodukten, Zitrusfrüchte, Übermaß an Süßigkeiten, insbesondere Zucker fördert die Feuchtigkeit und Schleimentstehung.

Zu empfehlen: Nahrungsmittel, die die Milz stärken, trocknen, Flüssigkeit ausleiten und Schleim transformieren.

Funktionskreisbezug	Milz, Magen
Geschmack/energetisches Temperaturverhalten	süß-warm, süß-neutral, bitter-neutral, bitter-warm, salzig-neutral, salzig-warm, ggf. kurzfristig scharf-neutral, scharf-warm
Feuchtigkeit und Schleim transformieren:	
Gemüse	Rettich
Getreide	Gerste, Sojabohnen
Gewürze	Ingwer, Kardamom, Knoblauch (warm zurückhaltend), Koriander
Milz nähren:	
Fleisch	Rind, Lamm
Früchte	Rosinen
Gemüse	Bohnen, Fenchel, Karotten, Kartoffeln, Mais
Getreide	Hafer, Reis
Gewürze	Anis, Ingwer

Flüssigkeiten und Schleim transformieren
Brei aus Rundkornreis, vermehrt Sojabohnenprodukte, Reisgerichte mit pikantem Geschmack zur Transformation von Feuchtigkeit und Schleim, z.B. Knoblauch, Ingwer, Koriander, Kardamom

Milz nähren:
Morgens warmes Müsli, z.B. Hafer mit Rosinen oder Zimt, Maisgerichte, Kraftbrühen und lang gekochte Eintöpfe mit Möhren, Rindfleisch, Hühnerfleisch, pikante Gewürze, Fencheltee

Augenerkrankungen

Entzündungen

Nach TCM:
»Feuerauge« (rote und geschwollene Augen), häufig im Frühjahr und Herbst durch äußere Wind-Hitze mit Füllezuständen in Leber und Gallenblase (Allergie).
Sehr gute Erfolge werden durch Kombinationstherapie von Akupunktur, Ernährungstherapie und Kräutertherapie erzielt.

■ Konjunktivitis
Wind-Hitze

Symptome: Juckreiz und Fremdkörpergefühl in den Augen, rote geschwollene Augen, Kopfschmerzen, Windabneigung
Zunge: gerötete Ränder, dünner gelber Belag.
Puls: schnell.

Ursachen: äußere Wind-Hitze und Zugluft im Frühjahr oder Herbst reizen das Auge, Wind-Hitze in der Lungenleitbahn, häufig kombiniert mit Hitzezuständen in Leber und Gallenblase.

Therapie

Vertreiben der äußeren Wind-Hitze
Kühlung der Hitze
Besänftigung der Leber

激 • Di11 • Di4 • Lu11 • Gb20 • Gb14 • Le2 • Le3 • Ma2

Zu vermeiden: thermisch warme und heiße Nahrungsmittel, scharfe Gewürze, Alkohol, gegrillte und scharf angebratene Nahrungsmittel.

Zu empfehlen:

Energetisches Temperaturverhalten	kühl und kalt
Funktionskreisbezug	Leber, Gallenblase
Geschmack	bitter, sauer, salzig, ggf. etwas süß
Zubereitungsart	roh, gekocht, gedünstet
Vertreiben der Wind-Hitze:	
Gemüse	Chinakohl, Löwenzahn, Tomate
Kühlung der Hitze:	
Gemüse	Gurke, Mungbohnen, Spinat, Tomate, Wasserkastanien
Getränke	Enziantee, grüner Tee, Weizenbier
Gewürze	chinesische Chrysanthemenblüten, Pfefferminz

Vermehrt grünen Tee trinken, Säftemischung aus Tomaten- und Melonensaft, chinesischer Chrysanthemenblütentee

Hauterkrankungen

Nach TCM:
Allgemeine Störung des Lungenfunktionskreises und des Abwehr-Qi, meist in Kombination durch Invasion und pathogene Faktoren wie Wind, Hitze, Feuchtigkeit, Trockenheit. Weitere Mitbeteiligung: Emotionen und Fehlernährung.

Neurodermitis

Akute Exazerbation	*Wind-Hitze, Hitze im Blut*
Chronischer Verlauf	*Blut-Mangel und Trockenheit*

Nach TCM:
Kombination von äußeren pathogenen Faktoren wie Wind, Hitze, Trockenheit bei emotionaler Unausgeglichenheit und Fehlernährung.
Gute Therapieerfolge werden durch diätetische Maßnahmen in Kombination mit Akupunktur und Kräutern erzielt.

Akute Exazerbation
Wind-Hitze, Hitze im Blut

Symptome: rote juckende Haut mit flachen Pusteln, zum Teil nässend, Krustenbildung, Schuppung, Unruhe, Gereiztheit, Hyperaktivität.
Zunge: blass, zum Teil mit roten, erhabenen Pünktchen, ggf. dünner gelber Belag.
Puls: schnell.

Ursachen: äußere Wind-Hitze dringt in die Haut, Hitze-Stagnation, anhaltende emotionale Belastung, Fehlernährung führen zu Hitze im Blut.

Therapie

Vertreiben der Wind-Hitze
Kühlung der Hitze im Blut
激 • Di11 • MP10 • MP6 • Du14 • Bl40 • Le2 • Gb43

Zu vermeiden: thermisch warme und heiße Nahrungsmittel, scharfe Gewürze.

Zu empfehlen:

Energetisches Temperaturverhalten	kühl und kalt
Funktionskreisbezug	Leber, Lunge
Geschmack	sauer, etwas süß, etwas bitter
<u>Beseitigung der Wind-Hitze:</u>	
Gemüse	Chinakohl, Karotte, Löwenzahn, Rettich, Tomate
<u>Blut kühlen:</u>	
Gemüse	Brauntang, Mungbohnen, Tomate, Spinat, Stangensellerie
Getränke	grüner Tee, Weizenbier
Getreide	Weizen
<u>Befeuchtend und Trockenheit beseitigend:</u>	
Früchte	Banane, Birne, Kiwi, Wassermelone
Getreide	Sojabohnen, Weizen
Gewürze	Honig
Nüsse und Samen	Erdnüsse, Pinienkerne
Milchprodukte	Butter, Joghurt, Kefir, Sahne
Sojaprodukte	Sojamilch, Tofu

Wind-Hitze und Hitze im Blut:
Vermehrt grünen Tee trinken, Dekokt aus Löwenzahn, Chicoréesalat

Befeuchtung bei trockener Haut:
Birnensaft, überbackene Bananen, vermehrt Sojamilchprodukte

Chronischer Verlauf

Blut-Mangel und Trockenheit

Symptome: trockene glanzlose Haut mit starker Schuppung, ggf. zeitweises Jucken (durch inneren Leber-Wind), blasse Lippen, Schwindel, Vergesslichkeit, Depression, Amenorrhö, mehr chronischer Verlauf.

Zunge: blass, rosa, klein.

Puls: dünn, tief.

Ursachen: Mangel an Körperflüssigkeiten, z. B. durch länger bestehende Hitze, Fehlernährung oder Windtrockenheit schwächen das Blut und führen zu einem Blut-Mangel.

Therapie

Aufbau des Blutes
Befeuchten der Trockenheit
Besänftigung des Leber-Windes

激 • Le3 • MP6 • MP10 • Ma36 • Ni6 • Du14

Zu vermeiden: thermisch heiße Nahrungsmittel, stark trocknende Nahrungsmittel mit bitterem Geschmack, z. B. Kaffee, schwarzer Tee, scharfe Gewürze, Übermaß an Salz.

Zu empfehlen:

Energetisches Temperaturverhalten	Blut-Hitze: kühl, kalt, Blut-Mangel: neutral, kühl, etwas warm
Funktionskreisbezug	Leber, Lunge
Geschmack	süß, etwas sauer
Zubereitung	gekocht, gedünstet, überbacken
Aufbau des Blutes:	
Fleisch	Ente, Huhn, Leber, Rind
Fisch	Barsch, Tintenfisch
Früchte	Kirsche, Pflaume, Weintraube
Nüsse und Samen	Pinienkerne, schwarzer Sesam
Sonstiges	Hühnerei
Blut-Hitze kühlen:	
Fisch	Austern
Gemüse	(Brauntang), Löwenzahn, Spinat, Stangensellerie, Tomate
Aufbau des Yin:	
Fisch	Aal
Gemüse	Karotten, Kartoffeln
Getreide	Weizen, Dinkel
Gewürze	Honig
Milchprodukte	Butter, Kuhmilch, Kuhkäse

Akne

Nach TCM:
»Feuchte Hitze, die in der Haut schlummert.« Bei konsequenter diätetischer Behandlung sehr gute und dauerhafte Erfolge in Kombination mit Akupunktur und Kräutertherapie.

■ Acne vulgaris

Feuchte Hitze, ggf. Milz-Qi-Mangel kombiniert mit Leber-Qi-Stagnation

Symptome: rötliche bis gelbliche Pusteln auf der Haut, unreine fettige Haut, Entzündungen, Müdigkeit, Abgeschlagenheit (bei Milz-Qi-Mangel), Gereiztheit, Schlafstörungen (bei Hitze, Leber-Qi-Stagnation).
Zunge: geschwollen, dicker gelber Belag.
Puls: schwach.

Ursachen: überwiegend durch Fehlernährung (z. B. Übermaß an süßen, fettigen und thermisch heißen Nahrungsmitteln), emotionale Unausgeglichenheit führt zu innerer Hitze und wird durch Fehlernährung verstärkt, Milz-Qi-Mangel verursacht Feuchtigkeit.

Therapie

Beseitigung von Hitze und Feuchtigkeit
Stärkung der Milz

激 • Di11 • Di4 • Gb20 • Le3 • MP10 • Du10 • MP6 • Lu5

Zu vermeiden: thermisch heiße und fettige Nahrung (Junk-Food), insbesondere scharfe Gewürze (z. B. Knoblauch, Ingwer, Pfeffer), gegrilltes und geräuchertes Fleisch, Süßigkeiten reduzieren, Fleischgenuss reduzieren, bei schwacher Milz Milchprodukte reduzieren.

Zu empfehlen: Nahrungsmittel auswählen, die Hitze kühlen und Feuchtigkeit beseitigen, die Leber besänftigen und kühlen, die Milz stärken, dabei Hitze und Feuchtigkeit vermeiden.

Energetisches Temperaturverhalten/ Geschmack	sauer-neutral, sauer-kühl, bitter-neutral, bitter-kühl, ggf. kurzfristig bitter-kalt und sauer-kalt, süß-neutral
Funktionskreisbezug	Leber, Gallenblase, Milz
<u>Feuchtigkeit und Hitze ausleiten:</u>	
Früchte	Birnen, Mandarinen
Gemüse	Mungbohnen, Spargel
Getränke	Maishaartee, grüner Tee, schwarzer Tee
<u>Hitze kühlen:</u>	
Gemüse	Chicorée, Löwenzahn, Mungbohnen
Getränke	Enziantee
Getreide	Weizen
Sojaprodukte	Tofu
<u>Bei Leber-Stagnationen Blut bewegen und kühlen:</u>	
Gemüse	Rettich, Spinat, Stangensellerie, Tomate, Essig
<u>Milz stärken:</u>	
Fleisch	Huhn, Rind
Früchte	Apfel
Gemüse	Auberginen, Gurke, Möhren, Fenchel
Getreide	Dinkel, Gerste, Hirse, Reis, Weizen
Nüsse und Samen	Mandeln, schwarzer Sesam
Sojaprodukte	Tofu

Teekur

3–6 Wochen täglich 1 l Maishaartee, vermehrt grünen oder schwarzen Tee, Hirsemüsli, vermehrt frische Gemüse, z.B. Spinat, Salate mit Mungbohnensprossen, Bambussprossen, Tomaten, Dinkelprodukte bevorzugen

Urogenitale Erkrankungen

Leitsymptom: Harnweginfekte

Abakterielle Zystitis	*Feuchte Kälte in der Blase*
Bakterielle Zystitis	*Feuchte Hitze in der Blase*

Nach TCM:
Feuchte Kälte oder feuchte Hitze staut sich häufig durch eine äußere pathogene Ursache, überwiegend Kälte im Unteren Erwärmer (Blase). Sehr gute Therapieerfolge, insbesondere bei rezidivierenden Blasenentzündungen, können mit Akupunktur und Ernährungstherapie erzielt werden.

■ Abakterielle Zystitis
Feuchte Kälte in der Blase

Symptome: häufiger Harndrang mit hellem trübem Urin, zum Teil schwierige Miktion, Schweregefühl im Hypogastrium.
Zunge: weißer klebriger Belag an der Zungenwurzel.
Puls: schlüpfrig.

Ursachen: allgemeine Abwehrschwäche (Qi- und Yang-Mangel zum Teil der Nieren), häufig durch äußere pathogene Kälte, ggf. nach emotionaler Belastung, z. B. Angst, übermäßige sexuelle Aktivität schwächt das Nieren-Yang.

Therapie

Auflösen der Nässe
Vertreiben der Kälte
Stärkung von Blase und Nieren

激 • MP9 • MP6 • Ren3 • Ren9 • Du4 • Bl23 • Ni7

Zu vermeiden: Nahrung mit kühlem und kaltem Temperaturverhalten, Milchprodukte, Übermaß an Fleisch.

Zu empfehlen: Nahrungsmittel, die Feuchtigkeit ausleiten, die den Unteren Erwärmer stärken, Nieren-Yang aufbauen, Milz nähren.

Funktionskreisbezug	Niere, Blase, Milz
Geschmack/ energetisches Temperaturverhalten	bitter-neutral, bitter-warm, süß-neutral, süß-warm
Zubereitungsart	gekocht, gebraten
Feuchtigkeit ausleiten:	
Fisch	Karpfen, Barsch
Gemüse	Azukibohnen, Mais Ingwer, Knoblauch

<u>Milz nähren:</u>	Milz/Pankreas-Funktionskreis s. S. 75
<u>Nieren-Yang nähren:</u>	
Fisch	Garnelen, Aal
Fleisch	Hirsch, Lamm, Huhn
Früchte	Kirschen, Himbeeren
Gemüse	Fenchel
Getränke	Maishaartee
Getreide	Hirse, Mais, Hafer
Gewürze	Gewürznelken, Zimt, Rosmarin, Fenchel
Nüsse und Samen	Esskastanien, Walnüsse, schwarzer Sesam

Zunächst vermehrt Flüssigkeit ausscheiden, z. B. Maishaartee, Azukibohnen, vermehrt Sojamilchprodukte, danach Milz und Nieren stärken, z. B. mit wärmenden Speisen, Hirsemüsli mit Rosinen und Zimt, pikante Reisgerichte, pikante Fleischgerichte, Fencheltee

Bakterielle Zystitis

Feuchte Hitze in der Blase

Symptome: häufiger Harndrang mit Brennen beim Wasserlassen, dunkelgelber trüber Harn, Hämaturie, Fieber, Durst.

Zunge: rot, dicker gelb-klebriger Belag.

Puls: schnell, gleitend.

Ursachen: durch Exposition von äußerer, nasser Hitze oder Nässe-Kälte, die sich in Hitze umwandelt, starke emotionale Belastung, geschwächte Abwehrkraft.

Therapie

Kühlung der Hitze
Ausleitung der Feuchtigkeit
Öffnung der Wasserwege des Unteren Erwärmers

激 • Ren3 • MP9 • MP6 • Bl39 • Bl66

Kombination mit Schulmedizin!

Zu vermeiden: Nahrungsmittel mit warmem und heißem Temperaturverhalten (z. B. scharfe Gewürze, Alkohol), Feuchtigkeit und Hitze produzierende Nahrungsmittel (Übermaß an Süßigkeiten, fette und thermisch heiße Nahrungsmittel, z. B. Chips, Pommes frites, Cola, Junk-Food).

Zu empfehlen: Nahrungsmittel, die Hitze kühlen und Feuchtigkeit ausleiten, ggf. Milz nähren und Nieren-Qi stärken.

Funktionskreisbezug	Nieren, Blase, Milz
Geschmack/energetisches Temperaturverhalten	salzig-neutral, salzig-kühl, bitter-neutral, bitter-kühl, ggf. kurzfristig bitter-kalt, süß-neutral, süß-kühl
<u>Feuchte Hitze ausleiten:</u>	
Gemüse	Azukibohnen, Gurke, Mungbohnensprossen, Rettich, Tomate, Stangensellerie
Getränke	Löwenzahntee, Maishaartee
Getreide	Amarant, Gerste
Nüsse und Samen	Hiobstränensamen Sojamilchprodukte

Milz nähren:

Zurückhaltend mit süß-warm, besser süß-neutral (da sonst erneut Feuchtigkeit entsteht)

Nieren-Qi nähren:

Früchte	Kirschen, Himbeeren
Gemüse	Fenchel
Getreide	Hafer, Mais, Hirse
Gewürze	Zimt, Honig, Rosmarin
Nüsse und Samen	Kastanien, Pistazien, Walnüsse

Hitze kühlen:

Gemüse	Bambussprossen, Mungbohnen
Getränke	grüner Tee

Maishaartee, Löwenzahntee, frischer Rettich- oder Stangenselleriesaft

Inkontinenz, Enuresis, häufige Miktion

Nieren-Qi/Yang-Mangel

Nach TCM:
Mangel des Nieren-Yang bzw. nicht festes Nieren-Qi, durch schwache Konstitution, hohes Alter oder ein Übermaß an sexueller Betätigung. Bei Kindern ist neben der Konstitution häufig »Angst« ein ursächlicher Faktor, der die Nieren schwächt.
Gute Therapieerfolge wurden durch Kombination von Ernährung, Akupunktur und Kräutern erreicht.

Symptome: Harntröpfeln, Einnässen, Enuresis nocturna bei Kindern, häufig blasser Urin, Nykturie, allgemeine Schwäche, Erschöpfung, Schmerzen in Rücken und Knien, Schwindel, Sexualstörung, psychovegetative Störung, bei Yang-Mangel Kältegefühl.

Zunge: blass, feucht.

Puls: schwach, tief.

Ursachen: schwache Konstitution, hohes Alter, übermäßige sexuelle Aktivität, starke emotionale Belastung, insbesondere Schreck und Angst schwächen plötzlich oder dauerhaft die Nieren.

Therapie

Stärkung und Wärmung der Nieren

激 • Ni7 • Ni3 • Bl23 + Moxa • Du4 + Moxa • Ren6 + Moxa • He7 • Du20

Zu vermeiden: Nahrungsmittel mit kühlem und kaltem Temperaturverhalten (z. B. Rohkost, Fruchtsäfte, Milchprodukte).

Zu empfehlen: Nahrungsmittel, die Nieren-Qi und -Yang stärken.

Funktionskreisbezug	Niere
Geschmack/energetisches Temperaturverhalten	süß-warm, süß-neutral, ggf. süß-heiß (kurzfristig)
Zubereitungsart	gekocht, gebraten, gegrillt
Fleisch	Hirsch, Huhn, Lamm
Früchte	Himbeeren, Rosinen, Kirschen
Gemüse	Fenchel, Lauch
Getreide	Hafer, Mais, Hirse
Gewürze	Sternanis, Zimt, Rosmarin
Nüsse und Samen	Esskastanien, Walnusskerne, schwarzer Sesam

In Alkohol gebratene Garnelen mit pikanten Gewürzen und chinesischem Lauch, gebratene Walnüsse mit Lauch

Frischer Haferbrei
mit Rosinen und Zimt, tägl. 3–4 Walnusskerne, vermehrt pikante Fleischgerichte, z. B. Hirsch, Lamm, Huhn mit pikanten Gewürzen, Kraftbrühe und Eintöpfe mit wärmenden Fleischsorten und pikanten Gewürzen, Fencheltee

Impotenz, Libido-Schwäche
Nieren-Yang-Mangel

Nach TCM:
Häufig Nieren-Yang-Mangel mit Versiegen des Nieren-Feuers Ming Men = »Tor der Vitalität«. Nach der TCM sollte die Essenz/Jing geschont werden. Der Erhalt der Samenflüssigkeit (Essenz/Jing) hat einen gesundheitserhaltenden und lebensverlängernden Wert. Unnötiger Samenverlust und sexuelle Ausschweifung schwächen Nieren-Yang und -Yin.

Symptome: keine oder nur schwache Sekunden andauernde Erektionen, Spermatorrhö, häufige Miktion, allgemeine Erschöpfung, Rücken- und Knieschmerzen, Tinnitus, Schwindel, verschwommenes Sehen, fahle Blässe.
Zunge: blass, Belag weiß, feucht.
Puls: tief, schwach.

Ursachen: konstitutionelle Schwäche, Überarbeitung, ausschweifendes Sexualleben, emotionaler Stress und Angst, Fehlernährung (unregelmäßige Nahrungsaufnahme, Nahrung mit zu kaltem und kühlem Temperaturverhalten).

Therapie

Stärkung und Wärmung des Nieren-Yang
Unterstützung der Essenz/des Jing

激 • Du4 + Moxa • Ni3 • Ni7 + Moxa • Bl23 + Moxa • Ren4 + Moxa • Ma36 • Du20

Zu vermeiden: rohe und thermisch kühle und kalte Nahrungsmittel (Früchte, Salate, Rohkost), Übermaß an Milchprodukten, Zucker, Übermaß an Kaffee, Alkohol, Übermaß an scharfen Gewürzen (schwächt bei dauerhafter Anwendung Nieren-Yang und -Yin).

Zu empfehlen:
Nahrungsmittel, die Nieren-Qi und -Yang nähren und wärmen.

Funktionskreisbezug	Niere
Geschmack/energetisches Temperaturverhalten	süß-warm, süß-heiß, süß-neutral, scharf-warm, scharf-heiß (nur kurzfristig)
Zubereitungsart	gekocht, gegrillt, gebraten
Fleisch	Hirsch, Huhn, Lamm, Ziege, Ente
Fisch	Aal, Shrimps, Austern, Muscheln
Früchte	Rosinen, Kirschen, Himbeeren
Gemüse	Fenchel, Lauch
Getreide	Hafer, Mais
Gewürze	Rosmarin, Sternanis, Zimt, Knoblauch, Ingwer

Nüsse und Samen	Esskastanien, Pistazien, schwarzer Sesam, Walnüsse, Linsen

- ***Shrimps*** gebraten mit Alkohol und pikanten Gewürzen, z. B. Knoblauch.
- Pikant angebratene oder gegrillte Wildfleischprodukte, insbesondere Hirschfleisch, Lamm fleisch, Huhn.
- Lang gekochte Eintöpfe mit aufbauenden Fleischsorten (Meistersuppe).
- Vermehrte Anwendung scharfer Gewürze, z. B. Knoblauch, Zimt, Chili, Ingwer, im Winter geröstete Esskastanien, geröstete Walnüsse.
- Frischer Haferbrei mit Zimt und Rosinen.

Gynäkologische Erkrankungen

Schwangerschaftsübelkeit und Erbrechen

Nach TCM:
Schwäche oder Disharmonie des Mittleren Erwärmers.
Sehr gute Erfolge werden häufig allein durch diätetische Maßnahmen und Akupunktur (Pe6), in schweren Fällen in Kombination mit Kräutern erzielt.

Anwendung der Akupunktur und Kräuter nur bei sehr guter Kenntnis, da einige Akupunkturpunkte während der Schwangerschaft kontraindiziert (wirken wehenverstärkend, können pathologische Verläufe verstärken und zur Frühgeburt führen). Bei rezidivierendem Erbrechen ausreichend Flüssigkeitszufuhr sichern, ggf. mit Infusionstherapie durch Schulmedizin ergänzen.

Schwangerschaftserbrechen
Magen- und Milz-Qi-Mangel
Magen- und Milz-Yang-Mangel

Symptome: Erbrechen von wässrigen Flüssigkeiten, zum Teil mit unverdauten Nahrungsresten nach den Mahlzeiten, Appetitverlust, Müdigkeit, Palpitation.
Zunge: blass, feucht, weißer Belag.
Puls: langsam, schlüpfrig.

Ursachen: Schwäche und Disharmonie des Mittleren Erwärmers mit aufsteigendem Magen-Qi, zum Teil durch Fehlernährung (Übermaß an Nahrungsmitteln mit kaltem Temperaturverhalten), Überlastung.

Therapie

Stärkung von Milz und Magen
Absenkung des gegenläufigen Qi

激 Nur bei guten Kenntnissen:
- Pe6 (wichtigster Punkt)
- Ma36 • Ren12 • Du20
- MP4 • Ren13

Zu vermeiden: rohe und thermisch kühle und kalte Nahrungsmittel (Salate, Obst, Fruchtsäfte), Übermaß an Milchprodukten, Übermaß an zu scharfen Gewürzen.

Zu empfehlen: Nahrungsmittel, die Milz und Magen stärken und das Qi herabführen.

Funktionskreisbezug	Milz, Magen
Geschmack/energetisches Temperaturverhalten	süß-warm, süß-neutral
Zubereitungsart	gedünstet, gekocht
Früchte	Datteln, Rosinen
Gemüse	Fenchel, Möhren, Süßkartoffeln
Getreide	Hirse, Reis
Gewürze	frisch geriebener Ingwer, Malz

Tipp **Täglich morgens 1 Messerspitze frisch geriebenen Ingwer 1–2 Wochen! Oder daumengroßes Stück frischen Ingwer in 1 halben Liter Wasser 20 min. köcheln, warm trinken.**

Reis- und Hirsegerichte, ggf. mit leicht pikanten Gewürzen, Fencheltee, Möhreneintopf, Kraftbrühe aus Rindfleisch und Möhren, Hühnersuppe, Hirsemüsli

Nahrungsmittel, die aus Sicht der TCM in der Schwangerschaft gemieden werden sollten:

Scharf-heiße Nahrungsmittel (führen zu Hitze und Unruhe im Blut und stören den Fötus). Chili, Knoblauch, Zimt, Lamm, Kaffee (trocknet und erhitzt das Blut), Übermaß an schwarzem und grünem Tee, Rotwein (trocknet das Blut), weiterhin gemieden werden sollten: Krebs (erhitzt zu stark das Blut), Zitrusfrüchte.

– *Leber attackiert den Magen*

Symptome: Erbrechen von bitterer, saurer Flüssigkeit, saures Aufstoßen, bitterer Mundgeschmack, starker Durst, Spannungsgefühl im Thorax und Hypochondrium, Kopfschmerzen, Schwindel, Gereiztheit.

Zunge: blass, gerötete Ränder, dünner Belag gelb oder weiß.

Puls: schlüpfrig.

Ursachen: Stagnation und Hitze in der Leber durch emotionale Spannungen, Fehlernährung (zu scharfe und heiße Nahrungsmittel) führen zu Völle-Hitze in der Leber und attackieren den Magen.

Therapie

Besänftigung der Leber

Stärkung und Harmonisierung des Magens

Absenken des gegenläufigen Qi

激 Nur bei guter Kenntnis:
• Pe6 • Ma36 • Ren12 • Le3

Kann die Wehen fördern, nur bei eindeutiger Indikation!

Zu empfehlen: Nahrungsmittel, die Leber-Hitze kühlen und die Leber besänftigen, Milz- und Magen-Qi harmonisieren und nähren.

Funktionskreisbezug	Leber, Milz, Magen
Geschmack/ energetisches Temperaturverhalten	Leber-Hitze kühlen: sauer-kühl, süß-kühl, Magen und Milz harmonisieren: süß-kühl, süß-neutral
Zubereitungsart	gekocht, gedünstet
Leber-Hitze kühlen:	
Früchte	Apfel, Erdbeeren
Gemüse	Auberginen, Mungbohnen
Getreide	Perlgerste, Weizen
Getränke	schwarzer Tee, grüner Tee
Aufsteigendes Qi der Leber beruhigen:	
Fisch	Austern
Gemüse	Spinat, Stangensellerie, Tomate
Getränke	grüner Tee

Magen und Milz harmonisieren und stärken:

Gemüse	Möhren, Süßkartoffeln
Getreide	Mais, Reis, Hirse
Gewürze	Honig
Milchprodukte	Kuhmilch
Nüsse und Samen	Mandeln

Bei aufsteigendem Magen-Qi und Magen-Hitze:

Früchte	Bananen, Kiwis, Wassermelone
Gemüse	Bambussprossen, Löwenzahn, Wasserkastanie
Getränke	grüner Tee

Literatur

Burgerstein, U. et al.: Handbuch Nährstoffe. Haug, Heidelberg 2000

Carper, J.: Nahrung ist die beste Medizin. Econ, Düsseldorf 1990

Chang, C.-L., Cao, Q.-R., Li, B.-Z.: Vegetable as Medicine. The Ram Skull Press, Kuranda 1989

Chang Po Tuan: Das Geheimnis des goldenen Elixiers. Barth, München 1986

Dai, Y.-F., Liu, C.-J.: Fruit as Medicine. The Ram Skull Press, Kuranda 1986

Engelhardt, U., Hempen, C. H.: Chinesische Diätetik. Urban & Schwarzenberg, München 1997

Enquin, Z. et al: Chinese Medicated Diet. Publishing House of Shanghai College, Shanghai 1988

Flaws, B.: The Book of Jook. Blue Poppy Press, Boulder 1995

Flaws, B.: Chinese Medicinal Wines & Elixirs. Blue Poppy Press, Boulder 1994

Flaws, B., Wolfe, H. L.: Das Yin und Yang der Ernährung. Heyne, München 1996

Flaws, B., Wolfe, H.: Prince Wen Hui's Cook. Paradigm, Brookline/MA 1983

Flaws, B.: Chinesische Heilkunde für Kinder. Joy, Sulzberg 1998

Haas, E.: Staying healthy with the seasons. Celestial Arts, California 1981

Hecker, U. et al: Taschenlehrbuch der Akupunktur. Hippokrates, Stuttgart 1999

Hoffmann, M.: Vom Lebendigen in Lebensmitteln. Deuklaion, Holm 1997

Huangdi neijing (»Innerer Klassiker des gelben Fürsten«), Beijing 1986

Jing-feng, C.: Eating your Way to Health. Foreign Languages Press, Beijing 1988

Jinglun, H. et al.: Medicated diet of traditional chinese medicine. Beijing Science and Technology Press, Beijing 1984

Kaptchuk, T.: Das große Buch der Chinesischen Medizin. Barth, München 1983

Kasper, H.: Ernährungsmedizin und Diätetik. Urban & Fischer, München 2000

Kirschbaum, B.: Atlas und Lehrbuch der Chinesischen Zungendiagnostik. Bd1, VGM Wühr, Kötzting 1998

Kollath, W.: Die Ordnung unserer Nahrung. 16. A., Haug, Heidelberg 1998

König, G., Wancura, I.: Praxis und Theorie der Neuen Chinesischen Akupunktur. Band 1, Maudrich, Wien 1995

König, G., Wancura. I.: Praxis und Theorie der Neuen Chinesischen Akupunktur. Band 2, Maudrich, Wien 1994

Kubny, M.: Qi – Lebenskraftkonzepte in China. Haug, Heidelberg 1995

Liu, J., Peck, G. (eds.): Chinese Dietary Therapy. Churchill Livingstone, Edinburgh 1995

Lorenzen, U., Noll, A.: Die Wandlungsphase der Traditionellen Chinesischen Medizin. Band 1: Die Wandlungsphase Holz. Müller & Steinicke, München 1992

Lorenzen, U., Noll, A.: Die Wandlungsphase der Traditionellen Chinesischen Medizin. Band 3: Die Wandlungsphase Erde. Müller & Steinicke, München 1996

Lu, H. C.: Chinese Foods for Longevity. Sterling, New York 1990

Lu, H.C.: Chinese System of Food Cures. Sterling, New York 1986

Maciocia, G.: The Foundation of Chinese Medicine. Harcourt, London 1994

Maciocia, G.: The Practice of Chinese Medicine. Churchill Livingstone, London 1994

Nan Jing Jiao Shi (»Klassiker der Schwierigkeiten«); Classic of Difficulties, ed. by Nanjing College of Traditional Chinese Medicine. Reprint/Revised edition, Peoples Health Publishing House, Beijing 1979

Nghi, N. van: Pathologie und Pathogenese der Energetik in der chinesischen Medizin. ML-Verlag, Uelzen 1974

O'Connor, J., Bensky, D.: Acupuncture – A Comprehensive Text. Eastland Press, Seattle 1981

Ots, T.: Medizin und Heilung in China. Reimer, Berlin 1987

Peng Mingquan: Zhongguo Yaoshan xue (»Die Lehre der Chinesischen Diätetik«), Chengdu 1985

Pitchford, P. : Healing with Whole Food. North Atlantic Books, Berkeley 1993

Pollmer, U. et al.: Prost Mahlzeit! Krank durch gesunde Ernährung. Kiepenheuer & Witsch, Köln 1994

Pothmann, R., Meng, A. C.: Akupunktur in der Kinderheilkunde. Hippokrates, Stuttgart 1996

Pothmann, R. (Hrsg.): Sanfte Verfahren in der Akupunktur. Hippokrates, Stuttgart 2000

Porkert, M.: Lehrbuch der chinesischen Diagnostik. Haug, Heidelberg 1976

Porkert, M.: Die chinesische Medizin. Econ, Düsseldorf 1972

Quintessenz der Chinesischen Akupunktur und Moxibustion. Lehrbuch der chinesischen Hochschulen für Traditionelle Chinesische Medizin, VGM Wühr, Kötzting 1988

Ross, J.: Akupunktur-Punktkombinationen. ML-Verlag, Uelzen 1998

Schmiedel, V. et al.: Ganzheitliche Diätetik. Aescura, München 1998

Schnorrenberger, C.: Lehrbuch der chinesischen Medizin für westliche Ärzte. 3. A., Hippokrates, Stuttgart 1985

Schnorrenberger, C.: Stechen und Brennen. Hippokrates, Stuttgart 1976

Shen Jialin et al: Zhonguo shiliao xue (»Chinesische Diätetik«), Shanghai 1987

Shi Dianhang: Zhongyi shiliao yingyang xue (»Ernährungslehre und Diätetik der traditionellen chinesischen Medizin«), Beijing 1988

Sun Simo (auch: Simiao): Qianjin fang (»Rezepturen, die tausend Goldstücke wert sind«), Beijing 1955, Reprint 1992

Temelie, Barbara: Ernährung nach den Fünf Elementen. Joy, Sulzberg 1992

Unschuld, P.U.: Medizin in China. Beck, München 1980

Unschuld, P.U.: Medizin und Ethik. Steiner, Wiesbaden 1975

Vithoulkas, G.: Medizin der Zukunft. Wenderoth, Kassel 1994

Yang Ji-Zhou, Compendium of Acupuncture (Zhen Jiu Da Cheng). Reprint. Peoples Health Publishing House, Beijing 1980

Yang Shou-Zhong, Ki Jian-yong: Li Dongyuan's Treatise on the Spleen & Stomach. Blue Poppy Press, Boulder 1993

Zhang Zhongjing (Shang Han Lun, »Abhandlung über fieberhafte, durch Kälte verursachte Krankheiten«), Discussion on Cold-induced Diseases. Reprint ed. by Nanijing College of Traditional Chinese Medicine, Shanghanlun Research Group Shanghai Scientific Publishing House, Shanghai 1980

Zhufan, X., Jiazhen, L.: Traditionelle Chinesische Innere Medizin. VGM Wühr, Kötzting 1996

Nützliche Adressen

Traditionelle Chinesische Medizin, Ernährungsberatung & Behandlung
Jörg Kastner, Arzt
Schulstraße 19 e
82234 Wessling (b. München)
Telefon: (0 81 53) 20 33
Fax: (0 81 53) 38 99

Seminare mit Jörg Kastner:
Academie für Akupunktur und TCM (afat)
Seminarorganisation:
Mag. Phil. Ulrike Maria Bron
Telefon: (0 81 53) 20 33
Fax: (0 81 53) 38 99
Homepage: http://www.afat.de
E-Mail: info@afat.de

Ärztekammer Westfalen-Lippe Akademie für ärztliche Fortbildung
Leitung der Akupunkturausbildung:
Jörg Kastner
Organisation: Frau Ursula Bertram
Gartenstraße 210–214
48147 Münster
Telefon: (02 51) 929-2401/2405
Fax: (02 51) 929-2449

Ärztekammer Schleswig Holstein
Akademie für medizinische Fort- und Weiterbildung
Leitung der Akupunkturausbildung:
Dr. med. Hans-Ulrich Hecker
Bismarckallee 8–12
23795 Bad Segeberg
Telefon: (0 45 51) 8 03-145
Fax: (0 45 51) 8 03-194

Weitere Adressen

Deutsche Ärztegesellschaft für Akupunktur e. V. (DÄGfA)
Geschäftsstelle
Raglovichstraße 14
80637 München
Telefon: (0 89) 15 96-888
Fax: (0 89) 15 96-255

Deutsche Akademie für Akupunktur und Aurikilomedizin e.V.
Feinhalsstraße 8
81247 München
Telefon: (0 89) 8 91 53 10
Fax: (0 89) 8 91 53 11

Deutsche Akupunktur Gesellschaft Düsseldorf
(Leitung: Dr. Stux)
Golsteinstraße 26
40211 Düsseldorf
Telefon: (02 11) 36 90 99
Fax: (02 11) 36 06 57

Forschungsgruppe Akupunktur und Traditionelle Chinesische Medizin e.V./FATCM
(Dr. med. A. Molsberger)
Postfach 13 33
85563 Grafing
Telefon: (0 80 92) 8 47 34
Fax: (0 80 92) 8 47 39

Societas medicinae Sinensis (SMS)
Internationale Gesellschaft für Chinesische Medizin e.V.
Franz-Joseph-Straße 38
80801 München
Telefon: (0 89) 33 56 74
Fax: (0 89) 33 73 52

Universität Witten-Herdecke, Fakultät für Medizin, Studiengang TCM
Alfred-Herrhauser-Straße 50
58448 Witten
Telefon: (02 02) 8 96-2326
Fax: (0 23 39) 49 55

Abrechnungshinweise

Der Zeitaufwand für eine Ernährungsberatung ist abhängig von der Diagnose und Zielsetzung der Ernährungstherapie und schwankend von 5–10 Minuten bis zu einer Dauer von über 1 Stunde bei ausführlicher Anamnese mit Therapievorschlägen.

Die Gebühren orientieren sich an den GOÄ Beratungs- und Untersuchungs-Ziffern bzw. sind analog einzusetzen.
Abhängig vom Zeitaufwand können für Anamnese, Diagnostik, Beratung, schriftlicher individueller Diätplan zwischen 80,– bis 190,– € liquidiert werden.

GOÄ-Ziffer	Punkte	X 1,0	X 2,3	X 3,5
1 Leistung	80 Beratung – auch mittels Fernsprecher	€ 4,66	€ 10,72	€ 16,32
8 Leistung	260 Ganzkörperstatus	€ 15,16	€ 34,86	€ 53,04
15 Leistung	300 Einleitung und Koordinieren der therapeutischen und sozialen Maßnahmen	€ 17,49	€ 40,22	€ 61,20
20 Leistung	120 Beratungsgespräch in Gruppen 4–12 Teilnehmer (50 min. Dauer) (beachte ausführliche GOÄ)	€ 7,00	€ 16,09	€ 24,48
30	920 Analog der homöopathischen Erstanamnese u. Therapieplanung nach den Kriterien der TCM (60 min Dauer)	€ 52,46	€ 120,66	€ 183,61
31	450 Analog der homöopathischen Folgeanamnese	€ 26,23	€ 60,33	€ 91,80
76	70 schriftlicher Diätplan	€ 4,08	€ 9,38	€ 14,28
77 Leistung	150 Schriftlich individuelle Planung einer Kur mit diätetischen Maßnahmen (beachte ausführliche GOÄ)	€ 8,74	€ 20,11	€ 30,60
831 Leistung	80 Vegetative Funktionsdiagnostik	€ 4,66	€ 10,73	€ 16,32
A 33	Strukt. Ernährg.-Beratung Schulung einer Einzelperson	€ 17,49	€ 40,22	€ 61,20
A 804	Ausführliche naturheilk. Beratung	€ 8,74	€ 20,11	€ 30,60
A 806	Ausführliche Ernährungs-Diätberatung	€ 14,57	€ 33,52	€ 51,00
A 817	Ausführliche ganzheitl. Beratung	€ 10,49	€ 24,13	€ 36,72

Für den eiligen Leser

Nahrungsmittel nach Wandlungsphase/Funktionskreis geordnet

土 Wandlungsphase Erde
Funktionskreis Milz/Pankreas, Magen

Nahrungsmittel	Temperatur-verhalten	Geschmack	Wirkung
Gemüse			
Aubergine	kühlend	bitter, leicht süß	Leber-Hitze kühlend
Champignons	kühlend	süß	Blut und Hitze kühlend
Chinakohl	neutral bis kühlend	süß	Hitze kühlend, diuretisch
Fenchel	wärmend	süß, scharf	Qi regulierend, Mittleren Erwärmer harmonisierend
Gurke	kalt	süß, leicht bitter	Hitze kühlend, diuretisch
Karotte	neutral	süß	Mittleren Erwärmer nährend
Kohl grün	neutral bis wärmend	scharf, süß	Milz, Magen regulierend
Kohl rot	neutral bis wärmend	scharf, süß	Milz, Magen, Blut regulierend
Kopfsalat	kühlend bis kalt	süß, leicht bitter	Hitze kühlend
Kürbis	neutral bis wärmend	süß	Mittleren Erwärmer nährend, Qi stärkend
Pastinake	neutral bis wärmend	süß, bitter, scharf	Magen, Darm, Lunge regulierend
Peperoni	wärmend	süß, leicht scharf, bitter	Qi und Blut bewegend
Rote Bete	neutral	süß, leicht bitter	Milz, Magen-Qi regulierend
Schwarzwurzel	kühlend	süß, leicht bitter	Blut regulierend und kühlend
Sellerie	kühlend	süß, leicht bitter	Leber, Magen-Hitze kühlend
Süßkartoffel	neutral bis wärmend	süß	Mittleren Erwärmer stärkend, Qi und Blut tonisierend
Tomaten	kühlend bis kalt	süß, sauer	Leber-Yin stützend
Zucchini	kühlend	süß, bitter	Magen-, Leber-Hitze kühlend
Zwiebel	wärmend	scharf, süß	Qi bewegend

Nahrungsmittel	Temperatur-verhalten	Geschmack	Wirkung
Hülsenfrüchte			
Bohnen schwarz	neutral	süß	Milz, Nieren tonisierend
Bohnen weiß	neutral bis kühl	süß	Milz tonisierend
Erbsen gelb	neutral	süß	Milz tonisierend
Erbsen grün	neutral bis leicht kühl	süß	Milz tonisierend
Erdnüsse	neutral	süß	Lungen befeuchtend
Gemüsebohnen	neutral	süß	Qi und Blut tonisierend
Kichererbsen	neutral	süß	Qi und Milz, Nieren stärkend
Linsen	neutral	süß	Qi und Blut tonisierend
Linsen rot	neutral bis wärmend	süß	Qi von Nieren und Herz tonisierend
Saubohnen	neutral	süß	Milz tonisierend, Nässe ausleitend
Sojabohnen grün	neutral bis kalt	süß	Hitze ausleitend
Sojabohnen schwarz	neutral	süß	Milz, Nieren tonisierend
Sojasprossen	neutral	süß	feuchte Hitze ausleitend
Tofu	neutral bis kühl	süß	Hitze ausleitend
Zuckerschoten	neutral	süß	Qi und Blut tonisierend
Früchte			
Ananas	kühlend bis neutral	süß, sauer	Verdauung aktivierend
Aprikose	neutral bis wärmend	süß, sauer	Körperflüssigkeiten tonisierend
Banane	kalt	süß	Dickdarm befeuchtend
Birne	neutral bis kühlend	süß, leicht sauer	Magen-Hitze kühlend, befeuchtend
Dattel	neutral	süß	Blut und Körperflüssigkeiten tonisierend
Feige frisch	neutral bis wärmend	süß	Mittleren Erwärmer stärkend, befeuchtend

Nahrungsmittel	Temperatur-verhalten	Geschmack	Wirkung
Holunder	kühlend bis neutral	bitter, süß	Darm regulierend
Johannisbeere	kühlend	süß, sauer	adstringierend Körperflüssigkeiten und Blut bildend
Kirsche	wärmend	süß	Blut nährend
Mandarine	kühlend	süß, sauer	Hitze kühlend, Körperflüssigkeiten tonisierend
Melone	kühlend	süß	Hitze kühlend
Orange	kühlend bis kalt	süß, sauer	Körperflüssigkeiten tonisierend
Pfirsich	neutral bis wärmend	süß, sauer	Körperflüssigkeiten tonisierend
Preiselbeere	kühlend bis neutral	süß, sauer	appetitsteigernd
Quitte	neutral bis kühlend	leicht bitter	Darm tonisierend
Wassermelone	kalt	süß	Hitze kühlend
Weintraube	neutral bis wärmend	süß	Blut und Qi tonisierend
Getreide			
Buchweizen	kühlend	süß, leicht bitter	Milz stärkend
Dinkel	neutral bis wärmend	süß	Milz-Qi tonisierend
Gerste	kühlend	süß, leicht salzig	Hitze, Feuchtigkeit ausleitend
Hafer	neutral bis wärmend	süß, leicht bitter	Qi und Blut tonisierend
Hirse	neutral bis kühlend	süß, leicht bitter	Qi tonisierend und Hitze kühlend
Mais	neutral bis wärmend	süß	Qi und Blut tonisierend
Reis	neutral bis wärmend	süß	Qi tonisierend, Mittleren Erwärmer stärkend
Roggen	neutral bis wärmend	süß, leicht bitter	Qi stärkend und nährend
Weizen	kühlend	süß	Qi, Blut und Yin tonisierend

Nahrungsmittel	Temperatur-verhalten	Geschmack	Wirkung
Öle, Fette			
Erdnussbutter	neutral	süß, fett	befeuchtend
Erdnussöl	neutral	süß, fett	befeuchtend
Margarine	neutral	süß, fett	befeuchtend
Olivenöl	kühlend	süß, fett	befeuchtend
Schweineschmalz	neutral bis kühlend	süß, fett	befeuchtend
Sesamöl	neutral bis kühlend	süß, fett	befeuchtend, Haut und Darm
Sojaöl	neutral bis wärmend	süß, fett	befeuchtend, abführend
Sonnenblumenöl	neutral bis kühlend	süß, fett	befeuchtend, Yin tonisierend
Milchprodukte			
Butter	neutral bis kühl	süß, fett	Qi, Blut tonisierend, befeuchtend
Buttermilch	kühlend	süß	befeuchtend, Hitze kühlend
Frischkäse	kühlend	süß	befeuchtend, Hitze kühlend
Joghurt	kühlend bis kalt	süß, sauer	Yin tonisierend, Darm kühlend
Käse aus Kuhmilch	neutral	scharf, salzig	befeuchtend
Käse aus Schafsmilch	wärmend	scharf, salzig, süß	Mittleren Erwärmer wärmend
Käse aus Ziegenmilch	wärmend	scharf, salzig	Mittleren Erwärmer wärmend
Kuhmilch	neutral bis kühlend	süß	befeuchtend, kühlend
Quark	kühlend bis kalt	süß, leicht sauer	befeuchtend
Rahm	neutral	süß, fett	Qi, Blut tonisierend, befeuchtend
Sauerrahm	neutral bis kühl	sauer, süß	Yin tonisierend
Schaf-/Ziegenmilch	neutral bis wärmend	süß	befeuchtend, erwärmend

Nahrungsmittel	Temperatur-verhalten	Geschmack	Wirkung
Nüsse, Kerne			
Erdnüsse	neutral bis wärmend	süß, fett	Lungen befeuchtend
Kokosnuss	kühlend	süß	Hitze ausleitend
Pistazien	neutral	süß, leicht bitter	Lungen, Haut befeuchtend
Sesam schwarz	neutral	süß, fett	Leber und Nieren stärkend
Sesam weiß	kühlend	süß, fett	Blut und Körperflüssigkeiten nährend
Fleisch			
Ente	neutral bis kühlend	süß, leicht salzig	Qi, Blut und Yin tonisierend
Gans	neutral	süß	Milz-Qi tonisierend
Hase (wild), Kaninchen	neutral bis kühlend	süß	Milz, Qi tonisierend
Huhn	wärmend	süß	Qi und Blut tonisierend
Hühnerei	neutral	süß	Blut und Yin tonisierend
Kalb	neutral	süß	Milz-Qi tonisierend
Rind	neutral	süß	Qi und Blut tonisierend
Schwein	kühlend	süß, fett	Blut und Yin tonisierend
Ziege	wärmend	süß	Milz u. Nieren-Yang tonisierend
Fische			
Aal	wärmend	süß, fett	Qi und Blut tonisierend
Barsch	neutral	süß, leicht salzig	Qi und Blut tonisierend
Forelle	neutral bis wärmend	süß	Mittleren Erwärmer harmonisierend
Krebs (Süßwasser)	kalt	süß	Yin tonisierend
Lachs	wärmend	süß, leicht salzig, fett	Qi und Blut tonisierend

Nahrungsmittel	Temperaturverhalten	Geschmack	Wirkung
Gewürze			
Anissamen	wärmend	scharf, süß	verdauungsfördernd
Chili	heiß	scharf	Kälte vertreibend
Curry	warm bis heiß	scharf, bitter	Verdauung anregend
Fenchelsamen	wärmend	scharf, süß	verdauungsfördernd
Honig	neutral	süß	Qi und Blut tonisierend
Kümmel	wärmend	scharf, süß	verdauungsfördernd
Paprika	mild wärmend	bitter, leicht süß	Verdauung anregend
Safran	neutral bis kühlend	süß, bitter, scharf	Leber, Milz regulierend
Vanille	wärmend	süß, mild	Verdauung anregend
Kräuter			
Kamille	neutral bis kühlend	leicht bitter, süß	Verdauung harmonisierend
Maisgriffel	kühlend	leicht süß	adstringierend, feuchte Hitze ausleitend
Süßholz	neutral	sehr süß, leicht bitter	Verdauung anregend, Mittleren Erwärmer tonisierend
Zwiebel	wärmend	scharf, süß	Schleim lösend
Getränke, Alkohol			
Bier	kühlend bis kalt	bitter, süß	Leber-Hitze kühlend
Likör	heiß	scharf, bitter süß	innere Kälte vertreibend
Honig	neutral	sehr süß	Qi aufbauend, befeuchtend

Wandlungsphase Metall
Funktionskreis Lunge – Dickdarm

Nahrungsmittel	Temperaturverhalten	Geschmack	Wirkung
Gemüse			
Blumenkohl	neutral bis kühl	süß, leicht bitter	Lungen, Magen-Hitze kühlend
Fenchel	wärmend	süß, scharf	Qi regulierend, Mittleren Erwärmer harmonisierend
Frühlingszwiebel	wärmend	scharf	Qi bewegend, Kälte vertreibend
Knoblauch	wärmend bis heiß	scharf	Qi bewegend, Schleim lösend
Kohlrabi	neutral	scharf, süß	Leber, Galle, Nieren tonisierend
Kresse	kühlend	scharf	Blut regulierend, Qi regulierend
Lauch	wärmend	scharf, süß	Qi bewegend, Mittleren Erwärmer wärmend
Peperoni	wärmend	süß, leicht scharf, bitter	Qi und Blut bewegend
Radieschen	kühlend	scharf	Blut-Hitze, Blutstagnationen lösend
Rettich (roh)	neutral bis kühl	scharf	Lungen, Magen Schleim lösend
Rucola	neutral bis kühlend	scharf, bitter	Appetit anregend
Spargel	kühlend	süß, bitter	Lungen, Nieren-Yin tonisierend, ausleitend
Zwiebel	wärmend	scharf, süß	Qi bewegend
Hülsenfrüchte			
Bohnen schwarz	neutral	süß	Milz, Nieren tonisierend

Nahrungsmittel	Temperaturverhalten	Geschmack	Wirkung
Öle, Fette			
Erdnussbutter	neutral	süß, fett	befeuchtend
Erdnussöl	neutral	süß, fett	befeuchtend
Nüsse, Kerne			
Erdnüsse	neutral bis wärmend	süß, fett	Lunge befeuchtend
Pistazien	neutral	süß, leicht bitter	Lunge, Haut befeuchtend
Fleisch			
Ente	neutral bis kühlend	süß, leicht salzig	Qi, Blut und Yin tonisierend
Gewürze			
Cayennepfeffer	heiß	sehr scharf	Kälte vertreibend
Curcuma (Gelbwurz)	wärmend	bitter, scharf	Schleim-Kälte trocknend
Ingwer	warm bis heiß	scharf, leicht süß	Schleim lösend
Kardamom	wärmend	scharf, leicht bitter	Verdauung anregend
Koriander	neutral bis kühlend	bitter, scharf	verdauungsfördernd
Kümmel	wärmend	scharf, süß	verdauungsfördernd
Muskatnuss	wärmend	scharf	adstringierend, feuchte Kälte vertreibend
Nelken	wärmend	bitter, leicht süß	feuchte Kälte vertreibend
Pfeffer grün (unreif)	wärmend	scharf	Yang tonisierend, Qi bewegend
Pfeffer weiß (vollreif)	warm bis heiß	sehr scharf	Yang tonisierend, Kälte vertreibend
Pfeffer schwarz (reif)	warm bis heiß	sehr scharf	Yang tonisierend, Kälte vertreibend
Zimtrinde	warm bis heiß	scharf	adstringierend, Kälte vertreibend

Nahrungsmittel	Temperatur-verhalten	Geschmack	Wirkung
Zimtzweige	wärmend	scharf, bitter	Verdauungsorgane stimulierend
Kräuter			
Basilikum	wärmend	scharf, bitter, leicht süß	Verdauung, Schleim lösend
Bohnenkraut	wärmend	scharf, bitter, leicht süß	Verdauung, Schleim lösend
Brunnenkresse	wärmend	scharf, leicht bitter	verdauungsfördernd
Fenchelsamen	wärmend	leicht scharf, süß	verdauungsfördernd
Knoblauch	wärmend bis heiß	scharf, leicht salzig	Schleim-Kälte ausleitend
Kresse	kühlend	scharf, leicht bitter	Verdauung anregend, Immunsystem
Meerrettich	wärmend, erhitzend	sehr scharf	Yang tonisierend
Salbei	wärmend	bitter, scharf	leicht Schleim-Kälte ausleitend
Thymian	wärmend	bitter, scharf	trocknend, Qi bewegend, Schleim lösend
Zwiebel	wärmend	scharf, süß	Schleim lösend
Alkohol			
Likör, Schnaps	heiß	scharf, bitter, süß	innere Kälte vertreibend

水 Wandlungsphase Wasser
Funktionskreis Niere – Blase

Nahrungsmittel	Temperaturverhalten	Geschmack	Wirkung
Gemüse			
Spargel	kühlend	süß, bitter	Lungen-Nieren-Yin tonisierend, diuretisch
Früchte			
Erdbeere	kühlend	süß, sauer	Körperflüssigkeiten und Blut bildend
Himbeere	kühlend	süß, sauer	mild abführend, diuretisch
Getreide			
Gerste	kühlend	süß, leicht salzig	Hitze ausleitend
Hirse	neutral	süß, leicht bitter	Qi tonisierend
Mais	neutral bis wärmend	süß	Qi und Blut tonisierend
Weizen	kühlend	süß	Qi, Blut und Yin tonisierend
Öle			
Walnussöl	wärmend	süß, fett	Nieren-Yang tonisierend
Nüsse, Kerne			
Esskastanien	wärmend	süß	Milz und Nieren stärkend
Sesam schwarz	neutral	süß, fett	Leber und Nieren stärkend
Sonnenblumenkerne	neutral	süß, fett	Yin nährend, befeuchtend
Walnüsse	wärmend	süß, bitter, fett	Nieren, Lungen stärken
Fleisch			
Fasan	wärmend	süß, leicht sauer	Mittleren Erwärmer tonisierend
Hirsch	wärmend	süß	Qi, Blut und Yang tonisierend

Nahrungsmittel	Temperatur-verhalten	Geschmack	Wirkung
Lamm	wärmend bis heiß	süß, leicht bitter	Milz-Nieren-Yang tonisierend
Reh	neutral bis wärmend	süß	Qi und Blut tonisierend
Schwein	kühlend	süß, fett	Blut und Yin tonisierend
Wildschwein	neutral bis wärmend	süß	Qi und Yang tonisierend
Ziege	wärmend	süß	Milz- und Nieren-Yang tonisierend
Fische			
Aal	wärmend	süß, fett	Qi und Blut tonisierend
Austern	neutral bis kühlend	süß, salzig	Leber, Nieren, Blut und Yin tonisierend
Barsch	neutral	süß, leicht salzig	Qi und Blut tonisierend
Forelle	neutral bis wärmend	süß	Mittleren Erwärmer tonisierend
Garnelen	wärmend	süß, leicht salzig	Nieren-Qi und -Yang tonisierend
Hummer	neutral bis wärmend	süß, leicht salzig	Nieren-Qi und -Yang tonisierend
Kaviar	kalt	salzig	Nieren-Yin tonisierend
Krabbe	kalt	süß, leicht salzig	Yin tonisierend
Krebs (Süßwasser)	kalt	süß	Yin tonisierend
Lachs	wärmend	süß, leicht salzig, fett	Qi und Blut tonisierend
Meeresschnecke	neutral	süß, salzig	Leber-, Nieren-Yin tonisierend
Miesmuschel	wärmend	salzig	Leber-, Nieren-Qi und -Yang tonisierend
Sardinen	neutral	süß, leicht salzig	Qi und Blut tonisierend
Thunfisch	neutral bis wärmend	süß, leicht salzig	Qi und Blut tonisierend
Tintenfisch	neutral bis kühlend	süß, salzig	Qi, Blut und Yin tonisierend

Nahrungsmittel	Temperatur-verhalten	Geschmack	Wirkung
Gewürze			
Algen	kühlend bis kalt	salzig, leicht süß	Blut-Hitze kühlend
Miso	neutral bis kühlend	salzig, leicht sauer	Verdauung harmonisierend
Salz	kühlend bis kalt	salzig aufweichend	
Getränke			
Mineralwasser	neutral, kühlend bis kalt	salzig, fad	Yin tonisierend

木 Wandlungsphase Holz
Funktionskreis Leber – Gallenblase

Nahrungsmittel	Temperatur-verhalten	Geschmack	Wirkung
Gemüse			
Artischocke	kühlend	bitter, leicht süß	Leber-Hitze kühlend
Aubergine	kühlend	süß, leicht bitter	Blut und Hitze kühlend
Sauerkraut	kühlend	sauer	aus Magen, Darm Hitze ausleitend
Spinat	kühlend	süß, leicht bitter	Leber und Blut kühlend
Tomaten	kühlend bis kalt	süß, sauer	Leber-Yin stützend
Früchte			
Ananas	kühlend bis neutral	sauer, süß	Verdauung aktivierend
Apfel	neutral bis kühlend	leicht sauer, süß	Durchfall behebend
Aprikose	neutral bis wärmend	sauer, süß	Körperflüssigkeiten tonisierend
Erdbeere	kühlend	sauer, süß	Körperflüssigkeiten und Blut bildend
Grapefruit	kühlend bis kalt	sauer	Durst stillend, Qi absenkend
Heidelbeere	kühlend	sauer	adstringierend, Durchfall hemmend
Himbeere	kühlend	sauer, süß	mild abführend, diuretisch
Johannisbeere	kühlend	sauer	adstringierend, Körperflüssigkeiten und Blut bildend
Kiwi	kalt	sauer, süß	Hitze kühlend
Mandarine	kühlend	sauer	Körperflüssigkeiten tonisierend
Mango	kühlend	sauer, süß	Körperflüssigkeiten und Blut bildend
Orange	kühlend bis kalt	sauer	Körperflüssigkeiten tonisierend

Nahrungsmittel	Temperatur-verhalten	Geschmack	Wirkung
Pfirsich	neutral bis wärmend	sauer, süß	Körperflüssigkeiten tonisierend
Pflaume	neutral bis wärmend	sauer, süß	Leber-Hitze kühlend
Preiselbeere	kühlend bis neutral	sauer	Appetit steigernd
Rhabarber	kalt	sauer	adstringierend, Darm regulierend
Stachelbeere	kühlend	sauer	Hitze kühlend, Darm
Zitrone	kalt	sehr sauer	Hitze ausleitend
Getreide			
Dinkel	neutral bis wärmend	süß	Milz-Qi tonisierend
Grünkern	kühlend	süß, leicht säuerlich	Leber-Hitze kühlend
Roggen	neutral	süß, leicht bitter	Qi stärkend und nährend
Weizen	kühlend	süß	Qi, Blut und Yin tonisierend
Weizenkeimlinge	kühlend bis kalt	süß, leicht scharf	Leber-Hitze kühlend
Weizenkleie	kühlend	süß	Mittleren Erwärmer stärkend
Weizenmehl	neutral bis wärmend	süß	befeuchtend, Yin tonisierend
Milchprodukte			
Joghurt	kühlend bis kalt	sauer, süß	Yin tonisierend, Darm kühlend
Quark	kühlend bis kalt	leicht sauer	befeuchtend
Sauerrahm	neutral bis kühl	sauer, süß	Yin tonisierend
Fleisch			
Kaninchen	neutral bis kühlend	säuerlich	Blut kühlend

Nahrungsmittel	Temperaturverhalten	Geschmack	Wirkung
Gewürze			
Essig	wärmend	sauer, leicht scharf	Qi bewegend, Stagnationen lösend, Durchblutung, Magensaft anregend
Kräuter			
Pfefferminze	kühlend	scharf, leicht süß	Hitze absenkend, Schleim lösend
Rhabarberwurzel	kalt	bitter	adstringierend, Darm, Verstopfung lösend
Sauerampfer	kühlend	sauer	harntreibend, Hitze kühlend
Sauerklee	kühlend	sauer	Blut-Hitze kühlend
Getränke, Alkohol			
Bier	kühlend bis kalt	bitter, süß	Leber-Hitze kühlend
Brottrunk	kühlend	sauer	Körperflüssigkeiten bewahrend
Most	kühlend	sauer	Hitze kühlend, Körperflüssigkeiten bewahrend
Obstessig	neutral	sauer, leicht scharf	Qi bewegend, Stagnationen lösend, Appetit anregend
Rotweinessig	wärmend	sauer	Qi bewegend, Stagnationen lösend, Appetit anregend
Sherryessig	wärmend	sauer	Qi bewegend, Appetit anregend
Tee grün	kühlend	bitter	Herz- Leber-Yin tonisierend
Tee schwarz	neutral	bitter	Magen, Darm anregend
Weißwein	kühlend	sauer, süß	Yin tonisierend

火 Wandlungsphase Feuer
Funktionskreis Herz – Dünndarm

Nahrungsmittel	Temperaturverhalten	Geschmack	Wirkung
Gemüse			
Chicorée	kühlend	bitter, süß	Leber-Hitze kühlend
Löwenzahn	kühlend bis kalt	bitter	Leber-Hitze kühlend
Früchte			
Holunder	kühlend bis neutral	bitter, süß	Darm regulierend
Pfirsich	neutral bis wärmend	süß, sauer	Körperflüssigkeiten tonisierend
Wassermelone	kalt	süß	Hitze kühlend
Getreide			
Hafer	neutral bis wärmend	süß, leicht bitter	Qi und Yang tonisierend
Gewürze			
Chili	heiß	scharf	Kälte vertreibend
Curcuma (Gelbwurz)	wärmend	bitter, scharf	Schleim-Kälte trocknend
Curry	warm bis heiß	scharf, bitter	Verdauung anregend
Kardamom	wärmend	scharf, leicht bitter	verdauungsfördernd, Verdauung anregend
Koriander	neutral bis kühlend	bitter, scharf	verdauungsfördernd
Paprika	mild wärmend	bitter, leicht süß	Verdauung anregend
Rosenpaprika	wärmend	bitter, scharf	feuchte Kälte vertreibend
Safran	neutral bis kühlend	süß, bitter, scharf	Leber, Milz regulierend
Zimtrinde	warm bis heiß	scharf	adstringierend, Kälte vertreibend

Nahrungsmittel	Temperatur-verhalten	Geschmack	Wirkung
Zimtzweige	wärmend	scharf, bitter	Verdauungsorgane stimulierend
Kräuter			
Basilikum	wärmend	scharf, bitter, leicht süß	Verdauung, Schleim lösend
Bitterorangen-schale	neutral bis kühlend	bitter, leicht scharf, leicht süß	Verdauung anregend
Leinsamen	wärmend	süß, fad	Schleimhaut schützend
Löwenzahn	kühlend bis kalt	bitter	Leber-Hitze kühlend
Majoran	neutral	bitter, scharf	adstringierend, Verdauung beruhigend
Rosmarin	wärmend	bitter, scharf	leicht Verdauung anregend, krampflösend
Salbei	wärmend	bitter, scharf ausleitend	leicht Schleim-Kälte
Thymian	wärmend	bitter, scharf	trocknend, Qi bewegend
Getränke, Alkohol			
Getreidekaffee	neutral	bitter	Magen, Leber, Gallenblase anregend
Honig	neutral	sehr süß	Qi aufbauend, befeuchtend
Kaffee	warm	bitter	Herz, Kreislauf anregend
Kakao	neutral	bitter, süß	stärkend, anregend
Likör, Schnaps	heiß	scharf, bitter, süß	innere Kälte vertreibend
Rotwein	wärmend	bitter, herb, süß	Yang tonisierend
Tee grün	kühlend	bitter	Herz-Leber-Yin tonisierend
Tee schwarz	neutral	bitter	Magen, Darm anregend

Nahrungsmittel von A–Z

Nahrungsmittel	Temperatur-verhalten	Geschmack	Wirkung
A			
Aal	wärmend	süß, fett	Qi und Blut tonisierend
Algen	kühlend bis kalt	salzig, leicht süß	Blut-Hitze kühlend
Ananas	kühlend bis neutral	süß, sauer	Verdauung aktivierend
Anissamen	wärmend	scharf, süß	verdauungsfördernd
Apfel	neutral bis kühlend	süß, leicht sauer	Durchfall behebend
Aprikose	neutral bis wärmend	süß, sauer	Körperflüssigkeiten tonisierend
Arnika	neutral	bitter, leicht süß, scharf	Herz-Qi tonisierend, Blutzirkulation
Artischocke	kühlend	bitter, leicht süß	Leber-Hitze kühlend
Aubergine	kühlend	süß, leicht bitter	Blut und Hitze kühlend
Austern	neutral bis kühlend	süß, salzig	Leber, Nieren, Blut und Yin tonisierend
B			
Baldrian	neutral bis kühlend	bitter, leicht süß	Herz-Qi tonisierend, entspannend
Banane	kalt	süß	Dickdarm befeuchtend
Bärlauch	neutral bis wärmend	scharf	entgiftet, Qi bewegend
Barsch	neutral	süß, leicht salzig	Qi und Blut tonisierend
Basilikum	wärmend	scharf, bitter, leicht süß	Verdauung, Schleim lösend
Beifuß(arten)	wärmend	sehr bitter, leicht scharf	Leber-, Magen-Qi anregend
Bier	kühlend bis kalt	bitter, süß	Leber-Hitze kühlend
Birkenblätter	kühlend	leicht bitter, scharf	entschlackend, Hitze klärend
Birne	kühlend	süß, leicht sauer	Magen-Hitze kühlend

Nahrungsmittel	Temperaturverhalten	Geschmack	Wirkung
Bitterorangenschale	neutral bis kühlend	bitter, leicht scharf, leicht süß	Verdauung anregend
Blumenkohl	neutral bis kühl	süß, leicht bitter	Lungen, Magen-Hitze kühlend
Blütenpollen	neutral	süß-scharf, bitter	Herz tonisierend
Bockshornkleesamen	wärmend	sehr bitter, scharf	Schleim lösend, stärkend
Bohnen grün	neutral	süß	Qi und Blut stärkend
Bohnen schwarz	neutral	süß	Milz, Nieren tonisierend
Bohnen weiß	neutral bis kühl	süß	Milz tonisierend
Bohnenkraut	wärmend	scharf, bitter, leicht süß	Verdauung, Schleim lösend
Borretsch	kühlend bis kalt	bitter, leicht süß, salzig	befeuchtend, entzündungshemmend
Brennessel	wärmend	bitter, herb, leicht salzig	Blut regulierend, harntreibend
Brokkoli	kühlend	süß, leicht bitter	Leber und Blut kühlend
Brombeere	kühlend	süß, sauer	adstringierend, Körperflüssigkeiten und Blut bildend
Brottrunk	kühlend	sauer	Körperflüssigkeiten bewahrend
Brunnenkresse	neutral	scharf, leicht bitter	Verdauung, verdauungsfördernd
Buchweizen	kühlend	süß, leicht bitter	Milz stärkend, Schleim lösend
Butter	neutral bis kühl	süß, fett	Qi, Blut tonisierend, befeuchtend
Buttermilch	kühlend	süß	befeuchtend, Hitze kühlend
C			
Cashewnüsse	neutral	süß, fett	Magen und Darm stärkend
Cayennepfeffer	heiß	sehr scharf	Kälte vertreibend
Champignons	kühlend	süß	Blut und Hitze kühlend
Chili	heiß	scharf	Kälte vertreibend
Chicorée	kühlend	bitter, süß	Leber-Hitze kühlend

Nahrungsmittel	Temperatur-verhalten	Geschmack	Wirkung
Chinakohl	neutral bis kühlend	süß	Hitze kühlend, diuretisch
Curcuma (Gelbwurzel)	wärmend	bitter, scharf	Schleim-Kälte trocknend
Curry	warm bis heiß	scharf, bitter	Verdauung anregend
D			
Dattel	neutral	süß	Blut und Körperflüssigkeiten tonisierend
Dill	wärmend	scharf, leicht bitter	Appetit anregend
Dinkel	neutral bis wärmend	süß	Milz-Qi tonisierend
E			
Eibisch	kühlend	leicht bitter, salzig, leicht scharf	Schleim lösend, erweichen
Eisenkraut	neutral bis kühlend	bitter, leicht scharf	Wind-Hitze vertreibend
Engelwurzel	wärmend	scharf, bitter, süß	Mittleren Erwärmer tonisierend, Verdauung
Ente	neutral bis kühlend	süß, leicht salzig	Qi, Blut und Yin tonisierend
Erbsen gelb	neutral	süß	Milz tonisierend
Erbsen grün	neutral bis leicht kühl	süß	Milz tonisierend
Erdbeere	kühlend	süß, sauer	Körperflüssigkeiten und Blut bildend
Erdnussbutter	neutral	süß, fett	befeuchtend
Erdnüsse	neutral bis wärmend	süß, fett	Lungen befeuchtend
Erdnussöl	neutral	süß, fett	befeuchtend
Erdrauch	kühlend	bitter, leicht salzig	Leber-Qi-Stagnationen lösend
Essig	wärmend	sauer	Durchblutung, Magensaft anregend
Esskastanien	wärmend	süß	Milz und Nieren stärkend
Estragon	wärmend	bitter, leicht scharf	verdauungsfördernd

Nahrungsmittel	Temperatur-verhalten	Geschmack	Wirkung
F			
Fasan	wärmend	süß, leicht sauer	Mittleren Erwärmer tonisierend
Feige frisch	neutral bis wärmend	süß	Mittleren Erwärmer stärkend, befeuchtend
Fenchel	wärmend	süß, scharf	Qi regulierend, Mittleren Erwärmer harmonisierend
Fenchelsamen	wärmend	scharf, süß	verdauungsfördernd
Forelle	neutral bis wärmend	süß	Mittleren Erwärmer harmonisierend
Frauenmantel	kühlend bis kalt	leicht bitter	adstringierend, Blut-Hitze kühlend
Frischkäse	kühlend	süß	befeuchtend, Hitze kühlend
Frühlingszwiebel	wärmend	scharf	Lunge, Magen öffnend
G			
Gans	neutral	süß	Milz-Qi tonisierend
Garnelen	wärmend	süß, leicht salzig	Nieren-Qi und -Yang tonisierend
Gemüsebohnen	neutral	süß	Qi und Blut tonisierend
Gerste	kühlend	süß, leicht salzig	Hitze ausleitend
Getreidekaffee	neutral	bitter	Magen, Leber, Gallenblase anregend
Ghee	neutral	süß, fett	Qi, Blut tonisierend, befeuchtend
Goldrute	kühlend	bitter	adstringierend, Nieren, feuchte Hitze ausleitend
Grapefruit	kühlend bis kalt	süß, sauer	Durst stillend, Qi absenkend
Grünkern	kühlend	süß, leicht säuerlich	Leber-Hitze kühlend
Gurke	kalt	süß, leicht bitter	Hitze kühlend diuretisch

Nahrungsmittel	Temperaturverhalten	Geschmack	Wirkung
H			
Hafer	neutral bis wärmend	süß, leicht bitter	Qi und Nerven tonisierend
Hai	neutral	süß, leicht salzig	Qi, Blut und Yin tonisierend
Hase (wild)	neutral bis kühlend	süß	Milz-Qi tonisierend
Haselnüsse	neutral bis wärmend	süß, fett	Milz und Nieren stärkend
Hefe	erfrischend	sauer, süß, bitter	Verdauung anregend
Heidelbeere	kühlend	süß, sauer	adstringierend, Durchfall hemmend
Hering	neutral kühlend	süß, leicht salzig	Qi und Blut tonisierend
Herzgespann	kühlend	bitter, leicht scharf	Herz-Qi tonisierend, Hitze ausleitend
Himbeerblätter	kühlend	leicht bitter	adstringierend, feuchte Hitze ausleitend
Himbeere	kühlend	süß, sauer mild	abführend, diuretisch
Hirsch	wärmend	süß	Qi, Yang und Blut tonisierend
Hirse	kühlend	süß, leicht bitter	Qi tonisierend und Hitze kühlend
Hirtentäschel	kühlend	leicht bitter	adstringierend, Blut tonisierend, Hitze klärend
Holunder	kühlend bis neutral	bitter, süß	Darm regulierend
Holunderblüten	neutral bis kühlend	bitter, süß, leicht scharf	Lungen, feuchte Hitze ausleitend
Honig	neutral	süß	Qi und Blut tonisierend
Huhn	wärmend	süß	Qi und Blut tonisierend
Hühnerei	neutral	süß	Blut und Yin tonisierend
Hummer	neutral bis wärmend	süß, leicht salzig	Nieren-Qi und -Yang tonisierend

Nahrungsmittel	Temperatur-verhalten	Geschmack	Wirkung
I			
Ingwer	warm bis heiß	scharf, leicht süß	Schleim-Kälte lösend
Isländisch Moos	kühlend	bitter, leicht süß	Yin tonisierend, Husten lösend
J			
Jasminblüten	wärmend	scharf, leicht süß	unteren Erwärmer tonisierend
Joghurt	kühlend bis kalt	süß, sauer	Yin tonisierend, Darm kühlend
Johannisbeere	kühlend	süß, sauer	adstringierend, Körperflüssigkeiten und Blut bildend
Johanniskraut	neutral bis kühlend	leicht bitter, süß	entzündungshemmend
K			
Kaffee	warm	bitter	Herz-Yang anregend
Kakao	neutral	bitter süß	stärkend, anregend
Kalb	neutral	süß	Milz-Qi tonisierend
Kamille	neutral	leicht bitter, süß	Verdauung harmonisierend
Kaninchen	neutral bis kühlend	süß	Blut kühlend
Kardamom	wärmend	scharf, leicht bitter	Verdauung anregend
Karambola	kühlend bis kalt	süß, sauer	Hitze kühlend
Karpfen	neutral	süß, leicht salzig	Qi und Blut tonisierend
Karotte	neutral	süß	Mittleren Erwärmer nährend
Käse:			
aus Kuhmilch	neutral bis wärmend	süß, sauer	befeuchtend, erwärmend
aus Schafsmilch	wärmend	scharf, salzig, mäßig, süß	erwärmend
aus Ziegenmilch	wärmend	scharf, salzig, mäßig süß	erwärmend
Kaviar	kalt	salzig	Nieren-Yin tonisierend
Kerbel	kühlend bis neutral	bitter, leicht süß	Blut-Hitze kühlend
Kichererbsen	neutral	süß	Qi von Milz, Nieren stärkend

Nahrungsmittel	Temperatur-verhalten	Geschmack	Wirkung
Kirsche	wärmend	süß	Blut nährend
Kiwi	kalt	süß, sauer	Hitze kühlend
Knoblauch	wärmend bis heiß	scharf	Qi bewegend, Schleim lösend
Kohl grün	neutral bis wärmend	scharf, süß	Milz, Magen regulierend
Kohl rot	neutral bis wärmend	scharf, süß	Milz, Magen, Blut regulierend
Kohlrabi	neutral	scharf, süß	Leber, Galle, Nieren tonisierend
Kokosfett	kühlend	süß, fett	befeuchtend
Kokosnuss	kühlend	süß	Hitze ausleitend
Kopfsalat	kühlend bis kalt	süß, leicht bitter	Hitze kühlend
Koriander	neutral bis kühlend	bitter, scharf	verdauungsfördernd
Krabbe	kalt	süß, leicht salzig	Yin tonisierend
Krautstiele	kühlend	süß, bitter	Lungen-Hitze kühlend
Krebs (Süßwasser)	kalt	süß	Yin tonisierend
Kresse	kühlend	scharf	Blut regulierend, Qi regulierend
Kuhmilch	neutral bis kühlend	süß	befeuchtend, kühlend
Kümmel	wärmend	scharf, süß	verdauungsfördernd
Kürbis	neutral bis wärmend	süß	Mittleren Erwärmer nährend, Qi stärkend
L			
Lachs	kühlend	süß, leicht salzig, fett	Qi und Blut tonisierend
Lamm	wärmend bis heiß	süß, leicht bitter	Milz-Nieren-Yang tonisierend
Lattich	kühlend	süß, bitter	Hitze kühlend, diuretisch
Lauch	wärmend	scharf, süß	Qi bewegend, Mittleren Erwärmer wärmend
Lavendel	kühlend	leicht bitter, scharf	beruhigend, schmerzlösend
Leinsamen	wärmend	süß, fad	Schleimhaut schützend

Nahrungsmittel	Temperatur-verhalten	Geschmack	Wirkung
Liebstöckel	kühlend	bitter, scharf	Verdauung anregend
Likör	heiß	scharf, bitter, süß	innere Kälte vertreibend
Lindenblüten	neutral bis kühlend	süß, leicht scharf	Wind-Hitze vertreibend, beruhigend
Linsen	neutral	süß	Qi und Blut tonisierend
Linsen rot	neutral bis wärmend	süß	Qi von Nieren und Herz tonisierend
Litschis	neutral bis wärmend	süß, sauer	Blut und Qi tonisierend
Lorbeer	wärmend	scharf, bitter	Verdauung fördernd
Löwenzahn	kühlend bis kalt	bitter	Leber-Hitze kühlend
M			
Mais	neutral bis wärmend	süß	Qi und Blut tonisierend
Maisgriffel	kühlend	leicht süß	adstringierend, feuchte Hitze ausleitend
Majoran	neutral	bitter, scharf	adstringierend, Verdauung beruhigend
Mandarine	kühlend	süß, sauer	Körperflüssigkeiten tonisierend
Mandeln	neutral	süß, leicht bitter	Lunge befeuchtend
Mango	kühlend	süß, sauer	Körperflüssigkeiten und Blut bildend
Margarine	neutral	süß, fett	befeuchtend
Mariendistel	wärmend	scharf, bitter	Leber, Galle anregend
Mark	neutral bis wärmend	süß, fett	befeuchtend, nährend
Meeresschnecke	neutral	süß, salzig	Leber-, Nieren-Qi und -Yang tonisierend
Meerrettich	wärmend, erhitzend	sehr scharf	Yang tonisierend, Wind-Kälte vertreibend
Melone	kühlend	süß	Hitze kühlend
Miesmuschel	wärmend	salzig	Leber-, Nieren Qi und Yang tonisierend

Nahrungsmittel	Temperaturverhalten	Geschmack	Wirkung
Mineralwasser	kühlend bis kalt	salzig, fad	Yin (Nieren) tonisierend
Mirabelle	kühlend	süß, sauer	Hitze kühlend
Miso	neutral bis kühlend	salzig, leicht sauer	verdauungsfördernd
Most	kühlend	sauer	Hitze kühlend, Körperflüssigkeiten bewahrend
Muskatnuss	wärmend	salzig	adstringierend, feuchte Kälte vertreibend
N			
Nelken	wärmend	scharf	feuchte Kälte vertreibend
O			
Obstessig	neutral	sauer, leicht scharf	Appetit anregend
Olivenöl	kühlend	süß, fett	befeuchtend, entzündungshemmend
Orange	kühlend bis kalt	süß, sauer	Körperflüssigkeiten tonisierend
Orangenblüten	neutral	bitter, süß, leicht scharf	beruhigend, Schlaflosigkeit
Oregano	neutral	leicht scharf, bitter	Verdauung anregend
P			
Papaya	neutral	süß, leicht bitter	Magen-Qi regulierend
Paprika	kühlend	süß, leicht scharf, bitter	Qi und Blut bewegend
Paprika (mild)	wärmend	bitter, leicht süß	Verdauung anregend
Paranüsse	neutral	süß, leicht bitter	Milz, Lunge stärkend
Passionsblume	kühlend	leicht bitter, fad	beruhigend, Herz-Yin tonisierend
Pastinake	neutral bis wärmend	süß, bitter, scharf	Magen, Darm, Lunge regulierend
Peperoni	kühlend	süß, leicht scharf, bitter	Qi und Blut bewegend
Pestwurzel	wärmend	leicht scharf, bitter	Schleim-Kälte lösend

Nahrungsmittel	Temperatur-verhalten	Geschmack	Wirkung
Petersilienblätter	wärmend	leicht scharf, bitter	verdauungsfördernd, harntreibend
Petersilienwurzel	neutral	süß, fade, leicht scharf	diuretisch, tonisiert Nieren-Yin
Pfeffer grün (unreif)	wärmend	scharf	Yang tonisierend, Qi-Zirkulation anregend
Pfeffer schwarz	warm bis heiß	sehr scharf	Yang tonisierend, Kälte vertreibend
Pfeffer weiß (vollreif)	warm bis heiß	sehr scharf	Yang tonisierend, Kälte vertreibend
Pfefferminze	kühlend	scharf, leicht süß	Hitze absenkend, Schleim lösend
Pfirsich	neutral bis wärmend	süß, sauer	Körperflüssigkeiten tonisierend
Pflaume	neutral bis wärmend	süß, sauer	Leber-Hitze kühlend
Pistazien	neutral	süß, leicht bitter	Lungen, Haut befeuchtend
Preiselbeere	kühlend bis neutral	süß, sauer	Appetit steigernd
Q			
Quark	kühlend bis kalt	süß, leicht sauer	befeuchtend
Quitte	neutral bis kühlend	leicht bitter	Darm tonisierend
R			
Radieschen	kühlend	scharf	Blut-Hitze, Blut-Stagnationen lösend
Rahm	neutral	süß, fett	Qi, Blut tonisierend, befeuchtend
Rapsöl	wärmend	süß, fett	befeuchtend, abführend
Reh	neutral bis wärmend	süß	Qi und Blut tonisierend
Reis	neutral bis wärmend	süß	Qi tonisierend, Mittleren Erwärmer stärkend

Nahrungsmittel	Temperatur-verhalten	Geschmack	Wirkung
Rettich (roh)	neutral bis kühl	scharf	Lungen, Magen, Schleim lösend
Rhabarber	kalt	sauer	adstringierend, Darm regulierend
Rhabarberwurzel	kalt	bitter	adstringierend, Darm, Verstopfung lösend
Rind	neutral	süß	Qi und Blut tonisierend
Ringelblume	neutral	bitter, süß, salzig, scharf	Hitze und Toxine ausleitend
Roggen	neutral bis wärmend	süß, leicht bitter	Qi stärkend und nährend
Rosenpaprika	wärmend	bitter, scharf	feuchte Kälte vertreibend
Rosmarin	wärmend	bitter, scharf	Verdauung anregend, krampflösend
Rote Bete	neutral	süß, leicht bitter	Milz, Magen-Qi regulierend
Rotklee	neutral bis kühlend	leicht süß, fad	entschlackend, feuchte Hitze
Rotwein	wärmend	bitter, herb, süß	Yang tonisierend
Rotweinessig	wärmend	sauer	Appetit anregend
Rucola	neutral bis kühlend	scharf, bitter	Appetit anregend
S			
Safran	neutral bis kühlend	süß, bitter, scharf	Leber, Milz regulierend
Salbei	wärmend	bitter, scharf, leicht heiß	Schleim-Kälte ausleitend
Salz	kühlend	salzig	entzündungshemmend, aufweichend
Sardinen	neutral	süß, leicht salzig	Qi und Blut tonisierend
Saubohnen	neutral	süß	Milz tonisierend, Nässe ausleitend
Sauerampfer	kühlend	sauer	harntreibend, Hitze kühlend
Sauerklee	kühlend	sauer	Blut-Hitze kühlend

Nahrungsmittel	Temperatur-verhalten	Geschmack	Wirkung
Sauerkraut	kühlend	sauer	aus Magen, Darm Hitze ausleitend
Sauerrahm	neutral bis kühl	sauer, süß	Yin tonisierend
Schachtelhalm	kalt	leicht bitter, fad	adstringierend, Hitze ausleitend, Feuchtigkeit trocknend
Schafmilch	neutral bis wärmend	süß	befeuchtend, erwärmend
Schlehe	kühlend	sauer	adstringierend, Darm regulierend
Schlüsselblume	neutral	leicht süß, scharf	Schmerz lösend, Rheuma
Schnaps	heiß	scharf, bitter, süß	innere Kälte vertreibend
Schnittlauch	wärmend	scharf, leicht bitter	Verdauung anregend
Schwarzwurzel	kühlend	süß, leicht bitter	Blut regulierend und kühlend
Schwein	kühlend	süß, fett	Blut und Yin tonisierend
Schweineschmalz	neutral bis kühlend	süß, fett	befeuchtend
Sellerie	kühlend	süß, leicht bitter	Leber-, Magen-Hitze kühlend
Senf	wärmend	scharf, bitter	Verdauung anregend, Fettverdauung
Senfsamen	wärmend	scharf	feuchte Kälte vertreibend
Sesam schwarz	neutral	süß, fett	Leber und Nieren stärkend
Sesam weiß	kühlend	süß, fett	Blut und Körperflüssigkeiten nährend
Sesamöl	neutral bis kühlend	süß, fett	befeuchtend, Haut und Darm
Sherryessig	wärmend	sauer	Qi bewegend, Appetit anregend
Sojabohnen gelb	neutral bis kühlend	leicht süß	Hitze ausleitend
Sojabohnen grün	neutral bis kalt	süß	Hitze ausleitend
Sojabohnen schwarz	neutral	süß	Milz, Nieren tonisierend
Sojaöl	neutral bis wärmend	süß, fett	befeuchtend, abführend

Nahrungsmittel	Temperatur-verhalten	Geschmack	Wirkung
Sonnenblumen-kerne	neutral	süß, fett	Yin nährend, befeuchtend
Sonnenblumenöl	neutral bis kühlend	süß, fett	befeuchtend, Yin tonisierend
Spargel	kühlend	süß, bitter	Lungen, Nieren-Yin tonisierend
Spinat	kühlend	süß, leicht bitter	Leber und Blut kühlend
Spitzwegerich	kalt	bitter	leicht adstringierend entzündungshemmend
Stachelbeere	kühlend	süß, sauer	Hitze kühlend, Darm
Süßgetränke (künstlich)	kühlend bis kalt	sehr süß	Mittleren Erwärmer erschöpfend
Süßholz	neutral	sehr süß, leicht bitter	Verdauung anregend
Süßkartoffel	neutral bis wärmend	süß	Mittleren Erwärmer stärkend Qi und Blut tonisierend
T			
Tee grün	kühlend	bitter	Herz-, Leber-Yin kühlend
Tee schwarz	neutral	bitter	Magen, Darm anregend
Thunfisch	neutral bis wärmend	süß, leicht salzig	Qi und Blut tonisierend
Thymian	wärmend	bitter	scharf trocknend, anregend
Tintenfisch	neutral bis kühlend	süß, salzig	Qi, Blut und Yin tonisierend
Tofu	neutral	süß	Hitze ausleitend, befeuchtend
Tomaten	kühlend bis kalt	süß, sauer	Leber und Yin stützend
Truthahn	wärmend	süß	Qi und Yang tonisierend
V			
Vanille	wärmend	süß	mild anregend auf Milz, Bauchspeicheldrüse

Nahrungsmittel	Temperaturverhalten	Geschmack	Wirkung
W			
Wacholderbeeren	wärmend	leicht scharf, bitter	harntreibend
Wachtel	neutral	süß	Qi des Mittleren Erwärmers tonisierend
Walnüsse	wärmend	süß, bitter, fett	Nieren, Lungen stärkend
Walnussöl	wärmend	süß, fett	Nieren-Yang tonisierend
Wassermelone	kalt	süß	Hitze kühlend
Weintraube	neutral bis wärmend	süß	Blut und Qi tonisierend
Weißwein	kühlend	sauer, süß	Yin tonisierend
Weizen	kühlend	süß	Qi, Blut und Yin tonisierend
Weizenkeimlinge	kühlend bis kalt	süß, leicht scharf	Leber-Hitze kühlend
Weizenkeimöl	kühlend	süß, fett	Nieren-Yin tonisierend
Weizenkleie	kühlend	süß	Mittleren Erwärmer stärkend
Weizenmehl	neutral bis wärmend	süß	befeuchtend, Yin tonisierend
Wildschwein	neutral bis wärmend	süß	Qi und Yang tonisierend
Z			
Ziege	wärmend	süß	Milz- und Nieren-Yang tonisierend
Ziegenmilch	neutral bis wärmend	süß	befeuchtend, erwärmend
Zimtrinde	warm bis heiß	scharf	adstringierend, Kälte vertreibend, Durchfall
Zimtzweige	wärmend	scharf, bitter	Verdauungsorgane stimulierend
Zitrone	kalt	sehr sauer	Hitze ausleitend
Zitronenschale	kühlend	bitter, leicht scharf	Hitze, Schleim und Toxine ausleitend
Zucchini	kühlend	süß, bitter	Magen, Leber-Hitze kühlend
Zwiebel	wärmend	scharf, süß	Qi bewegend, Schleim lösend

Sachverzeichnis

A

B

I

J

M

N

O

T

Y

Z